A Educação Contemporânea foi moldada e influenciada, ao longo dos séculos, a partir dos paradigmas naturalista, positivista e materialista. Esses paradigmas têm dominado de tal forma nossos modos de pensar que, como educadores, nem sempre temos clareza de que ao desenvolvermos a educação escolar estamos trabalhando contraditoriamente às Escrituras. Solano Portela tem insistido conosco, educadores cristãos, para que façamos diferente, que reflitamos sobre nossos paradigmas, nossas práticas, sobre o sentido do que fazemos. Ao propor a Pedagogia Redentiva, ele nos convida a revisitarmos nossos marcos teóricos da educação, a dialogarmos com eles, mas com os óculos da cosmovisão cristã, para que possamos verdadeiramente resgatar a formação integral do homem há tanto preconizada. A proposta da Pedagogia Redentiva busca resgatar o ideal, o imanente e o transcendente na educação.

Profa. Dra. Marili Moreira da Silva Vieira
Coordenadora de Apoio Docente – Decanato Acadêmico
Universidade Presbiteriana Mackenzie

Livros! Quantos há por aí que ensaiam, mas não conseguem atingir de forma reflexiva e verdadeira aqueles que educam, com o propósito de transformar vidas e mostrar o caminho sobremodo excelente, de equilíbrio intelectual e consistência social. Por meio destes deleitantes estudos, o leitor receberá rico substrato para sua vida prática como educador cristão, pois o autor nos conduz magistralmente, com suas palavras, a um valioso crescimento intelectual, profissional e espiritual.

Profa. Vera Mendes
Diretora do Colégio Presbiteriano Mackenzie - Alphaville
Barueri, São Paulo

O olhar do educador para a educação e sua visão de mundo fazem toda diferença na realização de seu trabalho. Carecemos atualmente de abordagens que fujam do "lugar comum" e ofereçam algo novo e enriquecedor para a prática pedagógica. Ao nos presentear com essa publicação, o Prof° Solano Portela agrega valor inestimável à reflexão sobre a contribuição efetiva de uma Educação Escolar Cristã, apresentando-a como uma alternativa na forma de uma Pedagogia Redentiva. Formar cidadãos críticos e reflexivos só será possível, a partir de uma educação, realmente, integral!

Profa. Débora Muniz
Gerente Geral da Educação Básica (São Paulo, Alphaville e Brasília) do Instituto Presbiteriano Mackenzie e do *Sistema Mackenzie de Ensino*.

Tenho a subida honra de recomendar esta preciosa obra do professor Solano Portela ao leitor brasileiro, e isto, por duas razões:
- Primeira, porque o autor é homem de caráter provado e experiente da lida do ensino. Escreve com perícia invulgar, com tarimba comprovada e com pertinência eloquente.
- Segunda, porque o tema é assaz oportuno e urgente. Este livro é como uma trombeta que soa do alto de uma torre.

Minha ardente expectativa é que essa voz altissonante que reverbera através destas páginas impressas, encontre ouvidos atentos e pessoas dispostas a tomar novos rumos nessa gloriosa empreitada da educação.

Hernandes Dias Lopes
Doutor em Ministério (Reformed Theological Seminary, EUA).
Pastor, preletor e autor.

SOLANO PORTELA

O QUE ESTÃO ENSINANDO AOS NOSSOS FILHOS?

Uma Avaliação Crítica da Pedagogia Contemporânea Apresentando a Resposta da Educação Escolar Cristã

Dados Internacionais de Catalogação na Publicação (CIP)
(Câmara Brasileira do Livro, SP, Brasil)

Portela Neto, Francisco Solano
  O que estão ensinando aos nossos filhos? : uma avaliação crítica da pedagogia contemporânea apresentando a resposta da educação escolar cristã / Francisco Solano Portela Neto. -- São José dos Campos, SP : Editora Fiel, 2012.

Bibliografia
ISBN 978-85-8132-032-8

1. Educação cristã da criança 2. Fé
3. Pais e filhos 4. Pedagogia crítica I. Título.

12-11180   CDD-248.845

  Índices para catálogo sistemático:
1. Pedagogia crítica : Educação cristã dos
   filhos : Vida cristã : Cristianismo 248.845

O QUE ESTÃO ENSINANDO AOS NOSSOS FILHOS
por Francisco Solano Portela Neto
Copyright © 2012 Francisco Solano Portela Neto

∎

Publicado em português por Editora Fiel
Copyright © 2012 Editora Fiel
Primeira Edição em Português: 2012

Todos os direitos em língua portuguesa reservados por Editora Fiel da Missão Evangélica Literária

Proibida a reprodução deste livro por quaisquer meios, sem a permissão escrita dos editores, salvo em breves citações, com indicação da fonte.

∎

Diretor: Tiago J. Santos Filho
Editor: Tiago J. Santos Filho
Revisão: Elizabeth Zekveld Portela
Diagramação: Rubner Durais
Capa: Rubner Durais

ISBN: 978-85-8132-032-8

Caixa Postal 1601 | CEP 12230-971
São José dos Campos-SP
PABX.: (12) 3919-9999
www.editorafiel.com.br

ESCOPO E ÍNDICE

APRESENTAÇÃO – Rev. Dr. Augustus Nicodemus Lopes 11

PREFÁCIO – Rev. Dr. Mauro F. Meister 15

INTRODUÇÃO 23

PARTE 1 | O CENÁRIO
A extensão dos problemas educacionais ao nosso redor

1. Pausa para reflexão – vida com responsabilidade, ou formação em irresponsabilidade? 31
2. O que está ocorrendo em nossas escolas? 37
3. Onde queremos chegar? 41
4. Como Jean Piaget passou de pesquisador pedagógico a "guru" de uma nova filosofia. 45
5. Como pesquisas com crianças se transformaram em padrões de moralidade 51
6. Afinal, o que é mais importante – substância ou método? 55
7. Mas é possível conhecer algo objetivamente? 59
8. O construtivismo e a irrelevância das respostas. 63
9. A estranha experiência de *Summerhill* e o relacionamento com o construtivismo e com outros "ismos". 67

10. O sistema de valores do Construtivismo e o *dever moral* na filosofia de Piaget..73
11. Como aferir nosso comportamento? Existem valores absolutos? O que são *valores* e *costumes*?..79
12. O construtivismo e o relativismo moral – a abordagem *"tese, antítese, síntese"* é válida no cristianismo?...83
13. Como devemos entender o conceito de *conhecimento*?........................87
14. O desafio aos Educadores Cristãos – resistência ou rendição?..............89
15. As Escolas Evangélicas – ilhas de veracidade, ou campo minado?........93
16. Há esperança?..97
17. Há perigo nos livros didáticos e paradidáticos?.................................... 101
18. Como a filosofia anticristã se introduz nos textos escolares................ 109
19. Uma avaliação da Educação Básica no Brasil....................................... 119
20. A controvérsia sobre o ensino do criacionismo nas escolas................ 123

PARTE 2 | O CONTRASTE
A Alternativa da Educação Escolar Cristã

21. Educação Escolar Cristã – o que é isso?.. 131
22. A Cosmovisão Bíblica faz diferença na minha compreensão do processo educacional? Observando o mundo a partir do ponto de vista de Deus.......... 149
23. Um aspecto desconhecido de Jonathan Edwards – a cosmovisão aplicada..... 167
24. A didática de Cristo – Ensinando como Jesus Ensinava....................... 173
25. Limites: por que tê-los?... 187
26. Vozes correntes contra o Construtivismo. A pertinência do método fônico de alfabetização.. 195

27. A missão da Escola Cristã e do Educador Escolar Cristão. 201

28. Cultura e Fé Cristã. 210

29. Desenvolvendo Cultura de Qualidade pela Educação Escolar Cristã. 221

30. Atravessando as crises com fidelidade, na Educação Escolar Cristã. 229

PARTE 3 | A PROPOSTA
Aprofundando a Alternativa, construindo uma Pedagogia Redentiva

31. Educação e Fé andam em sentidos opostos? 239

32. Conflitos inerentes à prática da educação nas escolas cristãs. 241

33. A necessidade de relevância e propósito às visões pedagógicas correntes 251

34. Pontos de contato de premissas educacionais cristãs com alguns conceitos pedagógicos da atualidade. 259

35. Pedagogia Redentiva – uma proposta de solução aos dilemas das Escolas Cristãs. 269

36. O caminho e os desafios à frente. 277

CONCLUSÃO 281

APÊNDICE – Bibliografia selecionada em português sobre Educação Escolar Cristã 287

À MINHA ESPOSA BETTY,
presente de Deus, que tem me apoiado há mais de 40 anos,
sem a qual eu não conseguiria vencer as dificuldades na escrita
deste livro, ao qual ela também tanto contribuiu.

APRESENTAÇÃO

Um dos maiores desafios que os cristãos enfrentam neste século é a rápida secularização da sociedade ocidental e o crescimento do número de céticos, ateus e agnósticos entre os jovens. Pesquisas recentes no Brasil e no exterior mostram que mais da metade dos jovens cristãos que ingressam nas universidades abandonam sua fé, ficam confusos ou se tornam *desigrejados*. No Brasil, em especial, onde o número de jovens nas universidades praticamente dobrou na última década, este desafio se sente de forma ainda mais intensa, particularmente pelo fato de que a ascensão econômica entre os evangélicos implica em um número maior deles nas universidades.

A universidade passou a representar, depois do Iluminismo, um desafio à fé dos jovens cristãos ingressantes, com sua visão naturalista de mundo, influenciada pelo evolucionismo e pelo marxismo, abrindo uma dicotomia que antes não existia entre fé e ciência.

A relevância da educação escolar cristã reside aqui, em ser capaz de oferecer aos jovens não somente um ensino de qualidade como também uma visão cristã de mundo que os ajude a interagir, de maneira crítica, com a visão naturalista ateia-marxista que hoje domina os meios acadêmicos.

Na presente obra, Solano Portela mostra esta importância e a necessidade de se enfatizar a educação escolar cristã. O livro contém o desenvolvimento do pensamento do autor sobre o tema, cujo interesse e pesquisas remontam à publicação do livreto originalmente publicado pela Editora FIEL, "Educação Cristã?", publicado em meados dos anos 1980. Alicerçado em uma cosmovisão cristã, o autor apresenta diversos ensaios sobre o cenário atual no campo educacional, abordando o construtivismo, o perigo dos livros didáticos, mostrando a diferença de uma verdadeira educação cristã. Apresenta, também, a didática de Cristo, a questão da cultura e educação, culminando com uma proposta aos educadores cristãos de uma pedagogia redentiva.

Com a clareza e a riqueza de informações que caracterizam o seu estilo de escritor, Solano Portela nos oferece uma visão ampla do campo aberto para a educação escolar cristã no Brasil e os desafios que a mesma enfrenta, encorajando-nos a investir nela como um mandato que os cristãos receberam de Deus.

Rev. Augustus Nicodemus Lopes, Ph.D.
Chanceler da Universidade Presbiteriana Mackenzie
Professor titular – Novo Testamento, Centro Presbiteriano de
    Pós Graduação Andrew Jumper
Coordenador Geral Teológico do Sistema Mackenzie de Ensino
São Paulo, Agosto de 2012

PREFÁCIO

Prefaciar esta obra é um privilégio. Sou o discípulo sendo honrado pelo mestre, apresentando sua obra! Minha apreciação, amor e vocação pelo tema deste livro foram fomentados e estimulados pelos escritos e pela pessoa de Solano Portela, como instrumento nas mãos de Deus para minha formação. Ao longo de alguns anos tivemos muitas oportunidades de conversar, discutir, debater, trabalhar e produzir dentro de um movimento que continua incipiente, porém, em pleno crescimento no Brasil: a educação escolar cristã.

SOBRE A SITUAÇÃO DA EDUCAÇÃO ESCOLAR CRISTÃ NO BRASIL

Ainda que as escolas cristãs do ramo protestante já tenham história centenária no solo brasileiro e muitos homens e mulheres de valor tenham dedicado suas vidas inteiras a este trabalho, algo ficou faltando: uma base teórica sobre a qual pudéssemos refletir a educação escolar cristã e desenvolver métodos e sistemas de ensino com sólida fundamentação da cosmovisão bíblica.

Podemos claramente observar que a história do Brasil se confunde com a educação religiosa durante todo o processo de colonização. A maior cidade brasileira tem como seu marco inicial o *Pateo do Collegio*. Uma escola de catequese Jesuíta é o coração da capital paulista, não por acaso, São Paulo, toda cercada por santos. Essa confusão entre escola e ensino religioso pode dar a impressão de que o ensino do fundamento do cristianismo, a Bíblia, tenha tido grande influência no processo educacional. Ledo engano. Cercado de tradições que não são bíblicas e de muitos interesses diametralmente contrários à Bíblia, a educação praticada não era serva da Escritura, mas usava sua autoridade para fazer cumprir vários interesses. A cultura judaico cristã que ainda domina a cultura brasileira foi distorcida para acomodar o pensamento, a religião e os valores morais de muitas classes que vieram tomar posse da *terra brazilis*.

Quando as primeiras missões protestantes chegaram ao Brasil, ainda no império, imediatamente perceberam a necessidade da educação do povo, e daí nasceram as primeiras escolas protestantes. Cheias de vigor, trouxeram inovações e pensamento revolucionário para o contexto educacional. Refletiam preocupação missionária e redentiva para o processo educacional. Algumas se tornaram modelo de excelência em educação, deixando marcas profundas nas vidas dos que ali passaram.

Porém, a dinâmica do mundo em processo de globalização e secularização não deixou estas escolas protestantes ilesas. Novos conceitos educacionais altamente naturalistas nas suas bases vieram como um rolo compressor sobre o sistema educacional tradicional brasileiro e de dentro de nossas universidades começou a ecoar uma nova voz que exigia o exercício de uma educação que preparasse para uma nova realidade, o cidadão autônomo, livre. Somado a uma série de outros problemas como a falta de planejamento, investimentos, corrupção e desvio de verbas, a educação praticada no Brasil tem mostrado resultados vergonhosos. Em um ranking de 65 países, o Brasil se colocou como 53º no último Programa Internacional de Avaliação de Alunos (PISA 2009).

Mas o problema não reside apenas no quanto nossos alunos são capazes de ler e realizar operações aritméticas, seja na escola secular ou religiosa. O problema maior está na formação moral dos alunos destas escolas. A criação do estado laico passou a

PREFÁCIO

ser confundida com um estado ateu e a escola laica, da mesma forma. Nesse processo as escolas de origem cristã protestante praticamente perderam sua identidade e quaisquer elementos distintivos na sua pedagogia. Passaram a adotar como modelos de excelência os mesmos modelos ensinados nas universidades, sem críticas e sem questionamentos, não percebendo que nas bases fundamentais destes modelos e teorias pedagógicas encontrariam pressupostos absolutamente anticristãos.

Assim como a educação brasileira em geral passa por uma crise de resultados, as escolas de origem cristã protestantes passam por uma crise de identidade, necessitando responder com urgência a questões como: o que é educação cristã escolar? *O que* e *como* se deve ensinar em uma escola cristã?

SOBRE A ATUAÇÃO DO AUTOR

Diante da situação e das questões acima é que encontramos a importância do trabalho de pesquisa e reflexão do autor deste livro. Com mente inquiridora e insatisfeito com a situação e respostas fáceis, em 1987, escreveu um pequeno opúsculo publicado pela Editora Fiel com o nome "Educação Cristã?"[1] Esta primeira obra começou a despertar em educadores brasileiros a necessidade de argumentar em favor de uma educação escolar cristã que não fosse meramente emuladora das teorias e métodos da educação secularizada ou da educação religiosa amplamente praticada no país. Antes, propunha que a educação escolar cristã deveria encontrar sua própria definição no contraste com a educação secular. O próprio título da obra, com uma interrogação ao final, já mostrava que o conceito ainda era estranho ao nosso público. Naquele tempo, era comum o encaixe do papel das escolas cristãs debaixo do conceito de 'educação secular', em contraste com a 'educação cristã' dada na igreja. Por sinal, o livro saiu após as palestras que proferiu na Primeira Conferência Fiel para Pastores sobre o tema, em 1985.

---

1 Solano Portela, Educação Cristã? (São José dos Campos: FIEL, 1988) – este livreto, que se encontra esgotado, tem o seu texto transcrito e atualizado no primeiro capítulo da Segunda Seção ("O Contraste") – "Educação Escolar Cristã: o que é isso?".

Sempre pensando sobre os diversos atores envolvidos no processo educacional (professores, gestores, pais e alunos) e buscando respostas bíblicas sobre o papel de cada um deles, passou a ser requisitado como conselheiro e palestrante nas mais diversas situações por educadores cristãos e igrejas, tendo auxiliado a muitos, em repetidas ocasiões, com palavras bíblicas e sábias sobre o processo educacional.

Vivendo em Recife com a família e trabalhando no ramo da indústria e comércio, como gerente e diretor de empresas, foi conselheiro no processo de abertura de uma escola cristã muito bem sucedida, naquela cidade, e atuou na preparação de folhetos para a divulgação do conceito de educação escolar cristã, apontando a pais e pastores a necessidade de uma educação realmente bíblica. Mais tarde, morando em Manaus, interagiu com iniciativas da educação escolar cristã por parte de irmãos que traduziam material didático cristão de origem norte americana para a língua portuguesa e rodou o país proferindo conferências, com eles, sobre o tema.

No começo da década de 2000, sempre envolvido com a educação cristã e tendo seus filhos estudando em uma escola comprometida com o conceito bíblico de educação, em São Paulo, aproximou-se da *Association of Christian Schools International* – ACSI, da qual tornou-se, em 2004, um associado fundador e vice-presidente de seu conselho, a Associação Internacional de Escolas Cristãs – ACSI Brasil, mais tarde tornando-se o seu presidente.

Em 2004 foi contratado para trabalhar no Instituto Presbiteriano Mackenzie, uma instituição de origem cristã presbiteriana e dentro da área educacional. Como presbítero desta denominação encontrou realização ao unir suas competências profissionais com suas aspirações educacionais, como ele mesmo diz, seu primeiro amor. Em 2005 foi nomeado Superintendente da Educação Básica das Escolas Mackenzie (São Paulo, Tamboré e Brasília), incluindo a responsabilidade pelo recém-estabelecido *Sistema Mackenzie de Ensino*, que ainda dava seus primeiros passos de estruturação. Desde as ideias seminais que compuseram o primeiro projeto político pedagógico unificado das escolas e do Sistema até a produção final dos primeiros livros da educação infantil, a firmeza e clareza dos conceitos da educação cristã escolar postulados por Solano estiveram presentes de forma marcante e visível. Neste estágio, junto com uma equipe que foi sendo por ele formada aos poucos, o trabalho pioneiro tomou corpo e vulto para chegar até o presente com quase 150 escolas ao redor do Brasil que usam este material, abrangendo todas as áreas do conhecimento e que em breve deve completar o Ensino Fundamental II, já partindo para o Ensino Médio. Atualmente, como Diretor Financeiro no Mackenzie, continua com o coração na educação, envolvido em conferências e planejamento.

SOBRE O LIVRO

No ano de 2000, Solano Portela registrou em um artigo na revista acadêmica *Fides Reformata* (5/1), "uma avaliação teológica preliminar de Jean Piaget e do construtivismo". Essa análise, mais aprofundada do tema da educação escolar cristã, está contida neste livro, expandida e atualizada. Em 2008, Solano Portela foi o grande incentivador e apresentador da produção de um volume da *Fides Reformata* totalmente dedicado à educação escolar cristã. Dentro desse volume publicou o artigo intitulado *Pensamentos preliminares direcionados a uma pedagogia redentiva*. Nele, propõe "O desenvolvimento de uma pedagogia própria à educação cristã, [...] apresentada como sendo a solução imperativa para as escolas cristãs [...] A pedagogia redentiva apoia-se em nove alicerces: *metafísico, epistemológico, ontológico, nomístico, ético, relacional, metodológico, estético e teleológico*" (*Fides Reformata*, 13/2). Entendo que este artigo, inédito quanto à sua aplicabilidade no contexto da educação brasileira, é um marco na busca da compreensão e execução da tarefa da educação cristã em nosso país e, agora, encontra sua forma mais completa e ampla apresentada neste livro. Assim, a obra que o leitor tem agora nas mãos é o fruto de um processo de reflexão e aplicação do pensamento bíblico à educação ao longo de quase 30 anos. Reúne uma sólida cosmovisão bíblica e sua aplicação bastante prática para o contexto educacional brasileiro.

O livro é dividido em três grandes partes que relatam: a) *O Cenário*: como se encontra o atual cenário da educação no Brasil, tanto secular quanto religiosa, principalmente orientada pelas teorias construtivistas; b) *O Contraste:* a plausibilidade da educação escolar cristã como uma alternativa; c) *A Proposta:* uma proposição para o desenvolvimento de uma pedagogia para a educação escolar cristã, chamada de "Pedagogia Redentiva".

A primeira parte faz uma avaliação bastante pertinente do Construtivismo e sua influência na educação brasileira nas últimas três décadas. Nesta seção o autor demonstra que a proposta pedagógica predominante na educação brasileira é muito mais do que uma metodologia de educação e que não pode ser tomada como algo neutro e estéril para ser aplicado em qualquer contexto. Antes, é uma filosofia que contém uma série de contradições fundamentais com os princípios da fé cristã que encontramos nas Escrituras. Os conceitos fundamentais de Piaget, Emilia Ferreiro e de vários pensadores brasileiros são avaliados à luz dos conceitos bíblicos da epistemologia e de seu sistema de valores. Dentre seus 20 capítulos, encontramos vários temas que incluem a avaliação de alguns materiais didáticos e suas filosofias anticristãs. A seção serve como um chamado à reflexão por parte dos pais, educadores e escolas cristãs que querem de fato promover uma educação de excelência que tenha fundamentos numa cosmovisão bíblica sobre a vida e o mundo.

A segunda parte do livro labora sobre a educação escolar cristã como uma alternativa, partindo do princípio de que a Bíblia nos apresenta uma visão unificada da vida que deve servir como base para a educação praticada pelo cristianismo em geral e pelas escolas cristãs em particular. A seção trata de definir o que é a educação escolar cristã, quais são seus parâmetros e como ela se constitui a partir de uma cosmovisão cristã. Neste ponto o autor faz uma descrição da aplicação do conceito de educação cristã escolar para as grandes áreas do conhecimento, demonstrando como cada uma delas deve ser compreendida e ensinada a partir das Escrituras: a matemática, ciência, saúde, geografia, história, sociedade, governo, economia, cultura e arte e tecnologia. Dentre os capítulos encontramos tratados os temas da didática de Jesus, limites, a missão da escola e do educador e seu papel na cultura.

A última parte trata da Pedagogia Redentiva traçando as suas definições e tarefas fundamentais. Trabalhando sobre os principais atores e ideias da pedagogia praticada no Brasil, Solano caminha para uma proposta que avalia os caminhos seguidos até o momento avaliando em que pontos são possíveis o diálogo entre a pedagogia

PREFÁCIO

em geral e a proposta de uma pedagogia que leve, de fato, em consideração os pressupostos do cristianismo histórico conforme compreendido a partir das Escrituras. Os principais temas abordados são a complexidade, transversalidade e transdisciplinaridade, individualidade, pilares da educação, construtivismo, pedagogias de Paulo Freire e males sociais. O livro é concluído com uma breve seção que abre o caminho para as próximas pesquisas e desafios que se encontram no caminho dos educadores cristãos brasileiros.

Como dito anteriormente, trata-se da reflexão sobre a experiência numa caminhada que amadureceu ao longo do tempo. Solano Portela estabelece em seu livro o "ponto de fuga" sobre o qual poder-se-á construir toda uma perspectiva para a educação escolar cristã no Brasil.

Rev. Mauro F. Meister, D.Litt.
Diretor Executivo da Associação Internacional de Escolas Cristãs - ACSI
Assessor teológico-filosófico do Sistema Mackenzie de Ensino
Coordenador do programa de Mestrado em Divindade –
Centro Presbiteriano de Pós Graduação Andrew Jumper
São Paulo, Julho de 2012

INTRODUÇÃO

Nosso título sugere que este livro se destina aos pais. Certamente eles são nosso alvo principal, com a análise e alertas sobre o cenário educacional do nosso país. A responsabilidade sobre os nossos filhos é tremenda e não podemos baixar a guarda, ou negligenciar o chamado bíblico ao envolvimento na educação deles.

No entanto esses alertas são igualmente pertinentes para educadores e escolas cristãs. Para eles, prosseguimos em nosso exame do contexto educacional atual e apresentamos o contraste da educação escolar cristã, levantamos nossas responsabilidades como educadores e apresentamos uma proposta pedagógica na esperança de que ela produza redenção e não o desânimo e o desespero que têm circundado e penetrado o nosso processo educacional.

Mas todos nós atravessamos, como alunos, esse mesmo processo. E a secularização do nosso ensino mostra-se não apenas incapaz de produzir uma visão holística de vida, mas também, para os cristãos, ela promove uma dicotomia entre a fé a as áreas de conhecimento nas quais fomos treinados. Todos os que foram resgatados por Cristo deveriam relembrar os ensinamentos bíblicos sobre o Deus Soberano a quem servimos, constatar a abrangência dessas doutrinas em nossas áreas de atividades (consequentemente, de ensino, também) e trazer paz ao nosso pensar e caminhar como cristãos em um mundo hostil. Educação, portanto, toca em temas pertinentes a todos nós.

Desde que pisamos nesta terra vivemos um dilema no que diz respeito aos caminhos do conhecimento humano. Quer tenhamos sido encaminhados em lares cristãos, quer tenhamos sido alvo de conversão posterior, encontramos dificuldade em *reconciliar* o chamado e os princípios cristãos – as determinações e ensinamentos da Palavra de Deus – com a aquisição progressiva de conhecimentos a que somos submetidos desde a nossa tenra idade e à qual nos dedicamos, depois de firmarmos nossos próprios horizontes e interesses.

Desenvolvemos com muita facilidade o pensamento de que as coisas espirituais, as questões relacionadas com Deus, as determinações da Palavra dizem respeito ao nosso futuro espiritual. Enquanto isso, absorvemos conhecimentos diversos, seguimos uma carreira, educamos os nossos filhos e somos educados em um universo estanque, distanciado e divorciado dos conceitos das Escrituras.

Não é que duvidemos da veracidade da Bíblia – até aceitamos tudo e abraçamos doutrinas contidas na Palavra que, muitas vezes, não entendemos plenamente, mas as recebemos tão somente pela fé. No entanto, deixamos que essas convicções não perturbem muito a nossa vida diária, nem as carreiras e profissões que escolhemos. Elas são segregadas àquelas ocasiões que dedicamos à expressão de nossa religiosidade – cultos públicos e devoções privadas.

Se analisarmos com honestidade a nossa postura de vida, vamos nos encontrar, na realidade, em uma situação de *conflito mental* em muitos sentidos: Justamente por sermos cristãos e desejarmos estar no seio da "vontade de Deus" somos *escravos* de um complexo de culpa por nos dedicarmos a atividades várias, às demandas da nossa profissão, quando a igreja e o "trabalho do Senhor" clamam por atenção, ação e envolvimento. Somos, portanto:

- escravos de uma visão que separa o secular do sagrado; o ganha-pão da adoração; a honestidade da vida e prática cristã da desonestidade e descaminho dos negócios.

- escravos de uma visão curta que não enxerga a amplitude dos princípios apresentados nas Escrituras – de um Deus que é todo poderoso, criador e mantenedor do universo; que não nos deu, na Palavra, apenas um manual acanhado de Escola Dominical, mas um conceito e uma compreensão de vida, uma cosmovisão, que deve permear toda a nossa existência.
- escravos de uma postura eclesiástica que declara a existência de duas categorias de servos de Deus – os que estão envolvidos em seu trabalho e os que estão servindo ao mundo.
- escravos de uma postura profissional que nos coloca como alienados no meio de uma classe de pessoas integradas com o seu meio, enquanto que nós nos debatemos com contradições metafísicas, em vez de tranquilamente agirmos na redenção da área em que estamos atuando.

No meio desse dilema e dessas tensões as doutrinas resgatadas pelos reformadores, aquilo que chamamos da *teologia da reforma*, ou de *fé reformada*, aparecem com todo o seu vigor e poder, como uma *força libertadora* dessa escravidão, desse conflito e dessa opressão intelectual. É exatamente a teologia calvinista, apresentando o Deus trino em toda a sua soberania e majestade, que liberta, ainda que acusada de promover a escravidão das pessoas, pela sua rigidez doutrinária e subordinação ao conhecimento transcendente encontrado nas Escrituras. A Fé Reformada não trata simplesmente de realizar uma *integração* entre o secular e sagrado, mas de demonstrar a abrangência das raízes espirituais de cada atividade. Ela apresenta *o todo* do conhecimento e das atividades humanas como algo abrigado e aprovado pela providência divina, subsistindo o próprio Deus como fonte de todo o verdadeiro conhecimento e sabedoria.

É nesse contexto e considerando a Bíblia como nossa fonte inerrante de conhecimento sobre nossas vidas, sobre o ser e atos de Deus e sobre sua interação com a criação, que partimos para a análise do cenário educacional contemporâneo. Queremos confrontá-lo com o entendimento que Deus quer que tenhamos de todas as áreas de conhecimento, mas, mais especificamente, compreender os conceitos educacionais que permeiam as Escrituras. Com essa pergunta como ponto de partida: "O que estão ensinando aos nossos filhos?", chegamos a várias outras que possuem íntima relação com ela: "o que temos aprendido; ou, o que nos ensinaram esses anos todos"? "Existe um contraste real entre o que é considerado 'normal' no circuito pedagógico, e os ensinamentos da Palavra de Deus?" "Podemos encontrar, na Bíblia, princípios que nos levem a uma *educação escolar cristã*?". "Existe, realmente, uma proposta de educação que se harmoniza em sua totalidade com a revelação especial de um Deus soberano que tem na humanidade a coroa da criação e a quem delegou a absorção do conhecimento necessário para administrar essa criação?". "Podemos desenvolver uma estrutura e metodologia com bases cristãs; uma Pedagogia Redentiva?". "Há luz e propósito na minha profissão"?

Nos capítulos seguintes, em nossas três divisões (Cenário, Contraste, Proposta), tratamos do tema *educação escolar cristã*. E há, sim, um entrelaçamento desse tema com nossa visão teológica, especialmente se compreendemos que na Bíblia temos a revelação de um Deus soberano e que tudo concorre para a sua glória – um universo no qual Deus e não o homem está no centro. Educação Escolar Cristã, sob esse prisma compreenderá o processo de penetração em todas as áreas do conhecimento humano, como preparo para o exercício de toda atividade moralmente legítima, sob a perspectiva de que Deus tem soberania sobre cada uma dessa áreas. Ou seja, nenhuma área do saber pode ser adequadamente compreendida quando estudada ou transmitida divorciada do conceito escriturístico de Deus. Essa convicção norteou a escrita deste livro. Ao lado de material que não foi previamente publicado, alinhamos, atualizamos e expandimos alguns textos publicados em forma de livreto ("Educação Cristã?" – Editora FIEL), em forma de artigo (*Fides Reformata* e outras publicações), bem como entrevistas concedidas a jornais e periódicos – todos relacionados com o nosso tema principal – Educação Escolar Cristã.

O que estão ensinando aos nossos filhos? Vamos examinar isso, mas você poderá se surpreender com a seriedade da situação, com a pertinência das respostas bíblicas e adequadas, bem como com a importância das tarefas que estão no horizonte para nós, como pais, educadores e escolas cristãs.

PARTE 1
O CENÁRIO
A EXTENSÃO DOS PROBLEMAS
EDUCACIONAIS AO NOSSO REDOR

O CENÁRIO - CAPÍTULO 1

PAUSA PARA REFLEXÃO – VIDA COM RESPONSABILIDADE, OU FORMAÇÃO EM IRRESPONSABILIDADE?

Valéria Piassa Polizzi viveu uma infância em escolas que lhe deixaram algumas boas lembranças. Depois, como uma jovem adulta, depois de muitas experiências marcantes e após escrever um livro, ela escreveu um artigo que foi publicado na revista *Nova Escola*. Essa é uma das publicações mais sérias dirigidas aos professores e escolas brasileiras de 1º grau. O depoimento registrado por Valéria em seu artigo[1] reflete as palavras de uma jovem que são, ao mesmo tempo, sinceras e bem escritas, mas também tristes e intrigantes.

Valéria relembra duas professoras que marcaram a sua vida e registra, para elas, palavras de elogio e apreciação. O interesse pessoal demonstrado pelas duas, e a atenção recebida, transcendeu as paredes das salas de aula estendendo-se às situações de necessidade e de carência de afeto, vividas em sua infância. Independentemente da metodologia e filosofia educacional e disciplinar recebida por Valéria, não resta dúvida que ela teve dedicação genuína por parte dessas educadoras. Ela fala igualmente de suas experiências na escola e descreve como foi submetida às mais modernas técnicas pedagógicas. Um dos pontos altos, destacados na educação contemporânea recebida,

---

1 Valéria Piassa Polizzi, *"Aprendi a Apreciar a Vida com responsabilidade"*, Nova Escola (Ed. Abril), Nº 120, março de 1999, 58.

foi o *caráter democrático* do ensinamento ministrado. Valéria explica que as suas professoras se esmeravam para que os alunos demonstrassem o seu potencial. Na visão dela, elas não ficavam "dando ordens e imposições". Os alunos descobriam e construíam os seus próprios rumos.

Na sua vida pessoal, enquanto frequentava a escola, ainda criança, Valéria experimentou os traumas de um lar que se desfez. Mãe para um lado, pai para outro, retratando uma história comum nos dias de hoje, nos quais os ideais do casamento e a estrutura da família se distanciam cada vez mais de princípios estabelecidos por Deus com vistas à sua estabilidade. No meio desse contexto, Valéria diz – *"aprendi a apreciar a vida com responsabilidade"*, que é exatamente o título de seu artigo. A liberdade experimentada na escola, a falta de um direcionamento externo mais rígido, é que teriam ensinado a ela "a vida com responsabilidade".

Ocorre que Valéria é também a autora de um famoso livro publicado em dezembro de 1998. O sucesso da autora é evidente, pois o livro, em apenas um ano, chegou à sua 17ª. edição. Esse livro tem, entretanto, um título trágico: *Depois Daquela Viagem – Diário de Bordo de uma Jovem que Aprendeu a Conviver com AIDS*.[2] Esse é justamente o lado triste e intrigante da questão, da vida e do depoimento de Valéria. Ela viveu e colocou na prática a sua "liberdade" apreendida e solidificada nos anos de formação. Essa formação, obviamente, não ocorreu somente na escola, mas no contexto permissivo de nossa sociedade. Como todos nós, ela vive e viveu em uma época cuja forma de pensar rejeita preceitos absolutos de moralidade que procedem de Deus. Muitos não gostam de traçar os efeitos às causas, mas a infeliz consequência da ausência de padrões é que Valéria veio a contrair AIDS.

Ao lermos o livro vemos que não pairam dúvidas que ela hoje colhe os frutos da ausência de critérios básicos de moralidade sexual.[3] Aos 15 anos, foi incentivada pelo namorado, 10 anos mais velho do que ela, para manterem relações sexuais: "... afinal já são mais de seis meses de namoro... já estou me chateando com essa história". Valéria refletiu sobre a situação e concluiu que já sabia "tudo" sobre sexo. Nas aulas de

---

[2] Valéria Piassa Polizzi, *Depois Daquela Viagem* (São Paulo: Editora Ática, 17ª. ed., 1999).
[3] *Ibid.*, 11.

O CENÁRIO | *Pausa para reflexão – vida com responsabilidade, ou formação em irresponsabilidade?*

ciência já havia aprendido sobre os órgãos sexuais e outras questões relacionadas com sexo. Além disso, relata ela, "na televisão já vi todas aquelas cenas românticas e até uns filmes nacionais mais picantes". Assim, deu continuidade a uma relação sexual. Ocorre que, dois anos depois, descobre que havia contraído AIDS do seu parceiro. Mesmo quando admitimos o atenuante de sua adolescência, vemos que sua formação falhou em não estabelecer limites ou prover um fundo moral à sua avaliação das situações. Além da inexperiência da juventude, Valéria demonstrou "irresponsabilidade moral", mas não existe consciência disso. Ela insiste em seu artigo, mesmo contrariando as evidências, que *aprendeu a vida com responsabilidade*.

Uma pessoa que viveu irresponsavelmente e que continua a afirmar que aprendeu responsabilidade – é uma contradição gritante. Esse paradoxo e o uso indefinido que hoje se faz da palavra "responsabilidade" e de tantas outras que deveriam ser âncoras na manutenção da moralidade e no comportamento das pessoas, devem nos levar às seguintes reflexões:

- Estamos confrontando um caso isolado? Ou será que a filosofia educacional aplicada em nossas escolas, no contexto de uma sociedade amoral, vem fazendo mais vítimas do que vencedores? A formação escolar e familiar está falhando no direcionamento de vidas para serem produtivas e verdadeiramente responsáveis, perante si mesmas, para Deus e para a sociedade?
- Por que uma escola moderna e a metodologia mais contemporânea não conseguiu evitar o estabelecimento de uma pretensa "liberdade sexual" de consequências tão desastrosas, para essa jovem? Existe uma origem ou uma razão principal para os problemas, tanto de moralidade como acadêmicos, apresentados nas escolas de 1° e 2° grau do sistema educacional brasileiro?
- Qual a contribuição dos métodos e conteúdos pedagógicos, aplicados na educação dessa jovem e de tantos outros, para o estabelecimento de uma visão distorcida de vida que os levam a acreditar que vivem *"uma vida com responsabilidade"*, quando o caráter subjetivo das normas e a *irresponsabilidade* é o que caracteriza o dia-a-dia de cada um?

- Que filosofia comportamental é transmitida nas escolas como *aceitável* e *normal*, com resultados devastadores à moral de nossa juventude, que têm o poder até de anular e transcender o interesse sincero e genuíno demonstrado por professoras e educadoras dedicadas à formação dos seus alunos?
- Os professores e professoras não estariam igualmente entre essas vítimas, submetidos a anos de treinamento e redirecionamento cerebral, muitas vezes com a violação de seus próprios princípios e de suas consciências? Será que eles não se veem involuntariamente presos ao ensino de princípios e a uma prática de ausência de disciplina que traz resultados indesejáveis e incompatíveis com seus esforços?
- Existe um padrão de aferição pelo qual podemos julgar o por quê da dissociação do ensino, da quebra da disciplina nas salas de aula, da desmotivação ao aprendizado nas escolas, da perda do destaque acadêmico e da auto satisfação no aprendizado?
- Existe esperança, quando consideramos o quadro atual?

Por mais atualização que tenhamos trazido ao ensino brasileiro nas últimas décadas; por mais recentes que sejam as técnicas empregadas; por mais científicas que aparentemente se apresentem as metodologias utilizadas; por mais dedicados e bem treinados que sejam os injustamente mal remunerados profissionais do ensino; a realidade é que vivemos uma crise em nossas escolas. A crise não é somente gerada pela falta de investimentos no setor, ou pela deficiência acadêmica das escolas públicas. Ela está profundamente enraizada na *filosofia de educação* recebida desde a tenra infância. Ela se reflete concretamente no nosso lar, na formação dos nossos filhos, no conhecimento que recebem ou que deixam de receber, na visão de vida que tendem a desenvolver, nos padrões de aferição que constroem para sua existência, na suposta "apreciação da vida com responsabilidade" que leva jovens a viverem irresponsavelmente.

É necessário que procuremos conhecer a filosofia que vem sendo crescentemente aplicada ao longo de mais de três décadas em quase todas as escolas e que tem servido de base para a formação de gerações de professores dos nossos filhos. É necessário que venhamos aferi-la por um padrão maior de julgamento. É imprescindível que consideremos a questão educacional no seu contexto moral e, portanto, não como uma atividade autônoma do esforço humano, mas como sujeita às determinações e diretrizes que o Criador de todas as pessoas colocou em sua Palavra, para nossa orientação.

O CENÁRIO - CAPÍTULO 2

O QUE ESTÁ OCORRENDO EM NOSSAS ESCOLAS?

Escolas de qualquer sociedade refletem os padrões da própria sociedade que as abrigam e as mantêm. Nesse sentido, sabemos que se a estrutura da família está sendo atacada; se as âncoras de comportamento estão sendo removidas; se o encorajamento à disciplina pessoal tende a desaparecer; se o individualismo egoísta é pregado – as escolas serão meras comunidades nas quais encontraremos a mesma formação e deficiências morais, nos alunos, nos professores e até no próprio ensino. Sociedades disciplinadas e preservadoras de padrões morais abrigam escolas disciplinadas e incentivadoras da moralidade; sociedades permissivas, escolas permissivas. A sempre desejável flexibilidade, idealmente, não deve ser aleatória, mas exercitada dentro de limites transparentes e confiáveis.

No meio de nossa sociedade, com bases morais cada vez mais desacreditadas e atacadas, pais que procuram dirigir os seus lares sob padrões diferentes, coerentes com a instituição da família; aqueles que se preocupam na formação de seus filhos em algo mais do que indivíduos egoístas irresponsáveis; principalmente, aqueles que se empenham no direcionamento de suas famílias sob os padrões das prescrições de Deus, encontradas nas Escrituras do Antigo e do Novo Testamento – podem chegar às raias do desespero na procura de escolas que sejam promotoras e não destruidoras de princípios básicos necessários à educação das crianças.

Mas, nessa busca insana, precisamos dar continuidade à nossa pausa para reflexão. Será que as escolas estão apenas devolvendo à sociedade o que dela recebeu? Serão elas tão "neutras" assim, ou têm um papel muito mais relevante do que pensamos, como geradoras de uma compreensão inadequada de vida, aos nossos filhos? Nossas escolas são polos independentes de metodologia e filosofia educacional, ou possuem alguma coerência e direcionamento próprio que estão servindo de estímulo, em vez de freio, à dissolução de nossas famílias e da sociedade?

Se procurarmos, nas escolas, alguma orientação comum, alguma corrente de pensamento identificável, alguma filosofia predominante nelas e na formação pedagógica das últimas décadas, esbarraremos no *construtivismo*. Construtivismo é a teoria educacional desenvolvida a partir das ideias do biólogo e pensador suíço **Jean Piaget** (1896-1980), que considera o conhecimento como sendo um resultado das interações da pessoa com o ambiente onde vive.[1] Nesse conceito, todo conhecimento é uma **construção** que vai sendo gradativamente formada desde a infância, no relacionamento com os objetos físicos ou culturais com os quais as crianças travam contato. A teoria é relativamente complexa, recheada de termos próprios, que pedem definições específicas[2]. Entretanto, procurando simplificar e resumir, podemos dizer que o *construtivismo* afirma que **conhecimento** é algo que cresce subjetiva e individualmente, como um cristal, em uma solução salina. Nesse sentido, não é algo que deva ser transmitido, dado, pelo professor. O mestre é apenas um *agente facilitador*, nesse processo de crescimento.

Até parece que estamos examinando apenas uma metodologia acadêmica estéril, que não teria qualquer influência maior nas vidas de nossas famílias, mas não é

---

1 *Construtivismo* é também um estilo e conceito de arte fundado pelo artista plástico russo Aleksandr Rodchenko (1891-1956), que pretendia rejeitar o passado e criar uma nova sociedade ligada à modernidade e ao progresso, mas esse termo relacionada às artes, é de conhecimento restrito. Na atualidade, o nome *construtivismo* está quase sempre ligado à esfera educacional, relacionado ao trabalho e à filosofia de Jean Piaget e a de outros educadores que procuraram seguir os seus passos.

2 Exemplos: *"esquemas de assimilação"* – as possibilidades individuais das pessoas de compreenderem o que se passa ao redor delas; *"operações mentais"* – assimilações que se realizam no plano mental; *"processo de equilibração"* – a motivação individual de se suprir de conhecimento, quando constata a falta e necessidade desse, gerando estímulo para uma nova "construção"; etc.

bem assim. De acordo com o construtivismo, o *direcionamento* do professor (e, por inferência, dos pais e de todos envolvidos no processo educativo da criança) pode ser algo *prejudicial* e não benéfico ao estudante. Isso ocorre, principalmente, se eles não compreenderem aquilo que é chamado de estágios de assimilação cognitiva das crianças.[3] De acordo com o construtivismo, nesses estágios a criança vai construindo sua própria realidade. Se pais e mestres não respeitam tais estágios e procurarem agir como agentes *transmissores* de conhecimento, estarão impingindo suas próprias realidades e não respeitando o individualismo de cada criança.

Mas a grande influência do construtivismo na escola e na sociedade não está apenas restrita à metodologia de ensino e à rejeição ao direcionamento, à transmissão de conhecimento. A filosofia foi desenvolvida ao longo de extensões lógicas dessas premissas, que se relacionam com as áreas de *disciplina, valores e moral das pessoas*, conceitos de *certo e errado*, e assim por diante. Essas implicações ficarão mais evidentes e claras na medida em que prosseguimos no nosso exame.

Professores e demais profissionais da área da educação com certeza não precisam dessas definições nem de esclarecimentos adicionais sobre o significado do construtivismo. Os seus conceitos são extremamente popularizados no meio pedagógico brasileiro. Esses profissionais não apenas devem ter estudado essa corrente de pensamento educacional em todos os seus anos de formação superior, como, possivelmente, absorveram e procuram aplicar essa filosofia como base de sua prática docente.

Às demais pessoas, entretanto, o termo *construtivismo* poderá soar estranho ou destituído de significado. No entanto, essa filosofia educacional é, possivelmente, a filosofia corrente que tem maior alcance, abrangência ou influência na sociedade brasileira. A afirmação parece ousada e exagerada. Mas existe uma razão para ela ser feita – quando analisamos as escolas de primeiro grau, verificamos a aceitação praticamente universal[4] por essas instituições de ensino, tanto as seculares como as de formação religiosa, até mesmo as conhecidas como *evangélicas*. Observando essa ampla aceitação podemos

---

3   Veja a relação dos quatro estágios no ***capítulo 4*** desta seção, logo à frente.
4   Essa aceitação pode ser explícita, nos padrões da própria escola, ou implícita, no sentido de que teve os seus professores treinados e incentivados à aplicação do construtivismo aos seus alunos.

constatar como o construtivismo tem sido importante na formação de várias gerações de brasileiros e continua, com todo o ímpeto, formando os nossos filhos.

Com efeito, nas escolas de primeiro grau em todo o país várias premissas do construtivismo são aplicadas com tal amplitude, que *indiferença* ao conceito e ao que ele representa não é uma postura possível às pessoas conscientes. Você pode nunca ter ouvido o termo; você pode não ter o mínimo interesse em filosofia educacional; você pode não ter familiarização com os nomes dos principais proponentes da corrente; você pode achar que Piaget é apenas um nome dado a algumas escolas ou talvez até um método moderno de educação. Mas as possibilidades são altíssimas de que o construtivismo *já* influenciou ou *vai* influenciar a sua vida. Se você tem filhos em idade escolar, existe uma grande probabilidade de que eles estão sendo orientados com uma visão educacional construtivista. Mesmo que a prática pedagógica em uma escola específica não seja coerentemente construtivista, essa filosofia, que abraça não somente a forma de desenvolver conhecimento, mas também a formação dos sistemas de valores e relações interpessoais, terá participado ativamente da formação dos alunos.

Inicialmente o construtivismo parecia mais o resultado de pesquisas educacionais destinado ao estabelecimento de uma nova metodologia de ensino. Mas, nas últimas décadas, a metodologia se consolidou em filosofia e abrangeu a questão da ética e da formação moral das crianças. Na medida em que as faculdades iam treinando educadores nos princípios do construtivismo, eles próprios agiam como agentes multiplicadores. Não somente foram sendo treinados no construtivismo, mas estabeleceram-se como polos de ensino, propagação e aplicação de seus conceitos. Em adição a isso, figuras de renome e pensadores de peso foram surgindo, trazendo com a sua fama a cristalização dos conceitos construtivistas, desenvolvendo essa filosofia de educação a níveis até inexplorados pelo próprio Piaget.

Realmente, precisamos pesquisar a resposta dessa pergunta pertinente – O que está acontecendo em nossas escolas? Será que a orientação concedida no lar está sendo, respeitada e reforçada, ou contestada e desafiada? Por quais padrões os meus filhos estão sendo ensinados?

O CENÁRIO - CAPÍTULO 3

ONDE QUEREMOS CHEGAR?

Afinal, qual é o nosso objetivo, neste livro e em nosso exame inicial? Obviamente, estamos tratando neste momento do nosso cenário educacional e como nele prevalece com muita força o *construtivismo* – é natural, portanto, que comecemos com uma avaliação dessa corrente pedagógica e filosófica, por vezes apresentada como sendo apenas uma escola metodológica. Nosso propósito não é realizar uma detalhada exposição de escolas pedagógicas. Muitos livros existem que podem realizar essa explanação. Não iremos, semelhantemente, realizar uma análise interna dessa filosofia, procurando mostrar as suas incoerências internas – mesmo sendo relevante e exequível, essa tarefa seria por demais acadêmica e tediosa à maioria dos nossos leitores.

Partimos de uma constatação prática da aceitação abrangente e passiva do construtivismo na quase totalidade do cenário educacional brasileiro. Estamos, portanto, diante de um ponto de vista importante e que merece ser examinado. Nesses nossos capítulos iniciais, **queremos mostrar que o construtivismo é muito mais do que uma *metodologia de educação***. Na realidade, é uma filosofia que possui conteúdo, baseada em postulados básicos epistemológicos (que se propõem a estabelecer **como** conhecemos as coisas), comportamentais e morais (que se propõem a estabelecer como devemos proceder e qual a percepção do que é certo e errado). Nossa proposição é que tal exame vai revelar certas contradições básicas com princípios da fé cristã, conforme a revelação objetiva das Sagradas Escrituras.

Logicamente a nossa tarefa não poderia ser a palavra final sobre conceitos do construtivismo e como esses se relacionam com as Escrituras. Pretendemos, entretanto, introduzir o assunto e destacar alguns pontos contrastantes, com a Palavra de Deus, de inquestionável importância. Gostaríamos, igualmente, de firmar a importância desse exame, mesmo para os que nunca tiveram familiaridade com o termo. Acreditamos que há uma necessidade urgente de nos interessarmos sobre o construtivismo, despertando um amplo debate cristão e teológico, que deve ter continuidade além das limitações deste trabalho.

Pensadores cristãos! É possível deixarmos uma corrente filosófica moldar a vida de tantas pessoas sem ser submetida ao crivo das premissas básicas da fé cristã; sem ser confrontada com as realidades do homem, conforme reveladas por Deus em sua palavra? É necessário que penetrem com mais intensidade no exame do construtivismo; que analisem as origens e detalhes que compõem esse sistema de pensamento, e que deem andamento à crítica confrontando as premissas construtivistas com os princípios da fé cristã que professam.

Educadores cristãos! Seguramente vocês foram treinados no construtivismo. Talvez sejam construtivistas declarados. Talvez lutem com conflitos de consciência, pois já identificaram disparidades com a fé cristã professada. Talvez continuem mantendo e afirmando que o construtivismo é apenas uma questão de método, de modernidade educacional. Talvez estejam sinceramente acreditando que conseguirão manter os preceitos construtivistas, sem violar as prescrições divinas. Não importa qual seja a situação individual de cada um; devem todos realizar o mesmo exame com intensidade ainda maior. É necessário discernir se praticam realmente uma *metodologia*, ou se abraçaram uma *filosofia*, e, qualquer que seja o caso, se existe respaldo na Palavra de Deus para o que estão colocando em prática e se o construtivismo é coerente com a totalidade das premissas cristãs de vida.

Pais cristãos! Vão observar toda essa cena passivamente? Vão continuar desinteressados na forma de educação dos seus filhos? Vão deixar de lado suas responsabilidades e achar que "esse negócio de educação é com a professora e diretora da escola". Não é fácil ter disposição para realizar certos questionamentos. Mais difícil ainda é penetrar nos detalhes de todo esse campo de pensamento que parece restrito a um grupinho de especialistas, a uma classe sacerdotal imune a questionamentos. Mas não dá para "deixar como está". Mesmo que não compreendam todos os aspectos da educação moderna e do seu respaldo filosófico, os pais devem se aperceber que nas escolas onde estão os seus filhos a questão é muito mais profunda do que "*como* as coisas estão sendo ensinadas"; na realidade, eles devem demonstrar intenso interesse com o *conteúdo* ministrado às suas crianças e com o tipo de formação existente na escola. Estão inculcando ideias erradas de "liberdade" às crianças? Estão deixando elas perdidas, sem rumo, quando mais precisam de direcionamento? Estão dando justificativas para a imoralidade dos nossos dias, em vez de reforçarem os padrões de moralidade? Qual o conceito de *verdade*, que está sendo ensinado? Aquele que nega a possibilidade da existência da verdade objetiva, como nos ensina a Bíblia, ou o que mergulha as crianças em um mar de subjetivismo e as deixa, igualmente, confusas e incertas? Os pais devem inquirir persistentemente – *o que estão ensinando aos nossos filhos*?

O CENÁRIO - CAPÍTULO 4

COMO JEAN PIAGET PASSOU DE PESQUISADOR PEDAGÓGICO A "GURU" DE UMA NOVA FILOSOFIA.

Piaget foi um precoce estudioso e pesquisador. Ele nunca acreditou em testes de QI, mas, na realidade, possuía um bastante elevado. Aos 11 anos, em 1907, já era o assistente do museu de história natural de Neuchâtel, na Suíça, sua cidade natal. Piaget interessou-se intensamente por biologia e com 21 anos de idade, em 1917, já possuía cerca de 25 trabalhos publicados nessa área, na qual obteve o seu doutorado. Seu interesse por esse ramo da ciência iria nortear os trabalhos subsequentes em outros campos, ao ponto em que considerou a biologia "uma nova dimensão: como ciência da vida, pode ter a chave de explicação de todas as coisas".[1] Cedo desenvolveu o apreço pela metodologia científica que o levaria a revolucionar o campo da psicologia educacional e da pedagogia, realizando experiências e pesquisas, em vez da simples emissão de ideias.

A filosofia foi um dos grandes interesses de Piaget. Ao lado da formação científica em biologia, sentiu-se igualmente atraído pelo que chamou de "demônio da filosofia".[2] Piaget foi não somente um grande leitor de filosofia, mas chegou a ensiná-la na Universidade de Neuchâtel, na década de 1920, e "nunca negou a decisiva

---

1 Maria da Graça Azenha, *Construtivismo — de Piaget a Emilia Ferreiro* (S. Paulo: Ática, 1995), 8.
2 Observação do autor construtivista Lauro de Oliveira Lima em seu próprio *site*, na internet, endereço: *http://www.jeanpiaget.com.br/page4.html*.

influência que ela teve em suas ideias".³ Piaget estudou psicopatologia na universidade de Sorbonne. Simultaneamente, estagiou no hospital psiquiátrico de *Saint' Anne* onde estudou lógica e foi recomendado para trabalhar no laboratório de psicologia experimental onde iniciou, primeiramente com deficientes, o que seria uma das características de sua vida – a realização de inúmeras pesquisas e testes com crianças. Escreveu grande quantidade de livros e trabalhos científicos e proferiu conferências em diversos países, incluindo os Estados Unidos e o Brasil. Piaget foi financiado pela Fundação *Rockefeller* e fundou, em Genebra, o Centro Internacional de Epistemologia Genética.⁴ Em paralelo às suas atividades, Piaget considerou a criação de seus próprios filhos um campo de observação para a formação de suas teorias e proposições,⁵ as quais sempre foram formadas em uma ampla base filosófica.

A originalidade de Piaget "consiste na abordagem experimental dos problemas filosóficos".⁶ Essa frase, escrita por Maria de Graça Azenha, uma educadora construtivista, captura e expõe um dos pontos mais mal entendidos na obra de Piaget. Enquanto ele é propagado e reconhecido como **educador**, tendo o seu nome adornando centenas de escolas elementares, especialmente no Brasil, que se colocam como praticantes do seu "método", a grande realidade, entretanto, é que Piaget ***não desenvolveu*** nenhum método pedagógico específico. Examinando as crianças – objetos de seu estudo, sob premissas filosóficas próprias, ele estabeleceu uma série de conclusões e postulados que hoje são seguidos por educadores de todo o mundo, especialmente na Europa e na América do Sul. O fato de que Piaget estabeleceu ***premissas filosóficas***, é reconhecido, com uma percepção rara no meio pedagógico, por essa sua seguidora, que escreveu ainda: "Os problemas enfrentados pelo empreendimento intelectual de Piaget são tipicamente filosóficos, já que seu interesse predominante foi responder a

---

3   Yves de La Taille, no prefácio à edição brasileira do livro de Jean Piaget, *O Juízo Moral na Criança*, trad. de Elzon Leonardon (São Paulo: Summus Editorial, 1994) 10.
4   Oliveira Lima, *Ibid.*
5   Esse fato é amplamente conhecido e registrado nos livros de Piaget e em suas biografias. Por exemplo, o artigo sobre Piaget no site http://www.oocities.org/eduriedades/piaget1.html (acessado em 05.08.2012), registra que ele "... casou-se e teve três filhos os quais utilizou para seus estudos sobre as estruturas lógicas do pensamento das crianças".
6   Azenha, *Construtivismo*, 8.

O CENÁRIO | *Como Jean Piaget passou de pesquisador pedagógico a "guru" de uma nova filosofia*

questões clássicas da filosofia, naquilo que se refere ao conhecimento".[7] Considerar o construtivismo apenas um método, é, portanto, uma compreensão errada. Azenha observa, corretamente, que o que Piaget estabeleceu, mesmo, foram **alicerces filosóficos** e amplos estudos teóricos, quando afirma: "O edifício teórico construído por Piaget está impregnado do diálogo filosófico".[8]

A filosofia de Piaget, sobre o desenvolvimento psicológico das crianças, passou por diversas mudanças, desde seus primeiros escritos. Assim, encontramos em trabalhos sobre ele expressões como "o Piaget antigo" e "o Piaget recente"; existem muitas exposições de suas contradições na formulação dos "processos" de conhecimento (trabalhos mais antigos) e das "estruturas" cognitivas (trabalhos mais recentes); e existe até uma corrente que se intitula *neo-Piagetiana*, que aceita apenas parte de suas conclusões.[9]

O foco das preocupações de Piaget foi "explicar a passagem da evolução biológica, e principalmente psicológica, do ser humano, para a construção das matemáticas e das ciências formais em geral".[10] Franco Lo Presti Seminério, um dos grandes seguidores de Piaget na cena educacional brasileira, cristaliza bem sua compreensão naturalista da evolução do conhecimento no indivíduo, dizendo que, na visão construtivista de Piaget sobre as atividades metafísicas das pessoas "o desenvolvimento do conhecimento é um processo biológico".[11]

> O objetivo de Piaget foi desenvolver uma teoria de conhecimento e sua progressão, no indivíduo, de um estágio simples a um mais complexo. Inicialmente buscou teorizar sobre o desenvolvimento cognitivo partindo de uma visão evolutiva da humanidade – desde o homem

---

7 Azenha, *Construtivismo*, 18.
8 Azenha, *Construtivismo*, 18.
9 Robert L. Campbell. Palestras proferidas no *"Objectivist Studies Summer Seminar"*, em Charlottesville, VA, Estados Unidos, intituladas: *Jean Piaget's Genetic Epistemology: Appreciation and Critique*, disponível na internet, no endereço: http://hubcap.clemson.edu/~campber/index.html.
10 Franco Lo Presti Seminério, *Piaget — O Construtivismo na Psicologia e na Educação* (Rio de Janeiro: Imago Editora, 1996), 13.
11 Quanto mais simplificada for a visão epistemológica e mais relacionada com as ciências físicas (no caso, aqui, a biologia), mais apropriadas parecerão as experiências e questionários utilizados na formulação dos postulados e na extrapolação desses em uma filosofia educacional e de valores. A frase citada é de Robert L. Campbell, *ibid*.

primitivo até os dias atuais (filogênese), mas passou a se concentrar no desenvolvimento do conhecimento desde o nascimento até a idade adulta (ontogênese). Muito do seu trabalho é classificado como *psicogenética*, no qual procura descrever os estágios pelos quais passa a criança desde os primeiros passos (aquisição de uma inteligência prática) até a postura lógica-dedutiva que caracteriza a adolescência e a idade adulta. Partindo de suas pesquisas, Piaget postulou quatro estágios, ou períodos, no desenvolvimento mental da criança:

1. O período sensório-motor – do nascimento aos 2 anos;
2. O período pré-operatório – dos 2 aos 7 anos;
3. O período das operações concretas – dos 7 aos 12 anos;
4. O período das operações formais – dos 12 aos 15 anos.[12]

A revolução acadêmica provocada por Piaget atingiu praticamente todas as correntes pedagógicas, no sentido de que pelo menos as metodologias de qualquer persuasão foram repensadas. Nesse sentido, registramos, nas últimas décadas, alguns melhoramentos saudáveis no sistema educacional, tais como: (1) O processo educacional passou a ser mais interativo e participativo – mais interessante para o aluno; (2) As individualidades dos alunos passaram a ser observadas com maior intensidade e consideração, pelos professores; (3) As limitações dos alunos não foram descartadas; (4) Os pais, e não somente a escola, foram considerados parte importante ao conhecimento dos educandos; (5) O material didático produzido passou a apresentar não somente conteúdo, como também forma, sendo que essa última seguiu uma atratividade estética, procurando despertar o interesse dos alunos.

Podemos dizer que o construtivismo sacudiu os acomodados, mas infelizmente não podemos creditar os avanços acima descritos à implantação *coerente* dessa filosofia nas escolas. Na realidade a inconsistência em sua aplicação é que torna ad-

---

12 Esses quatro estágios são, às vezes, reduzidos a três, bem como cada estágio específico é subdividido em até seis etapas. A essência de toda essa esquematização de Jean Piaget está contida em seus livros: *A Construção do Real na Criança* (R. de Janeiro: Zahar, 3ª. ed. 1979), *O Nascimento da Inteligência na Criança* (R. de Janeiro: Zahar, 4ª. ed. 1982) e *A Formação do Símbolo na Criança: Imitação, Jogo e Sonho, Imagem e Representação* (R. de Janeiro: Zahar, 1975)

ministráveis as escolas nominalmente construtivistas. Por exemplo, na questão da disciplina, o construtivismo rejeita a repressão e repreensão clássica, uma vez que o comportamento inadequado seria apenas uma "desequilibração"[13] nas interações do aluno com o mundo exterior.[14] Um autor construtivista, entretanto, possivelmente refletindo sua experiência prática no caos gerado pela indisciplina, escreve algo que, surpreendentemente, contraria premissas construtivistas. Diz ele: "a permissividade produz na criança, a sensação de abandono, transmitindo o sentimento de insegurança".[15] Para podermos entender bem os conflitos e contradições inerentes ao construtivismo, o mesmo autor afirma mais adiante que o sistema escolar não deve ser um "adestramento domesticador dos jovens para conformá-los às regras, valores e símbolos da sociedade adulta".[16]

No cômputo final, Piaget, quer bem compreendido, quer incompreendido; quer coerentemente aplicado, quer parcialmente utilizado; passou a fazer parte do vocabulário básico dos educadores. Suas ideias são ensinadas, debatidas, explicadas, mas raramente contestadas. Tornou-se o verdadeiro *guru* pedagógico da educação moderna e pouco se pensa nas implicações e extensões lógicas de sua filosofia, tanto na formação das crianças e dos adolescentes, como para a sociedade como um todo.

---

13 "Equilibração" e "desequilibração" são termos "piagetianos" que expressam compatibilidade e disfunção entre o meio ambiente e o estágio de apreensão do aluno e incentivo ao aprendizado.
14 Chegamos ao ponto que entre as "repressões" condenadas está a perda do ano letivo pelos alunos de aproveitamento acadêmico abaixo da média. Nesse sentido, as escolas públicas estaduais do estado de São Paulo, aplicando a chamada "progressão continuada" estão proibidas de reprovar alunos, exceto, curiosamente, no 5º e no 9º ano. Essa é a parte da filosofia do construtivismo, contrária à repressão, levada às suas consequências lógicas. Ninguém pensa, entretanto, que tal "reprovação" pode ser exatamente o estímulo que o aluno necessite para dar uma guinada positiva em seu curso de vida, nem na disfunção gerada, para ele e para os outros, em classes que estão à frente de seu poder de percepção de aprendizado. Esse é um exemplo, também, de como o construtivismo, como filosofia, tem permeado e influenciado as escolas com ampla abrangência, mesmo quando aplicado parcial e incoerentemente na esfera acadêmica.
15 Lauro de Oliveira Lima, *A Construção do Homem Segundo Piaget* (São Paulo: Summus Editorial, 1984), 76.
16 Oliveira Lima, *Construção*, 149.

O CENÁRIO - CAPÍTULO 5

COMO PESQUISAS COM CRIANÇAS SE TRANSFORMARAM EM PADRÕES DE MORALIDADE

Educadores e pedagogos admitem que os estudos sobre a teoria construtivista começaram com Piaget,[1] mas o termo *construtivismo* não tem sua origem nem popularização nas suas obras, como adverte um autor construtivista: "A palavra 'construtivismo' não é 'clássica' na obra de Jean Piaget. Creio que ele passou a empregá-la na última fase de sua produção escrita (ou seja, nos últimos vinte anos dos sessenta em que escreveu sistematicamente sobre epistemologia)".[2] O interessante é que qualquer pesquisa na Internet sobre Piaget vai mostrar o termo "construtivismo" no máximo como um apêndice aos dados relatados; no entanto, uma pesquisa similar sobre o termo "construtivismo" estará totalmente permeada com o nome de Piaget, seus escritos e filosofia educacional.

Na realidade, como já observamos anteriormente, a grande mudança observada no trabalho de Piaget, quando comparado com os de seus antecessores e contemporâneos, foi a forma de apresentação de suas ideias, pois elas colocadas como conclusão de observações e exepriências, diferiam das meras opiniões emitidas por

---

1 A Secretaria Municipal de Educação da Prefeitura do Rio de Janeiro apresenta um sucinto resumo do construtivismo, com o título "Os Pressupostos da Teoria Construtivista de Jean Piaget". Esse artigo pode ser acessado pela **Internet** no endereço: *http://www.rio.rj.gov.br:80/multirio/cime/ME03/ME03_001.html*.
2 Lino de Macedo, *Ensaios Construtivistas* (S. Paulo: Casa do Psicólogo, 1994), XVI.

educadores e psicólogos e pareciam mais "científicas", por estarem respaldadas em dados e experiências. Ocorre que essas pesquisas foram bastante limitadas e subjetivas. Muitos educadores, até mesmo construtivistas convictos, têm, justamente, criticado a extrapolação das afirmações tão conclusivas do construtivismo sobre a epistemologia da humanidade com base em levantamentos experimentais e dedutivos tão restritos.[3]

A aparente metodologia científica utilizada por Piaget e seus seguidores não deveria obscurecer nossa capacidade crítica, nem confundir nossa compreensão de que o construtivismo, na realidade, emite premissas filosóficas. Ele procura deduzir um modelo a partir de observações comportamentais, mas parte para postular premissas que podem e devem ser questionadas. Defensores do construtivismo insistem que ele é apenas uma metodologia que reflete o resultado de pesquisas totalmente objetivas, destituídas de qualquer paixão, dogma ou preconceito. A falácia da neutralidade na realização das pesquisas é reconhecida até por renomada autora do campo Construtivista, que, comentando a obra de "medalhões" do construtivismo, escreve:

> Não existe "neutralidade" científica, no sentido de que o olhar do pesquisador está informado de concepções prévias que permitem a observação de alguns fatos em detrimento de outros.[4]

O fato é que Piaget, sendo autor prolífico e contando com inúmeros colaboradores e colaboradoras em suas pesquisas, ampliou suas atividades na área psico-educacional, e não ficou restrito à mecânica do aprendizado. Uma de suas áreas de interesse foi a questão do julgamento moral e o ensino da moralidade às crianças, cristalizadas em seu livro *O Juízo Moral na Criança*, escrito em 1932. A esse campo levou seus postulados já emitidos em epistemologia, ou seja, procurou traçar paralelos entre o ato de aprender e a formação de conceitos de certo e errado na mente das crianças. Por exemplo, uma das conclusões de Piaget, ao pesquisar *como* as crianças aprendiam, foi de que **direcionamento pedagógico** é igual a *coação intelectual*. Com

---

3 Azenha, *Construtivismo*, 96.
4 Azenha, *Construtivismo*, 38.

isso estabelecia as bases libertárias para o construtivismo, inibindo a ação diretora dos professores como transmissores de conhecimento. Semelhantemente, na área das **convicções morais**, Piaget utilizou as pesquisas para postular que *direcionamento ético* é igual a *coação moral*. Ele considerava suas conclusões nos dois campos extremamente paralelas, afirmando "coação moral é parente muito próxima da coação intelectual".[5]

As implicações dessa espiral abrangente, no trabalho de Piaget e seus seguidores, não pode ser ignorada. Note como **moralidade** é equacionada com *formação de conhecimento*. Esse tipo de dedução parte de um pressuposto importantíssimo – o da neutralidade moral das pessoas, ou seja, da falta de predisposição dessas quer para o mal como para o bem. O construtivismo nunca pode ser entendido, portanto, como uma metodologia educacional, mas como uma filosofia que atinge tanto a esfera cognitiva como a moral, com consequentes reflexos na totalidade da existência tanto dos educandos como dos educadores. É uma filosofia que tem como alicerce a ausência de inclinação para o mal das crianças.

No campo do aprendizado moral, Piaget se posicionou firmemente contra o realismo moral, que ele definiu como a "tendência da criança em considerar deveres e valores a ela relacionados como subsistindo em si, independentemente da consciência e se impondo obrigatoriamente".[6] Procurando que as crianças construíssem seus próprios sistemas de valores, Piaget rejeitava qualquer tentativa de estabelecer fontes externas de padrões morais. Em seu entendimento, o realismo moral deve ser rejeitado porque nele o "bem se define pela obediência".[7]

A filosofia da fé cristã tem uma posição singular e específica, nessa questão. Ela não se alicerça no "realismo moral", como definido por Piaget, (pois o bem **não é** definido por obediência) nem nas conclusões libertárias e subjetivas do construtivismo. Com o "realismo", na verdade, tem *em comum* que aceita absolutos morais, como realidades objetivas que devem ser alvo de instrução, utilizadas na formação das crianças. Como acreditamos que os valores morais procedem de Deus e são um reflexo dos seus

---

5 Jean Piaget, *O Juízo Moral na Criança*, trad. de Elzon Leonardon (S. Paulo: Summus, 1994), 93.
6 Piaget, *Ibid*.
7 Para Piaget, no realismo moral, "... é bom todo o ato que testemunhe uma obediência à regra ou mesmo uma obediência aos adultos". *Juízo Moral*, 93.

atributos no homem, não aceitamos que tais valores existem "independentemente da consciência". Cremos que de Deus procede unidade, metafísica e física. Mesmo conscientes de que o pecado perturba o equilíbrio e o conhecimento, sabemos que quando proposições objetivas e determinações morais corretas estão sendo transmitidas às crianças, encontram eco em suas consciências. Seus valores não são firmados em um vácuo, mas alicerçados numa criação gerada à imagem e semelhança de Deus. Como cristãos não aceitamos que o *bem* é algo formulado pela sociedade. Nem tampouco é algo subjetivo, "definido pela obediência". Antes, o *bem*, para o homem, é o reflexo concreto da justiça e bondade de Deus, colocado tanto na constituição das pessoas como nas proposições da lei moral revelada nas Escrituras.

O CENÁRIO - CAPÍTULO 6

AFINAL, O QUE É MAIS IMPORTANTE – SUBSTÂNCIA OU MÉTODO?

O construtivismo foi sendo formulado e apresentado com uma base de dados e pesquisas que supostamente respaldariam suas premissas. Ele veio ao encontro de um mundo pedagógico que estava ávido por um método novo, revolucionário, fundamentado cientificamente. O construtivismo foi se imiscuindo como uma filosofia mais abrangente, mas a porta foi sendo aberta porque apresentava-se como um *método*. Dentro de suas premissas, a substância, o que deveria ser ensinado, foi adquirindo uma posição cada vez mais secundária. Afinal, pelas premissas construtivistas, o conteúdo do conhecimento seria algo sempre subjetivo, individual, inescrutável – o importante seria a metodologia.

A educadora argentina Emília Ferreiro[1] é uma das maiores expressões do construtivismo. Ela não penetra no campo da gênese do julgamento moral, como o fez Piaget, mas dedicou toda sua vida às pesquisas relacionadas com o aprendizado da escrita e da língua. Por melhores que sejam as intenções e por mais extenuantes que sejam as suas pesquisas realizadas, saímos de uma leitura de seus trabalhos com a frustração que caracteriza o construtivismo: ausência de absolutos, ausência de normas,

---

1 A grafia do seu sobrenome varia de autor para autor, de artigo para artigo, entre *Ferrero* e *Ferreiro*.

presença de rabiscos sendo propostos como expressões autênticas de criatividade construtiva e a negação do direcionamento, como forma de tutela. Toda sua ênfase é na formulação de um método à custa do conteúdo.

Defendendo a forma clássica de enfatizar a substância sobre a forma, no processo educativo, J. Gresham Machen (1881-1937),[2] alerta para o perigo de se dar mais importância ao método do que ao conhecimento, em si.

> A substituição do conteúdo pela metodologia, na preparação dos professores, é baseada numa visão muito peculiar do que é a educação. Baseia-se no ponto de vista que a educação consiste, primariamente, não na transmissão de informações, mas no treinamento das faculdades da criança. A atuação principal do professor, consequentemente, não seria a de ensinar, mas sim desenvolver na criança as faculdades que possibilitarão o seu aprendizado.[3]

Machen continua, ironicamente, dizendo que conseguimos uma emancipação de uma carga indevida; a escola significava trabalho pesado, mas isso é coisa do passado; esperava-se que os livros-texto fossem compreendidos e que tivessem o seu conteúdo dominado, pelos estudantes; chegamos à conclusão que podemos nos dar muito bem sem a armazenagem de fatos na mente, um processo longo e doloroso. "Fizemos uma grande descoberta pedagógica — que é possível se pensar com uma mente completamente vazia"![4]

Como no construtivismo o "ensino não pode ser visto como transmissão de conhecimento do que sabe para o que não sabe",[5] a substância do que é ensinado não pode ser considerada importante – uma vez que a transmissão de substância de

---

2 Famoso teólogo e intelectual presbiteriano. Leia mais sobre o seu pensamento no capítulo 28, na segunda parte deste livro.
3 J. Gresham Machen, *The Importance of Christian Scholarship* (Cape May, NJ: Shelton Press, 1960-1969), 4-5.
4 Machen, *Scholarship*, 5.
5 Richard Ecelbarger, trabalho não publicado da Universidade de Arizona, *Theoretical Reflections – Constructivism*, disponível no endereço: http://fso.arizona.edu/dickportfolio/qualifyexam/evidence/eda668/Constructivism.html.

conhecimento é até considerada uma atividade ilegítima ao professor. Daí a importância total ao método, independentemente de sua utilidade prática real na aquisição de conhecimento. Nesse sentido o construtivismo se propõe a fornecer uma visão "melhorada, mas nunca 'correta', do mundo".

O CENÁRIO - CAPÍTULO 7

MAS É POSSÍVEL CONHECER ALGO OBJETIVAMENTE?

Segundo Piaget, o conhecimento resulta de uma inter-relação entre o sujeito que conhece e o objeto a ser conhecido.[1] A inferência é a de que não existe forma de se conhecer a verdade objetiva, uma vez que o conhecimento é um reflexo subjetivo, gerado na mente do que aprende. Um autor construtivista coloca que Piaget "evidentemente via que a verdade absoluta – como um padrão desejável – não é compatível com uma opinião estritamente construtivista".[2] Pelas premissas do construtivismo, nem poderíamos saber se a verdade objetiva existe ou, se o que assim achamos que seja, representa apenas uma das muitas reações que podem ocorrer a um dado fato ou incidente. O mesmo autor acima citado diz que "premissas metafísicas estáticas e uma visão plenamente construtivista, são pontos de vista que se excluem mutuamente".[3] Ou seja, o construtivismo coerente não pode aceitar a realidade de âncoras metafísicas.

Por outro lado, a nossa fé cristã é exatamente alicerçada e construída em âncoras metafísicas estáticas, no sentido de que representam realidades objetivas que nos foram reveladas pelo próprio Deus, que é imutável (Tiago 1.17 ".. em quem não pode

---

1 Secretaria de Educação do Rio, *Internet, Loc. cit.*
2 Herbert F. J. Muller, *How Constructivist is Piaget's Theory*? Um ensaio não publicado, disponível na internet no endereço: *http://www.mcgill.ca/douglas/fdg/kjf/15-R9MOR.htm.*
3 Muller, *Ibid.*

existir variação nem sombra de mudança"; Malaquias 3.6 "Porque eu, o SENHOR, não mudo"). Deus é a nossa grande âncora metafísica, perceptível e revelado ao intelecto e corações daqueles que creem, pelo seu espírito (Romanos 1.19 "porquanto o que de Deus se pode conhecer é manifesto entre eles, porque Deus lhes manifestou"; Mateus 13.11 "... a vós outros é dado conhecer os mistérios do reino dos céus").

Os componentes filosóficos do construtivismo, de acordo com um determinado autor, "têm sido utilizados durante anos por empiricistas, instrumentalistas, operacionalistas, idealistas e outras correntes, em sua argumentação contra a possibilidade das pessoas possuírem a possibilidade de conhecer, sem ambiguidades, a realidade".[4] Essa negação da possibilidade de se conhecer a realidade e verdade objetiva está presente em uma das favoritas afirmações de Piaget – "o conhecimento não é uma cópia da realidade".

O Construtivismo apresenta, nesse aspecto, um amplo paralelo com o conceito epistemológico neo-ortodoxo e pós-moderno, de que a história objetiva e os fatos da realidade são irrelevantes ao conhecimento cristão. Um exemplo de como esse conceito, no campo teológico, contradiz as Escrituras, ocorre com o fato da ressurreição. Para os neo-ortodoxos não seria importante se a ressurreição realmente ocorreu, mas sim que a descrição dos eventos é um reflexo religioso das impressões das ocorrências nas mentes dos narradores. Essa impressão, e não os fatos em si, tem valor espiritual e religioso, nos aproximando subjetivamente de Deus.

A Palavra de Deus, em oposição a esse subjetivismo, declara categoricamente *a realidade* da ressurreição como história, mesmo (fatos objetivos), e Paulo substancia essa realidade com o testemunho de muitos (prova objetiva). A Bíblia, portanto, não trata o conhecimento como *fruto* da interação do objeto com a mente do sujeito. Na visão divina, o conhecimento não é algo que tem que ser *construído*, mas sim *transmitido* e *desvendado*. O construtivista pode declarar: —"Cristo pode ter ressuscitado, ou não. Na realidade não é muito importante se realmente aconteceu, mas o importante é

---

4 Brian Campbell, *Realism versus Constructivism: Which is a More Appropriate Theory for Addressing the Nature of Science in Science Education?* Ensaio não publicado da Southwestern Oklahoma State University, disponível pela internet no endereço: *http://unr.edu/homepage/jcannon/ejse/ejsev3n1.html1.*

como você constrói as suas ilações dos reflexos religiosos de alguma coisa importante que ocorreu há dois mil anos atrás, conforme lemos nesses livros da Bíblia".

Mas para Paulo, o fato da ressurreição em si tinha tanta importância que ele declara, em 1 Coríntios 15.17 e 19 que "se Cristo não ressuscitou é vã a vossa fé" e "...somos os mais miseráveis dos homens", ou seja, é como se ele estivesse dizendo —"o conhecimento do fato da ressurreição é real e objetivo (o fato *realmente* aconteceu) e foi a mim desvendado (ou revelado) por um professor não construtivista, que se preocupou em me ensinar verdades objetivas. Mas se este fato (história bruta) não aconteceu, e eu estou enganado, então de nada adiantam os meus reflexos de fé, a minha impressão ou construções religiosas. A nossa fé seria vazia e eu seria o mais miserável dos homens, pois além de estar me enganando engano a outros".

Nesse e em outros exemplos, a Palavra de Deus reafirma fortemente a existência do conhecimento objetivo e da verdade objetiva. Nada encontramos que respalde o conceito construtivista de conhecimento e verdade subjetiva e a noção popular relativista, tão frequentemente ouvida: "...a sua verdade não é a minha verdade". Existe verdade real e singular na Palavra. O próprio Jesus Cristo indicou (João 14.6) "Eu sou o caminho, **a verdade** e a vida. Ninguém vem ao Pai senão por mim". As Escrituras são a representação da verdade, como está expresso na oração de Cristo, em João 17.17, "Santifica-os na verdade, *a tua Palavra é a verdade*". É possível, sim, conhecer algo objetivamente. É possível, sim, conhecermos a verdade!

O CENÁRIO - CAPÍTULO 8

O CONSTRUTIVISMO E A IRRELEVÂNCIA DAS RESPOSTAS

De acordo com o construtivismo o que interessa é a pergunta e não a resposta.[1] Na tenra idade, quando os alunos mais necessitam de direcionamento e de respostas às questões a serem compreendidas, concede-se-lhes uma autonomia indevida para que pesquisem o que ainda não têm capacidade de entendimento e compreendam o que não lhes foi ensinado.

Emília Ferreiro, já anteriormente mencionada, foi também uma grande atração no circuito pedagógico brasileiro de palestras. Para muitos, ela é ainda considerada uma palavra abalizada em educação contemporânea, como expressa este artigo da Revista Nova Escola:

> Emilia Ferreiro se tornou uma espécie de referência para o ensino brasileiro e seu nome passou a ser ligado ao construtivismo, campo de estudo inaugurado pelas descobertas a que chegou o biólogo suíço Jean Piaget (1896-1980) na investigação dos processos de aquisição e elaboração de conhecimento pela criança...[2]

---

[1] Macedo, *Ensaios*, 24.
[2] Revista Nova Escola, Julho de 2012. *"Emília Ferreiro: Estudiosa que revolucionou a alfabetização"* – disponível em: http://revistaescola.abril.com.br/lingua-portuguesa/alfabetizacao-inicial/estudiosa-revolucionou-alfabetizacao-423543.shtml, acessado em 05.08.2012.

Notem essa notícia extraída de um jornal de grande circulação sobre uma palestra proferida pela educadora em 1996:

> A psicolinguista argentina Emília Ferreiro, de 59 anos — uma das mais importantes educadoras em atividade e idealizadora do Construtivismo — lotou ontem o auditório da Escola de Aplicação da Faculdade de Educação da USP. Emilia falou por cerca de duas horas para um público de 300 pessoas sobre *"A Diversidade: um tema para a pesquisa psicolinguística e para repensar a educação para o próximo século"*...[3]

Apesar do título bastante ousado da palestra, parece que não foram fornecidas muitas respostas e diretrizes "para **este** século" (pois se assim o fosse contrariar-se-ia a própria premissa do Construtivismo), uma vez que o artigo é encerrado com a seguinte colocação: "Para mudar o quadro, Emília não trouxe respostas. 'Sei que é um problema muito importante, cabe aos educadores pensá-lo', concluiu a psicolinguista".[4]

Uma música *"Rap"*, escrita por Artis Ivey, Jr. (nome artístico: Coolio), bem expressa o niilismo e desespero que toma conta das mentes que clamam por orientação, mas são abandonadas a *construir* autonomamente o seu futuro. Um trecho dela diz:

They say I've got to learn,	Eles dizem que eu preciso aprender,
But nobody's here to teach me.	Mas ninguém está aqui para me ensinar.
They think they understand,	Eles acham que entendem,
But how can they reach me?	Mas como podem me alcançar?
I guess they can't,	Acho que eles não podem,
I guess they won't	Acho que eles não o farão.[5]

---

3 *Jornal da Tarde*, (S. Paulo, 31 de outubro de 1996), 15A.
4 *Jornal da Tarde, Ibid.*
5 Artis Ivey, Jr. (Coolio), *Gangsta's Paradise*, Música tema do filme: *Mentes Perigosas* (*Dangerous Minds*, 1995). Este filme, apesar de não mostrar muita coerência, em sua mensagem, retrata uma escola em uma área urbana deteriorada, nos Estados Unidos, na qual os estudantes, carentes por direcionamento, amor e disciplina, rendem-se à tutela de uma nova professora, ex-militar, que enfatiza a necessidade do estudo e da ordem.

Ausência de direcionamento é o que o construtivismo defende. Na prática, essa situação está expressa nos versos acima, mas o resultado de tal omissão não é "conhecimento construído", mas caos educativo implantado. Com tantos anos de prática dessa filosofia, não podemos nos surpreender quando a frustração e indisciplina tomam conta das salas de aula. Não deveríamos ficar abismados porque os alunos, deixados à sua inclinação natural, começam a "construir" formas hedonísticas de satisfação e são levados à marginalidade e às drogas. Deveríamos entender que a busca do conhecimento sem direcionamento leva ao envolvimento com as mais diversas questões que competem entre si pelo prêmio de irrelevância suprema na vida que se descortina aos futuros cidadãos.

Educadores nos dizem que "ruído e questionamento" devem ser os objetivos de uma aula construtivista, em vez de direcionamento.[6] A consequência da visão pedagógica de Piaget, praticada em inúmeras escolas, e ensinada em quase todos os nossos cursos de formação superior de professores, é, portanto, a eliminação do direcionamento e da correção de rumo das salas de aula, pois seriam fatores inibidores da construção moral e intelectual esperada das crianças.

O falecido pregador britânico contestou essa visão didática moderna e pós-moderna, à qual ele chama de "culto da auto-expressão". Ele chama a atenção exatamente para o campo da educação,

> onde o antigo programa de ensinar às crianças as três instruções básicas não é mais popularmente aceito. O resultado da atual noção popular de que a finalidade da educação consiste primordialmente em treinar a criança a expressar-se pode ser visto por toda a parte, tanto no colapso do controle paterno, como no aumento da delinquência juvenil.[7]

Do ponto de vista teológico, direcionamento deveria sempre estar presente, pelo reconhecimento do fator pecado e pela possibilidade desse direcionamento mol-

---

6 Macedo, *Ensaios*, 24.
7 D. Martin Lloyd Jones, *A Procura de Verdade* (S. Paulo: Editora Fiel, 1976), 7.

dar vidas para um comportamento responsável em sociedade, mesmo quando falamos de descrentes e pessoas não regeneradas pelo sacrifício de Cristo.

Mesmo em sua natureza pecaminosa os homens são capazes da agir pela lei da natureza, que procede de Deus e são possibilitados pela ação do seu Espírito (que os teólogos chamam de *Graça Comum*) de concretizar valores morais em suas ações (Mateus 7.11 — homens, sendo maus, sabem procurar o bem de seus filhos).[8] Esse bem é relativo, no sentido de que não possui validade espiritual eterna, pois não procede de um coração regenerado que conscientemente opere as ações para a glória do Criador (Romanos 8.8; "Portanto, os que estão na carne não podem agradar a Deus"). Entretanto, o bem assim praticado, considerado intrínseca e isoladamente, é uma ação de valor. Abrir mão de direcionamento e disciplina é promover o caos, a irresponsabilidade social e o descontrole total nas salas de aula.

---

8 Vide uma exposição mais ampla da *graça comum* no capítulo 28 na segunda seção deste livro ("O Contraste").

O CENÁRIO - CAPÍTULO 9

A ESTRANHA EXPERIÊNCIA DE *SUMMERHILL* E O RELACIONAMENTO COM O CONSTRUTIVISMO E COM OUTROS "ISMOS".

Postulados do construtivismo fizeram parte dos conceitos de Alexander Neill (1883-1973), praticados na desastrada experiência da escola *Summerhill*, na Inglaterra. Uma escola foi estabelecida totalmente sem regras, objetivando a formação "mais moderna" e a educação "sem fronteiras" das crianças e adolescentes ali colocados. A iniciativa foi saudada por muitos como a maior experiência educacional de vanguarda,[1] mas a escola *Summerhill* esteve por fechar as portas, após décadas de deficiência acadêmica e disciplinar de seus alunos.

Neill foi um educador escocês entusiasmado com as chamadas "modernas técnicas de educação". Em 1917 visitou uma comunidade de delinquentes juvenis que era administrada sob a premissa da "bondade nata das crianças".[2] Em 1921 Neill fun-

---

1 Não surpreendentemente, a escola teve bastante apoio de marxistas e socialistas. Vide nota abaixo e o último site nela mencionado, do *World Socialist Web Site – WSWS*.
2 No final do milênio passado a escola teve diversos problemas com as autoridades britânicas. Um artigo, contendo a história da escola (*"A brief history of Summerhill"*) esteve postado em um *site*, na Internet, destinado a arregimentar apoio amplo às medidas necessárias a salvar a escola. O governo da Inglaterra procurava o enquadramento em uma disciplina e formato educacional mais rígido e convencional, ou o fechamento da instituição. O site (*http://www.s-hill.demon.co.uk/history.htm*), no qual se encontrava registrada essa premissa da filosofia de Neil, atualmente encontra-se "fora do ar". No entanto esse histórico e as premissas da escola podem ainda ser conferidos no artigo: "O governo de Blair procura o fechamento da Escola Summerhill" publicado no **site socialista**: http://www.wsws.org/articles/1999/jun1999/summ-j03.shtml (acessado em 05.08.2012). Nesse artigo, temos a mesma afirmação: *"Neill stressed the innate goodness of children"* (Neill enfatizou a bondade nata das crianças).

dou a escola *Summerhill*. Algumas das premissas básicas da escola são: a rejeição de qualquer autoridade no processo educacional e a importância do bem-estar emocional da criança acima do seu desenvolvimento acadêmico. A escola passou por várias localizações na Europa e hoje está situada na cidade de Leiston, na Inglaterra, onde é administrada pela filha de Neil, Zoe Readhead.

Quando a escola estava em formação, dando ainda os seus passos iniciais no continente europeu, Neil escreveu o seguinte, que retrata bem tanto os seus princípios como a potencialidade de desastre existente na ausência de direcionamento do construtivismo e dessas ideias postas em prática, em *Summerhill*:

> Estou apenas começando a descobrir a liberdade absoluta residente no meu sistema de educação. Vejo que toda compulsão externa é errada e que somente a compulsão interna possui valor. Se Mary ou David querem vagabundar sem fazer nada, vagabundar é a única coisa necessária às suas personalidades nesses momentos. Cada momento de vida de uma criança saudável é um momento de trabalho. A criança não tem tempo de se sentar preguiçosamente sem fazer nada. Vagabundar é anormal, é uma recuperação, e, consequentemente, é necessário quando existe.[3]

Essa liberdade realmente foi posta em prática. Por mais que os simpatizantes procurassem defendê-la como prática educacional moderna, os seus efeitos danosos foram se tornando evidentes. Como na escola *Summerhill*, dentro dos seus princípios, as crianças brincam o tempo que querem e a frequência às aulas é opcional, além de ter outras peculiaridades, como o nado coletivo sem roupas,[4] a escola foi alvo de pres-

---

3 Alexander Sutherland Neill, *A Radical Approach to Child Rearing* (Oxford: Hart Publishing Co., 1960), 54.
4 A direção da escola afirmou que a escola "não força o nadar despido" e que, na realidade, em anos recentes, "quase todo o mundo nada vestido...". Esta declaração ficou disponível durante vários anos na seção *"Mitos e Realidades"* no endereço da escola: http://www.s-hill.demon.co.uk/hmi/myths.htm , mas atualmente está "fora do ar". No novo site oficial da escola (http://www.summerhillschool.co.uk/) a seção foi omitida, mas o registro anterior permanece transcrito em outros endereços, como, por exemplo em:
http://msgboard.snopes.com/cgi-bin/ultimatebb.cgi?ubb=print_topic;f=93;t=000668 acessado em 05.08.2012.

O CENÁRIO | *A estranha experiência de[Summerhill e o relacionamento com o construtivismo e com outros "ismos"*

são e inspeção, pelo governo inglês, objetivando o enquadramento em padrões morais e acadêmicos aceitáveis, sob pena de fechamento.

Um autor construtivista escreve o seguinte, sobre *Summerhill*:

> Com base na doutrina de Rousseau, que fundiu com teses de Sigmund Freud e Wilhelm Reich, Neill se propôs a realizar o postulado de uma educação sem violência. Afinal, para Rousseau e também na opinião do educador escocês, o homem recém-nascido *é bom* em essência [grifo nosso]. Se ele puder crescer em plena liberdade, sem uma direção autoritária, sem influência moral e religiosa, sem ameaças e sem coação, só conhecendo o limite, o direito e a liberdade do outro, aí a criança se transformará em um homem feliz e, consequentemente, bom.[5]

Esse entendimento está totalmente em oposição ao conceito bíblico/teológico do pecado. Não apenas contradiz-se a essência da natureza humana caída,[6] como também se determina a salvação pela ausência de autoridade. Pelas ideias de Neill, o homem encontra a felicidade na ausência de "influência moral e religiosa". Ainda segundo Neill, "a religião diz: sê bom e serás feliz. Mas o inverso é mais certo: sê feliz e serás bom".[7] Ocorre que nesse ponto, Neill estava certo: a religião verdadeira, a revelação divina, coloca a felicidade como um subproduto do enquadramento nos preceitos de Deus.[8] A observância dos seus mandamentos produz uma vida harmônica na sociedade e a verdadeira liberdade. O construtivismo, proclamando essa mesma falsa libertação praticada por Neill e pela escola *Summerhill*, leva à escravidão.

Uma última observação sobre a escola e a filosofia de Summerhill: a rejeição do conceito de autoridade, também implica na rejeição ao conceito bíblico da família. Não é sem razão que os teólogos de Westminster, ao registrarem o seu entendimento do ensino das Escrituras, na exposição do quinto manda-

---

5 Gadotti, *História*, 175.
6 Romanos 3.10-23; 5.12.
7 Citado por Gadotti, *História*, 175.
8 Sl 1.1-3.

mento: "honra ao teu pai e a tua mãe", enxergam no respeito aos pais, na família regida sob os padrões das Escrituras, o princípio da autoridade de pessoas sobre pessoas concretamente exemplificado.[9] Eles aplicam esse respeito a todas as autoridades devidamente constituídas por Deus nas diversas esferas de atividades da vida humana. Tanto no postular uma suposta neutralidade moral às pessoas, como na rejeição do conceito de autoridade e com suas ideias libertárias, a filosofia de *Summerhill* representa uma contradição explícita às realidades da humanidade, devidamente registradas nas Escrituras, e não devem receber acolhida dos cristãos.

O construtivismo é também parente próximo do pragmatismo.[10] Afirmamos isso, porque, em certo sentido, o construtivismo engloba conceitos e sintetiza princípios contidos na visão pragmática do educador norte-americano John Dewey (1859-1952),[11] o primeiro a formular o ideal pedagógico de que o ensino "deveria dar-se pela ação (*"learning by doing"*) e não pela instrução".[12] Um construtivista chega a formar a seguinte conexão entre as filosofias de Piaget e Dewey:

> Os maiores expoentes contemporâneos que desenvolveram uma ideia clara do construtivismo e sua aplicação nas salas de aula e no desenvolvimento das crianças foram Jean Piaget e John Dewey. Para Dewey... conhecimento e ideias emergiam somente de situações nas quais os alunos tinham que extraí-las de experiências com sentido e importância para eles próprios.[13]

---

9 Resposta à pergunta 124 do Catecismo Maior de Westminster: *"As palavras **pai** e **mãe**, no quinto mandamento, abrangem não somente os próprios pais, mas também todos os superiores em idade e dons, especialmente todos aqueles que, pela ordenação de Deus, estão colocados sobre nós em autoridade, quer na Família, quer na Igreja, quer no Estado".* Essa questão é tratada com grande detalhe nas perguntas e respostas seguintes, da 125 à 133.

10 Filosofia que ensina que o que vale são os resultados e que não existem princípios prévios – só a experiência é que tem real valor.

11 Uma página da *Internet* da Universidade de Missouri relaciona os seguintes pensadores como partidários da escola anterior construtivista (*early school*): John Dewey, Jean Piaget e Jerome Bruner. Como escola recente de Construtivismo (*current thought*), ela relaciona: John Seely Brown, Howard Gardner e Howard Rheingold. O endereço é: http://www.coe.missouri.edu:80/~1377/Constructivist_theory.html.

12 Moacir Gadotti, *História das Ideias Pedagógicas* (S. Paulo: Ática, 1995), 143.

13 Ecelbarger, *Theoretical Reflections*.

O CENÁRIO | *A estranha experiência delSummerhill e o relacionamento com o construtivismo e com outros "ismos"*

Ainda incluída no construtivismo, estão ideias de Carl Rogers (1902-1987), conhecido como "o pai da não-diretividade",[14] bem como de vários outros comportamentistas. Todos esses "profetas modernos do caos" parecem ignorar os duros avisos da Palavra de Deus contra aqueles que subvertem a ordem de valores e que mudam as linhas de demarcação reais traçadas pelo próprio Deus aos pensamentos e ações das pessoas (Is 5.20-23).

O construtivismo é também um reflexo direto do pensamento pós-moderno que permeia todas as áreas de pensamento filosófico de nossa sociedade pós-guerra. Referindo-se a esse fato, dois estudiosos do pós-modernismo afirmam o seguinte:

> Nenhuma outra área tem sido tão influenciada pelo pensamento pós-moderno como a área da educação...Educadores pós-modernos, semelhantemente aos demais pós-modernistas, rejeitam os dois pilares do modernismo: racionalismo e progresso. Em vez disso, eles prezam os aspectos do pensamento humano que são subjetivos (intuitivos e emotivos), pragmáticos, pluralísticos e relativistas.[15]

No cenário educacional internacional tem sido estabelecida uma distinção entre o construtivismo simples e o construtivismo radical. Sendo que o radical é o que realmente se identifica com o pensamento pós-moderno.[16] O pós-modernismo se identifica com a premissa construtivista, de que o conhecimento não é descoberto, como afirmava o pensamento moderno; todo o conhecimento é inventado ou 'construído' na mente dos estudantes. Não pode ser de outro modo, dizem os pós-modernos, porque as ideias que os professores ensinam e que os alunos aprendem,

---

14 Gadotti, *História*, 176.
15 Gary DeLashmutt e Roger Braund, *Postmodern Impact: Education*, em *The Death of Truth*, Dennis McCallum, editor geral (Minneapolis: Bethany House Publishers, 1996), 98.
16 DeLashmutt e Braund apontam essa existência de um *construtivismo simples* e de um *radical*. Tanto no primeiro como no último, opera o conceito de que as pessoas que estão sendo educadas devem ter uma participação mais ativa no processo do aprendizado. O *construtivismo radical*, entretanto, é aquele que nega a existência de realidades objetivas, particularizando essas subjetivamente apenas na situação de cada indivíduo. Este identifica-se plenamente com o pensamento pós-moderno. *Ibid.*, 121.

não correspondem à realidade objetiva. Elas se constituem em meras construções humanas. O conhecimento, as ideias e a linguagem são criadas pelas pessoas não porque sejam "verdadeiras" mas por razões utilitárias. Os educadores são facilitadores ou co-construidores do conhecimento. Todo conhecimento é de igual valor, nenhum tem precedência sobre o outro.[17]

---

17 DeLashmutt e Braund, *Education*, em *The Death of Truth*, 99.

O CENÁRIO - CAPÍTULO 10

O SISTEMA DE VALORES DO CONSTRUTIVISMO E O *DEVER MORAL* NA FILOSOFIA DE PIAGET.

Autonomia individual, ou a definição personalizada nos rumos do conhecimento, do crescimento intelectual, é um dos princípios básicos do construtivismo. Essa visão, entretanto, não está restrita ao desenvolvimento do conhecimento em si. Já fizemos alusão, em ponto anterior, sobre como o construtivismo não está restrito à mecânica do aprendizado, mas tem abrangência na área do julgamento moral das pessoas. Com efeito, o construtivismo **também** reivindica autonomia na formação moral, em paralelo à formação intelectual do ser humano. Esse é um passo gigante e de grandes implicações teológicas. Não apenas os psicólogos e especialistas educacionais construtivistas, supostamente apoiados em suas experiências, passam a ditar **o que** se conhece e **como** se conhece, mas tratam as questões morais, o sistemas de valores, em paridade com a formação intelectual, postulando igual autonomia, individualidade e subjetivismo. Esse ponto procede dos trabalhos de Piaget, como bem claramente coloca um autor construtivista:

> Para Piaget, ter assegurado o direito à educação, significa ter oportunidades de se desenvolver, tanto do ponto de vista intelectual, como social e moral... Para que esse processo se efetive, é importante con-

siderar o principal objetivo da educação que é a **autonomia**, tanto **intelectual** como **moral**.[1]

Como vemos, a filosofia construtivista não ficou restrita ao campo educacional. Ao determinar essa autonomia "tanto intelectual como moral", o construtivismo elimina qualquer possibilidade de absolutos morais, uma vez que eles são subjetivamente construídos em cada um. Os construtivistas passaram das teorias relacionadas com a formação do conhecimento nas pessoas (epistemologia própria), para teorizarem sobre a questão dos valores morais (ética). Um dos livros mais famosos de Piaget é *O Juízo Moral na Criança*, no qual disserta sobre comportamento moral e demonstrações de moralidade nos alvos de suas experiências. Suas conclusões, largamente utilizadas pela psicologia educacional, resultaram na falta de direcionamento moral nas escolas. Suas teorias foram construídas fora das premissas bíblicas da existência do pecado e dos dados bíblicos sobre o pecado original. É exatamente neste **passo ilegítimo** dado pelo construtivismo que ocorrem as maiores contradições, do trabalho de Piaget e de seus seguidores, com a Palavra de Deus.

Por inferência lógica, o construtivismo não pode ter um sistema de valores, uma vez que a admissão da existência desses valores os tornariam absolutos, em realidade objetiva a ser observada e transmitida. Isso é inadmissível, no conceito construtivista, onde, no máximo, cada um construirá seus próprios valores de acordo com suas próprias experiências, tudo bastante subjetivo e bem ao gosto da natureza humana submersa em pecado.

O teólogo reformado John H. Gerstner (1913-1996) ensina que a origem do próprio sentido de moralidade [da criança] retrata ter conexão direta com sua constituição nata e com o ensinamento dos seus pais. Escreve ele:

> ... Nem a Bíblia, nem qualquer outro tipo de literatura religiosa, é a fonte da consciência moral, porque senão a existência dessa conscientização moral fora da Bíblia ou de outras tradições religiosas

---

1 Secretaria de Educação do Rio, *Internet, Loc. cit.*

permaneceria sem explicação... Nem o cristianismo nem as demais comunidades religiosas possuem o monopólio da consciência... A Bíblia ensina que os homens possuem uma consciência moral independente da própria Bíblia, em Romanos 2.14-16.[2]

Jean Piaget defende um pensamento totalmente contrário. Na prática, a visão de Piaget equivale a afirmar que as pessoas são *tabula rasa*, no sentido moral.[3] Ou seja, nada possuem de referencial nato de moralidade, e muito menos de inclinação para o mal, em função do pecado original. Alguns trabalhos acadêmicos que defendiam essa posição, mesmo empiricamente (sem abstraí-la das verdades das Escrituras) foram duramente contestados por Piaget, como por exemplo o de Helena Antipoff, que reconhecia nas crianças a existência de "uma 'estrutura moral' elementar, que a criança parece possuir muito cedo e que lhe permite apreender, de uma só vez, o mal e a causa deste mal, a inocência e a culpabilidade".[4] Contra a existência dessa "manifestação moral inata, instintiva, e que, para se desenvolver, não precisa, em suma, nem de experiências anteriores nem da socialização da criança entre seus semelhantes,"[5] Piaget postula que as reações da criança nessa idade, assim interpretadas, são fruto de "toda espécie de influência adultas"[6] e nada têm de intrínsecas à natureza ou formação constitucional da criança. Ou seja, Piaget não aceita o ensinamento bíblico da residência e noção do mal nas pessoas (teologicamente chamado de "pecado original"), desde o seu nascimento.

Mais uma vez, Gerstner aponta para a operação harmônica de Deus tanto internamente nas pessoas, como na natureza. Diz ele que a natureza procede de Deus,

---

2 John H. Gerstner, *Reasons For Duty* (Morgan, PA: Soli Deo Gloria Publications, 1995), 3.
3 Muitos construtivistas farão objeções a essa declaração, uma vez que Piaget se posiciona fortemente contra o *empirismo* – negando a ideia da *tabula rasa*. Mas é exatamente nas suas considerações morais que Piaget apresenta essa **grave contradição** intrínseca ao seu próprio pensamento. Quando tratava apenas de epistemologia, realmente ele se contrapôs a ideia da *tabula rasa*, procurando um meio termo – uma síntese: as pessoas não possuíam apenas conhecimento desde o nascimento (inatismo), nem apenas como resultado de percepções e informações (empirismo); ele procurava a aceitação de ambos. Mas a pergunta permanece – por que então, quando trata da questão moral, ele coloca toda ela como sendo absorção externa impingida?
4 Citada por Piaget, *O Juízo Moral*, 178.
5 Helena Antipoff, citada por Piaget, *Ibid*.
6 Piaget, *O Juízo Moral*, *Ibid*.

consequentemente o discernimento moral derivado da natureza deve refletir os valores de Deus. Pode o Deus verdadeiro revelar, sobrenaturalmente, obrigações morais adicionais que venham a contradizer as leis da natureza? Canibais normalmente procuram sanção divina (de suas divindades) para as suas práticas de alimentação, mas a maioria da humanidade discorda de suas práticas e julgamento do certo e errado. Nossa rejeição das práticas canibais advêm não porque negamos a possibilidade de revelação divina, mas porque revelação especial não contradiz revelação natural e nem revelação especial é contraditória em si mesmo, porque ambas procedem de um Deus que não se contradiz.[7]

A lei revelada tanto é confirmadora da lei natural como é confirmada por essa. Cada uma diz a mesma história, mas uma com maior precisão do que a outra.[8] Tanto a lei natural quanto a especial (revelada) nos ensina o que é certo e o que é errado, nos instrui sobre o pecado original, e nos comunica o conceito da depravação total das pessoas, desde sua concepção.

Ao lermos Piaget, no entanto, saímos com a impressão que para ele a realidade divina é irrelevante, pois a neutralidade moral das pessoas é que é uma realidade indisputável[9]. As crianças nasceriam destituídas do senso de certo e errado absorvendo esse dos adultos. Essa interferência adulta na construção do pensamento e dos valores das crianças, não é bem-vinda, mas é, em seu pensamento, deletéria e prejudicial. Na realidade, diz Piaget, com relação às regras de justiça retributiva,[10] que "se o adulto não interviesse, as relações sociais das crianças entre si bastariam para constituí-las".[11] Baseado nessa premissa da neutralidade moral, Piaget não pode aceitar qualquer inclinação para o mal na criança. Os atos errados recebem o nome de apenas mais "uma experiência física".[12] Os atos claramente errados e moralmente questionáveis recebem

---

7   Gerstner, *Reasons*, 21-27.
8   Gerstner, *Reasons*, 37.
9   Essa é uma conclusão pouco construtivista, mas presente em muitos autores da escola. Verificamos, na realidade, que a filosofia nega a existência das "realidades indisputáveis" dos outros, enquanto que postula as suas próprias.
10 Incluindo-se aqui os conceitos de culpabilidade, inocência e a formação de uma "estrutura" moral.
11 Piaget, *O Juízo Moral*, 178.
12 Piaget, *O Juízo Moral*, 142.

o revisionismo rotulador do construtivismo, como, por exemplo, nas duas definições a seguir, extraídas de um autor construtivista:[13]

> **Agressividade** — Conduta demonstrada quando existe frustração, quando as aspirações da vida não são realizadas, quando os desejos fracassam.
>
> **Violência** — Comportamento presente quando a frustração vai além do que o indivíduo pode suportar.

O contraste teológico desses conceitos com a revelação bíblica do pecado original e da depravação total das pessoas é bastante claro. Agressividade e violência são concretizações da maldade humana, fruto do pecado. Merecem justiça e não justificativas. Os três primeiros capítulos do livro de Romanos transmitem uma visão totalmente diferente da natureza humana mostrando a necessidade universal e genérica de direcionamento, correção e, especialmente, de salvação da perdição eterna, em função do pecado que nos afasta do Deus Santo.

O erro de Piaget e do construtivismo, nesse sentido, deveria ser por demais evidente aos educadores cristãos, mas infelizmente não encontramos muitas vozes de protesto, no campo evangélico, proclamando a realidade do pecado original e de suas implicações à nossa filosofia de educação. Parece que somos todos vítimas de uma capitulação coletiva à pressão acadêmica para aplicação da visão construtivista no ensino.

---

13 Henrique Nielsen Neto, *Filosofia da Educação* (São Paulo: Abba Press, com Melhoramentos, 1988-1990), 62-65.

O CENÁRIO - CAPÍTULO 11

COMO AFERIR NOSSO COMPORTAMENTO? EXISTEM VALORES ABSOLUTOS? O QUE SÃO *VALORES* E *COSTUMES*?

O construtivismo tem encontrado ampla dificuldade em manter coerência filosófica nas premissas que foram abraçadas. Uma grande maioria, por um lado prega o relativismo moral e a inexistência de valores absolutos. Uns poucos, do outro lado, forçados pela observação das sociedades humanas, e até pelas realidades das salas de aula incontroláveis, encontram a necessidade de admitir a realidade de valores morais universais, como escreveu um construtivista:

> Existem valores morais que transcendem as classe sociais, porque são universais — a liberdade de consciência, a felicidade dos homens, o bem-estar universal, a justiça, a paz, o amor à verdade, a solidariedade, etc. Estes valores devem ser transmitidos a todos, indistintamente.[1]

Essa constatação, entretanto, por mais verdadeira que seja, é rapidamente esquecida e não serve de base para o desenvolvimento das ideias apresentadas. A norma é a apresentação relativista dos conceitos morais, principalmente no campo constru-

---

1 Nielsen Neto, *Filosofia da Educação*, 24.

tivista. O mesmo educador Piagetiano, Henrique Nielsen, que escreveu o parágrafo acima, com sua apreensão da dialética marxista, diz que Karl Marx (1818-1883) demonstrou a relação entre os valores e a estrutura social (ideologia) de tal modo que a "questão ética deixou de ser vista de modo absoluto e com metas alvejadas e conceitos previamente definidos. Com Marx, os valores referem-se sempre à realidade concreta vivenciada pelas pessoas".[2]

Nielsen também apresenta defensivamente o trabalho de Nietzsche (1844-1900), dizendo que ele criticou radicalmente as "doutrinas filosóficas defensoras de uma concepção metafísica dos valores. Para este filósofo, a visão tradicional dos valores, alicerçada na ascese cristã, nada mais era do que uma ética do ressentimento".[3] Traduzindo o linguajar *"filosofês"* do autor, ele está dizendo que Nietzsche se posicionou contra os que defendiam a tese de que os valores têm raízes que ultrapassam a existência do homem, ou seja, que seriam derivados da divindade. Segundo Nielsen, na opinião de Nietzsche, a ética cristã refletiria apenas o ressentimento e frustração de objetivos não alcançados.

Tanto Nietzsche como o construtivista Nielsen parecem confundir e misturar o conceito de **valor** com o de **costume**. Os cristãos diferenciam muito bem esses dois conceitos comportamentais. Enquanto *valores* procedem dos atributos de Deus, são explicitamente revelados na lei moral contida nas Escrituras e estão impressos na natureza humana (reconhecidamente afetados pelo pecado), *costumes* representam regras temporais geradas por uma diversidade de razões (umas derivadas de valores, outras não). O cristianismo não despreza os costumes, e não gera choques indevidos quando esses são "moralmente neutros", isto é, quando não entram em contradição aberta com qualquer determinação da lei moral de Deus. A fé cristã reconhece a necessidade de manutenção de um testemunho tranquilo e pacífico (1 Timóteo 2.2 e 2 Timóteo 3.24 falam que apreço e intercessão pelas autoridades, requeridas do servo de Deus, têm como objetivo a possibilidade de se viver "... uma vida tranquila e

---

2 Nielsen Neto, *Filosofia da Educação*, 17.
3 Nielsen Neto, *Filosofia da Educação*, 17. O autor indica que as ideias de Scheler, Kierkegaard, Sprangler, Husserl, Marcel, Heidegger, Merleau, Ponty e até Sartre foram reflexões sobre os temas Marxistas e Nietzschianos, numa tentativa de combatê-los.

mansa" e que não deve ser característica desse "uma vida de contendas"), em meio às diversas sociedades com relação aos seus costumes peculiares. O próprio Jesus Cristo, registra Lucas 2.52, cresceu em *conhecimento*[4] e, em paralelo, ".. em graça diante de Deus e diante dos homens". Certamente não foi desconsiderando os costumes que Jesus cresceu no favor dos circunstantes. Paulo, em 1 Coríntios 11.2-16, transmite princípios construídos ao redor do costume local e temporal de "cobrir a cabeça". Lucas, em Atos 18.18, registra a conformação e observância de Paulo aos costumes temporais, cumprindo as etapas do voto de nazireu. A adaptabilidade e flexibilidade de Paulo está retratada em 1 Coríntios 9.19-23, mostrando a sua predisposição de conformação para que os seus objetivos de proclamação do evangelho não fossem comprometidos. O cristão não é, entretanto, pragmatista, pois, com relação aos valores, reconhece o seu caráter transcendental defendendo-os, na medida em que esses refletem a natureza de Deus e suas determinações ao homem. Nas palavras do teólogo R. C. Sproul, "Deus é, e onde ele é, existe dever... Deus tem um direito eterno e intrínseco de impor obrigações, de subjugar a consciência de suas criaturas".[5] **Nesse sentido**, os cristãos **não são** pacíficos e tranquilos e estão prontos a subverter a sociedade para apresentar esses valores centralizados no Evangelho de Cristo (como lemos em Atos 17.6, onde os cristão são descritos como "os que têm transtornado [subvertido] o mundo"). "O Evangelho nos liberta do julgamento mortífero da lei. Ele nos liberta da maldição da lei, mas nunca denigre a lei de Deus. O Evangelho não nos salva *do* dever, mas *para* o dever, pelo qual é estabelecida a lei de Deus".[6] Colocando uma das pedras fundamentais na ética Cristã, Paulo ensina, em Romanos 14 e 15, a necessidade de se evitar choques culturais com a quebra de costumes (na ocasião o assunto em discussão era o comer carne sacrificada aos ídolos — um costume), mas não confunde esses com valores morais, esses derivados dos padrões eternos e imutáveis da pessoa de Deus.

---

4 Essa é uma afirmação de profundas implicações epistemológicas, partindo do pressuposto da divindade, que muito deve nos ensinar sobre a realidade da encarnação e sobre a intensidade da natureza humana de Cristo.
5 R. C. Sproul, escrevendo no prefácio do livro: *Reasons For Duty*, de John H. Gerstner (Morgan, PA: Soli Deo Gloria Publications, 1995) viii.
6 Sproul, *Reasons*, viii.

Valores, na opinião construtivista expressa por Nielsen, não são absolutos ou eternos. "Os valores são constituídos em conformidade com a época, local ou ambiente e circunstância da sociedade onde estão inseridos, variando segundo o seu tipo, regime político, religiões dominantes, etc".[7] Nessa visão, não existe qualquer aspecto transcendental ou metafísico nos valores, que "são criados pelos homens".[8] Os valores do passado, são educativos e importantes para o entendimento cultural e evolutivo do homem, mas são meramente referenciais e não devem ser considerados "como herança a ser defendida".[9]

R. C. Sproul, faz a seguinte referência sobre o relativismo da época em que vivemos, alertando à anarquia ética à qual nos dirigimos:

> ... a nossa era apresenta um antinomianismo[10] sem precedentes... todos fazem o que parece correto aos seus próprios olhos. O relativismo ético é como um gêmeo siamês, unido pelos quadris ao ateismo prático. Nossa cultura ainda abraça um deísmo teórico, mas na prática vivemos como se Deus não existisse. Preenchemos o axioma de Dostoyevski: "Se não existe um Deus então todas as coisas são possíveis".[11]

---

7 Nielsen Neto, *Filosofia da Educação*, 18.
8 Nielsen Neto, *Ibid.* 18.
9 Nielsen Neto, *Ibid.* 19.
10 Ausência de lei ou norma.
11 R. C. Sproul, escrevendo no prefácio do livro: *Reasons For Duty*, de John H. Gerstner, viii.

O CENÁRIO - CAPÍTULO 12

O CONSTRUTIVISMO E O RELATIVISMO MORAL – A ABORDAGEM "*TESE, ANTÍTESE, SÍNTESE*" É VÁLIDA NO CRISTIANISMO?

O construtivismo é exatamente a "liberação dos absolutos" conclamada pelo homem pós-moderno. O construtivista Lino de Macedo identifica bem a questão quando diz: "O construtivismo de Piaget (1967) encaminha-nos para uma posição em que o erro, como oposição ao acerto, deve ser revisto ou interpretado de outro modo... Aquilo que é errado em um contexto pode estar certo em outro".[1]

Já Nielsen afirma que Paulo foi mal sucedido em Atenas (apenas dois convertidos) porque falhou em não equacionar "os valores culturais dos ouvintes gregos. Eles eram irreconciliáveis com os do cristianismo".[2] Em sua opinião, também, foi a aplicação dos valores cristãos, a partir do quarto século, que impediu "a especulação filosófica, científica, afastando todo o espírito de curiosidade acerca do mundo".[3] O cristianismo tomou, portanto, "um comportamento antiintelectivo".[4] A fé cristã, em sua opinião, não representa *redenção*, mas uma *barreira* às aspirações das pessoas.

---

1 Macedo, *Ensaios*, 64.
2 Nielsen Neto, *Filosofia da Educação*, 21.
3 Nielsen Neto, *Ibid.*, 21.
4 Nielsen Neto, *Ibid.*, 22.

A visão relativista dos *valores morais* é bem evidente em um "quadro dialético" construído por esse defensor da pedagogia contemporânea construtivista.[5] Do gráfico apresentado pelo autor extraímos três *valores* exemplificativos (de acordo com essa filosofia, a coluna da direita – Valores Novos – representaria a conclusão adequada, à qual chega a sociedade, após ser submetida à tensão dos conflitos gerados pelas posturas comportamentais contidas nas duas outras colunas):

VALOR (situação)	ANTIVALOR (reação)	VALORES NOVOS (criação / renovação)
Virgindade, castidade, pureza sexual.	Promiscuidade	Liberdade sexual
Estudo (cultura)	Pedantismo	Pragmatismo
Respeito à vida	Eutanásia, aborto, asilos, manicômios, pena de morte.	Bebê de proveta, inseminação artificial, geriatria.

A nossa sociedade, permeada pelo pecado e com suas recém-adquiridas liberdades pós-modernas, reflete e acolhe o abandono aos valores morais e providencia um solo fértil à pregação permissiva do construtivismo. Nesse ambiente, nossos filhos vão sendo ensinados a amoralidade como postura comportamental normal e aceitável. Como exemplo disso, a revista Nova Escola[6] trouxe, em um dos números, uma matéria publicitária travestida em forma redatorial, com instruções para a realização de uma classe de educação sexual a adolescentes. A matéria, patrocinada por diversas marcas de preservativos, pretendia ensinar a jovens em uma classe mista, com bastante detalhes gráficos e exercícios, como devem "se proteger" da gravidez, da AIDS e de outras doenças sexualmente transmissíveis. Dentre as cinco alternativas para prevenir a gravidez não aparece a abstinência como uma das opções. É como se tal opção simplesmente inexistisse, quando, na realidade, ela seria a única postura comportamental compatível aos solteiros, com os preceitos morais que Deus deu às pessoas (Êxodo 20.14;

---

5 Nielsen Neto, *Ibid.*, 20.
6 *"Jogo de Corpo"*, Nova Escola (Ed. Abril), Nº 129, janeiro - fevereiro de 2000, 18-19.

Atos 15.20; Efésios 5.3; 1 Tessalonicenses 5.3). Ou seja, como no quadro acima, terminamos com a "liberdade sexual", como o "valor novo" a ser ensinado.

Ao cristão deveria ser evidentemente falsa uma visão filosófica que apresenta a esquematização superada de tese/antítese/síntese como sendo a forma construtiva de valores e procedimentos. Essa compreensão parte da premissa que os valores primários são relativos e passíveis de serem superados por outros e de que o processo de contrastes gerará uma forma superior, mais aceitável e mais moderna de valores. No exemplo acima, uma filosofia que mostra (corretamente) a *promiscuidade* se contrapondo à *virgindade*, mas que (erroneamente) chega à *liberdade sexual* como **antídoto** a essa promiscuidade, ou como uma forma *superior* de comportamento, não se sustenta nem em bases lógicas e filosóficas, nem encontra abrigo na ética cristã.

Sobre a questão específica da promiscuidade, retratada no quadro, acima, neste capítulo, o teólogo americano John H. Gerstner indica que, mesmo independentemente da revelação especial das Escrituras, a lei da natureza (que procede de Deus e não é contraditória à revelação especial) "encoraja o casamento e se opõe à promiscuidade".[7]

Teríamos, portanto, um valor não substituível, ou superável. Ainda citando Gerstner, dando um exemplo sobre essa questão da promiscuidade, ele indica que apesar da "lei da natureza", da revelação especial e de todos os impedimentos sociais existentes, um homem pode se recusar a obedecer esses deveres e entregar-se á promiscuidade, e envolver-se com várias mulheres, quer certo, quer errado. Gerstner continua, entretanto, indicando que "a recusa [do homem] no reconhecimento de um dever não é prova contrária à existência desse dever".[8]

É evidente que a suposta síntese corretiva do contraste prévio (*virgindade* vs. *promiscuidade* gerando *liberdade sexual*) não existe, na realidade, nem abole o valor inerente da virgindade, castidade, ou pureza. A abordagem isenta da questão, mostra que o que temos é apenas uma nova rotulação da posição contraditória — Liberdade

---

7 Gerstner, *Reasons*, 194.
8 Gerstner, *Ibid.*, 194-195.

sexual é apenas um novo nome para *promiscuidade*. Ou seja, há verdade no ditado que diz, *a nova moralidade* não passa da *velha imoralidade* sob novos nomes.

Infelizmente muitos autores e pensadores evangélicos, refletindo uma visão construtivista, têm sucumbido a esta forma de análise filosoficamente superada para o estabelecimento de suas posições. Creem esses, que Deus forma contrastes e desses contrastes gera sínteses determinantes da postura e dos rumos a serem tomados pelos indivíduos e pela própria Igreja.[9] Não se contentam em absorver e aplicar as singelas escalas de valores retratadas na Palavra. Confundem *costumes* com *valores*. Prescrevem, aos seus ouvintes e leitores, a dúvida e o questionamento sobre tudo que é antigo, ignorando as advertências bíblicas para a preservação das verdades imutáveis e pela continuidade dos atos de Deus na história.

O cristão não pode abraçar este relativismo moral. Os seus valores e padrões estão firmados no caráter imutável do Deus Soberano e adequadamente revelados em Sua Palavra. Essa se constitui em uma coletânea de proposições objetivas inter-relacionadas, sujeitas ao exame e escrutínio, sob a orientação do Espírito, aos verdadeiramente fiéis. A expectativa é a de que esses valores, assim apreendidos, passem a ser aplicados, na vida de pecadores redimidos, e a integrar a mensagem que eles proclamam ao mundo. A nossa fé cristã, quando consistentemente compreendida e aplicada, sob a iluminação do Espírito Santo, é a verdadeira filosofia de vida abrangente, que compreende todas as esferas de nossa existência.

---

9 Vide livro de Caio Fábio D'Araújo Filho, *Vivendo em Tempo de Mudanças: Percebendo o Mover de Deus na História* (S. Paulo: Ed. Cultura Cristã, 1996), adequadamente resenhado por Augustus Nicodemus Lopes in *Fides Reformata*, I/2, 152-154.

O CENÁRIO - CAPÍTULO 13

COMO DEVEMOS ENTENDER O CONCEITO DE *CONHECIMENTO*?

Dentre as muitas proposições das Escrituras que tratam da questão de conhecimento e entendimento, relevantes ao nosso exame e antagônicas às premissas do construtivismo, destacamos três, que são essenciais:

1. O *Conhecimento* não é fruto de um agente "facilitador", mas de um agente "transmissor". Por exemplo, no Salmo 39.4 lemos: "Dá-me a conhecer, Senhor, o meu fim..." Se redefinirmos conhecer, para significar "construir autonomamente a compreensão" as expressões que identificam conhecimento, com transmissão de saber (a compreensão é subsequente) ficam sem sentido, como vemos em Mateus 13.11 – "... me *foi dado* conhecer os mistérios..."

2. Conhecimento (apreensão dos fatos) e entendimento (correlação adequada dos fatos) não são conceitos subjetivos, mutáveis, mas objetivos representando algo **que se pede** a Deus (1 Reis 3.11 "... mas pediste entendimento para discernires"; Atos 15.18 "... diz o Senhor que faz estas cousas conhecidas desde séculos"). É tão objetivo que é comparado a um tesouro (Provérbios 10.14; Colossenses 2.3). Em 1 João 2.4 temos o conhecimento considerado como algo bastante objetivo e que é objetivamente retratado, contrastado

com a mentira e comprovado por ações compatíveis com a revelação objetiva de Deus – seus mandamentos: "Aquele que diz: Eu o conheço, e não guarda os seus mandamentos, é mentiroso e nele não está a verdade".

3. Mesmo considerando a finitude, imperfeição e pecado das pessoas, o conhecimento verdadeiro é uma possibilidade bíblica ao homem (João 8.32 – "Conhecereis a verdade e a verdade vos libertará"). As limitações do homem se apresentam na sua impossibilidade de **conhecer exaustivamente**, ou seja, de esgotar o conhecimento. Isso não significa que aquilo que nos é dado conhecer (na esfera espiritual, o conhecimento verdadeiro é possibilitado pelo Espírito Santo), não venhamos a conhecer verazmente. Esse é o ensinamento de Paulo, quando ele fala bem concretamente sobre o conhecimento do *amor de Cristo*, em Efésios 3.18-19. **Primeiro** ele indica que suas instruções estão sendo dadas para que tenhamos um conhecimento comum "com todos os santos" da dimensão desse amor, em termos bem concretos – largura, comprimento, altura, profundidade. O conhecimento que temos condição de ter, portanto, é verdadeiro e concreto. Por outro lado, **em segundo lugar**, ele nos indica que esse mesmo "amor de Cristo ...excede todo o entendimento" – ou seja não temos condição de esgotar o seu conhecimento pleno. Isso não muda que o que dele sabemos, é verdadeiro. Os ensinamentos de Paulo e sobre Cristo não são subjetivamente construídos em nossas mentes, mas são *ministrados*. Os fatos e as doutrinas nos são transmitidas, para que conheçamos a altura, profundidade e largura do seu amor.

O conceito de que o conhecimento se constrói autonomamente na vida do educando é uma impossibilidade epistêmica. O que devemos fazer, na realidade, é diferenciar conhecimento de entendimento – que é a internalização do conhecimento. Nesse sentido, podemos afirmar, com toda tranquilidade, que **conhecimento se transmite**, enquanto que o **entendimento se constrói**.[1] Apesar da semelhança de termos, essa é uma visão bem diferente daquela apresentada pelo construtivismo, e faz justiça ao conceito bíblico de conhecimento – sempre relacionada com um agente transmissor.

---

1 Vide ponto "c" do capítulo 35, na terceira seção deste livro: "A Proposta".

O CENÁRIO - CAPÍTULO 14

O DESAFIO AOS EDUCADORES CRISTÃOS – RESISTÊNCIA OU RENDIÇÃO?

Pedagogos e psicólogos cristãos têm penetrado nesses estudos relacionados com o desenvolvimento da inteligência do ser humano e, consequentemente, com o processo de ensino e aprendizado, de uma maneira acrítica. Constatamos uma absorção passiva do que é apresentado e, principalmente, da filosofia construtivista. Existe uma rendição à abordagem e às experiências supostamente científicas, como se estivessem frente a uma forma de revelação divina, absoluta e inquestionável. Nesse sentido, estabelece-se uma dicotomia entre aquilo que a Palavra de Deus revela sobre a constituição moral e psicológica do homem e os estudos dedutivos das correntes contemporâneas psicológicas e pedagógicas. Isso tem ocorrido, na exposição das ideias e experiências de Jean Piaget e de seus seguidores. Na maioria das vezes todo o campo da psicologia educacional é estudado como se fosse uma área estanque e segregada do conhecimento humano, intocado e imune às proposições reveladas na Palavra de Deus. Como se as premissas estabelecidas não fossem diferentes daquelas estabelecidas pela fé cristã e da sua compreensão da natureza das pessoas.

Como exemplo desse tipo de dicotomia temos o caso de um estudioso cristão, que conseguiu a façanha de desenvolver toda uma pesquisa e subsequente tese de mestrado, na área de educação, publicando-a depois em uma editora evangélica, sem uma palavra de contraste e orientação com as diretrizes das Escrituras.[1] Nesse livro, escrito por um cristão, somos ensinados, sem qualquer opinião contrária, que para a formação moral e espiritual das pessoas "... a educação popular terá de procurar um dos seus mais poderosos instrumentos que... encontra-se na arte".[2] Ou seja, obteremos maior e melhor conhecimento moral e espiritual, seremos melhores pessoas e cidadãos, estaremos mais próximos de Deus, se estudarmos as artes. Esta visão utópica e ascética da sociedade humana, como se o fator pecado pudesse ser abstraído da realidade, perpetua a noção de que os crentes devem levar suas carreiras profissionais sem relacioná-las com as pedras fundamentais de conhecimento, obtidas somente através da Palavra de Deus. A dissociação moderna e pós-moderna que é feita da fé cristã e dos campos de atuação do homem é um reflexo de uma doutrina diluída, estranha à Palavra de Deus, que se concentra na autonomia do homem às custas da soberania de Deus. É uma visão presente na maior parte do evangelicalismo moderno, mas que deve ser combatida e desafiada, especialmente pelos pressupostos da fé reformada de Lutero e Calvino.

    A situação encontrada hoje, no seio dos acadêmicos cristãos, é como se a visão bíblica da fé cristã tivesse como objetivo segregá-la a expressões metafísicas da religiosidade humana, de preferência aos domingos. Como se as premissas do cristianismo não tivessem interferência no dia-a-dia de cada um. Como se Deus não tivesse nada a dizer às diversas áreas de atuação humana. Como se não vivêssemos em um universo criado por Deus, mas em um mundo autônomo, no qual ele interfere aqui e ali, sem demandas reais sobre a produção intelectual do homem. Esse retraimento do exame crítico de todas as visões filosóficas e de conhecimento humano é a causa do maior prejuízo ao verdadeiro progresso do pensamento cristão. Gera nos crentes um complexo indevido de inferioridade intelectual. Deixamos que as forças do mal tripudiem impunemente nas áreas de erudição, sem levar à frente a obrigação, que foi colocada em nossas mãos pelo Deus verdadeiro, de

---

1 Ademar de Oliveira Godoy, *Filosofia da Educação de Fernando de Azevedo — Mestre da* Educação Nova (SP: Casa Editora Presbiteriana, 1988), 160 páginas.
2 Godoy, *Filosofia de Fernando Azevedo*, 83.

desafiá-las e de proclamar as verdades de Deus em todas as esferas (Gênesis 1.28). Tornamo-nos anões acadêmicos sem refletir a glória do Senhor do universo. Queremos participação e respeitabilidade e o preço pago por isso é a retração do desafio e da controvérsia, quando elas devem estar presentes.

Nessa área da psicologia e pedagogia, a questão é mais grave ainda. Abrimos mão, como crentes, servos de Deus, participantes da iluminação do Espírito no entendimento da sua Revelação aos homens, de toda essa compreensão. Ao estudarmos as pessoas, em vez de procurarmos na Palavra aquilo que **objetivamente** ela revela sobre o ser humano, sua constituição, formação e intelecto, somos vítimas dos estudos **dedutivos** das correntes psicológicas e pedagógicas. Essas, mesmo quando fruto de procedimentos aparentemente científicos,[3] procuram nos apresentar repetidas experiências através das quais **deduzem** qual a constituição interna do homem.

Por exemplo, Yves de La Taille, escrevendo no prefácio à edição brasileira do livro de Jean Piaget — *O Juízo Moral na Criança*, diz que para estudarmos os aspectos ambíguos e paradoxais do homem, "...basta cada um observar atentamente os seus semelhantes ou olhar honestamente para si mesmo".[4] Com essa afirmação, ele não está simplesmente indicando a melhor alternativa de estudo mas a única possibilidade que a psicologia possui para procurar definir o homem — deduzir o que ele é, pelo que ele faz. Partindo desse ponto, passam a postular a sistemática do nascimento, evolução e desenvolvimento, não apenas da inteligência humana, como também da formação

---

3 Já expressamos o nosso reconhecimento de que houve bastante progresso acadêmico nas áreas psicológicas e pedagógicas, uma vez que as opiniões categóricas, sem qualquer embasamento real, deram lugar às pesquisas e testes, numa tentativa de substanciar as conclusões. O trabalho de Jean Piaget trás essa "chancela", pelo seu treinamento prévio no método científico de investigação, em função de sua primeira formação nas ciências biológicas. Mas já indicamos, igualmente, que o exame mais acurado das experiências de Piaget, demonstra que elas são, na realidade, bastante limitadas e não tão extensas assim para permitir deduções tão firmes da constituição da criança (e, consequentemente, do ser humano). Se elas são insuficientes para asseverar o que é o homem, quanto mais ainda para que delas venha a se inferir a *psicogênese* do pensamento humano, os pontos formativos da inteligência. Não satisfeitos, entretanto, com essas extrapolações, os especialistas nos indicam que eles têm condições de realizar afirmações inequívocas quanto à formação do julgamento moral das pessoas, bem como determinar as escalas de valores e o que deveria ou não ser ensinado, na área moral do aprendizado. É preciso muita fé e credulidade para aceitar, sem questionamentos, todos esses postulados filosóficos.

4 Piaget, O Juízo Moral, 13.

moral das pessoas. Assim afirma um autor construtivista: "Hoje, está mais do que comprovado que os motivos sociais são adquiridos".[5]

Qualquer filosofia que tenha a pretensão de trazer conclusões sobre fatores internos da constituição intelectual e cognitiva humana e que despreze as verdades reveladas pelo autor do homem nas Escrituras, não pode ser aceita passivamente pelo cristão, mas antes deve ser submetida ao mais intenso crivo e exame à luz da objetiva revelação divina da Palavra de Deus.

---

5 Nielsen Neto, *Filosofia da Educação*, 61. Onde se lê "motivos sociais", deve-se entender: "comportamentos certos ou errados das pessoas". O autor cita trabalhos de dois comportamentistas americanos, John B. Watson (1913 -) e Ernest Ropiquiet Hilgard (autor de *Teorias de Aprendizagem*, São Paulo: EPU, 1973), como comprovação para sua afirmação.

O CENÁRIO - CAPÍTULO 15

AS ESCOLAS EVANGÉLICAS – ILHAS DE VERACIDADE, OU CAMPO MINADO?

Se pedagogos, psicólogos e educadores cristãos se renderam ao construtivismo, não deve se constituir em surpresa que a maioria das escolas ditas "evangélicas", que se proporiam a apresentar as verdades e ensinamentos sob o ponto de vista da Palavra de Deus, abracem a mesma filosofia, sem qualquer questionamento teológico. Os professores cristãos foram submetidos a um martelar contínuo de que as ideias do construtivismo se constituem na palavra final pedagógica e na única abordagem moderna admissível ao ensino. Por essa razão, na melhor das hipóteses, ouvimos apenas as seguintes críticas: "o problema não está no construtivismo, mas na aplicação errada dos seus métodos"; ou ainda — "somos construtivistas, mas mantemos a abordagem cristã no ensino". Tais declarações evidenciam falta de discernimento de que existem incompatibilidades de *premissas filosóficas* e que o construtivismo, como já temos demonstrado, não se trata apenas de um método alternativo de educação ou de administração escolar, mas de uma filosofia niilista real.

Por vezes, ouvimos: "A orientação dessa escola é construtivista, mas a aula é clássica", ou, "... é apenas uma aplicação parcial do construtivismo...". Já apontamos que *teoricamente*, o construtivismo tem sido aceito quase que na totalidade do sistema educacional brasileiro. Concordamos que na *prática*, as ideias não são aplicadas em sua maior dimensão e existem incoerências com as premissas básicas da corrente. A falta de aplicação abrangente e coerente é, possivelmente, resultante de três fatores:

Primeiro — o baixo nível acadêmico e intelectual de nossa classe docente, principalmente nas escolas básicas de 1º. grau, impede uma compreensão dos conceitos ensinados e de suas implicações práticas;

Segundo — por constatações empíricas que a grande maioria dos conceitos simplesmente não funcionam na prática, parte-se para obtenção de um mínimo de disciplina e direcionamento, nas salas de aula, que permita aos professores e alunos terminarem o ano com um pouco da sanidade mental remanescente, após frustradas experiências.

Terceiro — por que muitos educadores e educadoras confundiram a *descrição* das pesquisas de Piaget e seus seguidores tomando-as por metodologia de ensino, quando elas tentavam principalmente decifrar o enigma do "como se aprende?" Uma própria autora construtivista reconhece esse abismo no qual têm caído a maior parte das chamadas escolas Piagetianas. Escreve ela:

> Algumas interpretações do trabalho de Ferreiro e Teberosky deram origem à compreensão de que as situações utilizadas para a coleta de dados configurariam também boas situações de aprendizagem. Como consequência vimos, em muitas salas de aula, situações de ensino semelhantes àquelas empregadas pelas pesquisadoras para a coleta de dados.[1]

Não devemos inferir, entretanto, que a falta de aplicação do construtivismo em sua totalidade, significa uma influência insignificante na formação das crianças. Muitas escolas e professores deixam de lado parte da metodologia acadêmica prescrita (mais difícil de compreender e executar), mas prontamente acatam os postulados

---

1 Maria da Graça Azenha, *Construtivismo — de Piaget a Emilia Ferreiro* (S. Paulo: Ática, 1995), 96.

de suposta "liberdade" e "ausência de direcionamento" (mais fáceis de entender, de acolhida rápida pelos alunos, mais entrelaçados com a sociedade permissiva na qual vivemos). Mesmo nos casos de aplicação parcial do construtivismo, os reflexos prejudiciais à formação das crianças continuam intensamente presentes.

Escolas seculares, ou públicas, são construídas em cima de premissas que divergem das bases da fé cristã. Não devemos ter a pretensão de convencer pela lógica aqueles que rejeitam *a priori* a Revelação de Deus e a visão bíblica da constituição do homem. As escolas seculares, mesmo construindo cabanas de palha filosóficas que não se sustentam em coerência intrínseca, estão tentando ser fiéis às suas próprias premissas antiDeus e anticristãs. Com relação aos cristãos, entretanto, não podemos ter a mesma visão tolerante. Estes têm por obrigação analisarem todas as coisas sob a ótica das Escrituras e de, corajosamente, suportarem até a rejeição injustificada das esferas acadêmicas, ao se posicionarem pela interpretação bíblica da realidade. O filósofo holandês Herman Dooyeweerd (1894-1977) bem expressou essa situação, quando, conclamando coragem para os posicionamentos perante o mundo, escreveu: "A filosofia cristã não deve hesitar na aceitação da 'ofensa da cruz' para a pedra fundamental da sua epistemologia. Assim fazendo, sabe que conscientemente corre o risco de ser mal-entendida e dogmaticamente rejeitada".[2]

---

2 Citado por J. M. Spier, *An Introduction to Christian Philosophy* (Philadelphia: Presbyterian and Reformed Publishing Co., 1954), 155.

O CENÁRIO - CAPÍTULO 16

HÁ ESPERANÇA?

Sim! Existe luz no fim do túnel. Existem escolas cristãs comprometidas com a transmissão da verdade de forma coerente com a filosofia da fé cristã, nas quais as pessoas sejam consideradas o que as Escrituras dizem que são – pecadoras em necessidade de direcionamento, tanto intelectual, como – especialmente – moral. Escolas nas quais a dignidade da pessoa é considerada e os alunos tratados e orientados como portadores da imagem de Deus, como criaturas especiais, colocados nesta terra com propósitos bem definidos, como nos ensina a Bíblia.

Ao criticarmos o construtivismo, não estamos defendendo métodos arcaicos e desinteressantes de ensino e aprendizado; devemos sempre aplicar as mais modernas técnicas educacionais possíveis e o maior esmero no ensino criativo. Os bons professores deixarão a criança "descobrir" aquilo que necessita ser transmitido. Não estamos dizendo que o conhecimento prévio não serve de base e alicerce para novos entendimentos e para uma compreensão mais ampla da realidade – sabemos que o entendimento se "constrói", nesse sentido. Mas não precisamos abraçar novos rótulos e muito menos novas filosofias para expressar o que sempre foi reconhecido como boa prática pedagógica. Com muito mais veemência, não podemos abraçar uma construção filosófica que faz violência ao conceito judeo-cristão do que é o ser humano, como se o *construtivismo* fosse apenas mais uma metodologia neutra, esterilizada e inocente, aplicável em qualquer situação e contexto acadêmico, sem confrontá-la com a Palavra de Deus.

A preocupação com o bom e eficaz ensino sempre foi uma constante no campo cristão, com resultados excelentes, que devem ser retomados. Em uma carta dirigida aos prefeitos das cidades alemãs, Martinho Lutero já expressava a importância da educação, que viria a nortear e caracterizar os protestantes: "Em minha opinião", escreve ele, "não há nenhuma outra ofensa visível que, aos olhos de Deus, seja um fardo tão pesado para o mundo e mereça castigo tão duro quanto a negligência na educação das crianças".[1] Até hoje, a fórmula de batismo da Igreja Presbiteriana demanda, dos pais que trazem a sua criança à cerimônia, a promessa de que ensinarão ela a ler, para que possa compreender as verdades de Deus, reveladas em sua Palavra, transmitidas pelo meio da linguagem escrita através das gerações.

Esse apreço cristão com relação à educação ocorre em função do "mandato cultural" (Gênesis 1.28), no qual o homem é comissionado a dominar a criação (e, obviamente, ele não pode dominá-la se não conhecê-la), bem como pelo conceito bíblico do homem. O cristão vê, tanto empiricamente, como pela revelação das Escrituras, que as pessoas se diferenciam dos animais não por estarem "mais adiantadas na escala evolutiva", mas em essência e por desígnio divino. "Um dos aspectos mais nobres da semelhança de Deus no homem é a capacidade de pensar... Somente o homem tem o que a Bíblia chama de 'entendimento' (Salmo 32.9)",[2] escreve John Stott, que complementa indicando que a racionalidade básica das pessoas, por criação, é admitida em toda a Escritura. A expectativa, portanto, é a de que elas sejam educadas e se comportem diferentemente dos animais, como estabelece o restante do verso já citado: "Não sejais como o cavalo ou a mula, sem entendimento"; ou ainda no Salmo 73.22: "Eu estava embrutecido e ignorante; era como um irracional à tua presença".

---

1 Martinho Lutero, *Carta aos Prefeitos e Conselheiros de Todas as Cidades da Alemanha em Prol de Escolas Cristãs*, citado por Moacir Gadotti, *História das Ideias Pedagógicas* (S. Paulo: Ática, 1995), 71.
2 John Stott, *Crer é Também Pensar*, trad. de Milton A. Andrade (S. Paulo: ABU, 1978), 12.

Nossa oração é a de que Deus capacite nossos educadores com o discernimento necessário ao exame das filosofias nas quais foram treinados e que são chamados a aplicar nas salas de aula. Que haja o desenvolvimento de uma verdadeira filosofia de educação cristã, contrapondo-se ao subjetivismo e à permissividade do construtivismo. Que haja coragem de nossas escolas de orientação e formação evangélicas para desafiarem o *status quo* imprimindo excelência educacional com coerência teológica, mesmo que isso lhes custe muita luta e eventual perda financeira. Assim fazendo, pela misericórdia de Deus, estaremos formando cidadãos verdadeiramente responsáveis e cristãos conscientes, e teremos tranquilidade com o que está sendo ensinado aos nossos filhos.

O CENÁRIO - CAPÍTULO 17

HÁ PERIGO NOS LIVROS DIDÁTICOS E PARADIDÁTICOS?

Há alguns anos fiz uma pesquisa com algumas centenas de professores evangélicos,[1] da educação infantil e ensino fundamental de várias escolas. Ela foi realizada em dois congressos educacionais e o propósito era aferir as dificuldades que eles teriam no entrelaçamento de nossa fé cristã com as matérias a serem ensinadas. Em paralelo, quais as áreas que teriam mais dificuldade. Mas, sobretudo, a ideia era demonstrar a dificuldade que os professores cristãos enfrentam com a ausência de livros didáticos que ensinem adequadamente e com excelência as diferentes matérias, mas sem sonegar a realidade de um Deus todo-poderoso, que criou o universo e é a fonte de todo o conhecimento. Existiriam problemas nos livros didáticos e paradidáticos seculares, utilizados por professores e escolas cristãs?

Os resultados demonstraram exatamente essa dificuldade e como os professores tentavam superar a existência de uma cosmovisão distorcida nos livros didáticos. Foram submetidas várias perguntas, dentre as quais destacamos quatro. A primeira procurava aferir o local de trabalho de cada respondente. A grande maio-

---

[1] A pesquisa foi realizada em duas etapas, em dois congressos realizados em 2003. A primeira coleta foi realizada no Instituto Presbiteriano de Educação, em Goiânia, e a segunda em um Congresso da AECEP, na Igreja Batista da Lagoinha, em Belo Horizonte. No total, foram tabulados cerca de 600 questionários respondidos.

ria indicou que trabalhava em uma Escola Cristã, mas grande parte declarou que a escola na qual ensinavam era apenas nominalmente cristã, enquanto que os demais trabalhavam em escolas "seculares", o que pode indicar uma escola sem qualquer conotação evangélica, ou uma escola pública. Acredito que quaisquer participantes de congressos ou encontros de educação cristã apresentarão uma distribuição semelhante a essa amostragem.

PESQUISA ENTRE EDUCADORES CRISTÃOS
1. EM QUAL ESCOLA ENSINA?

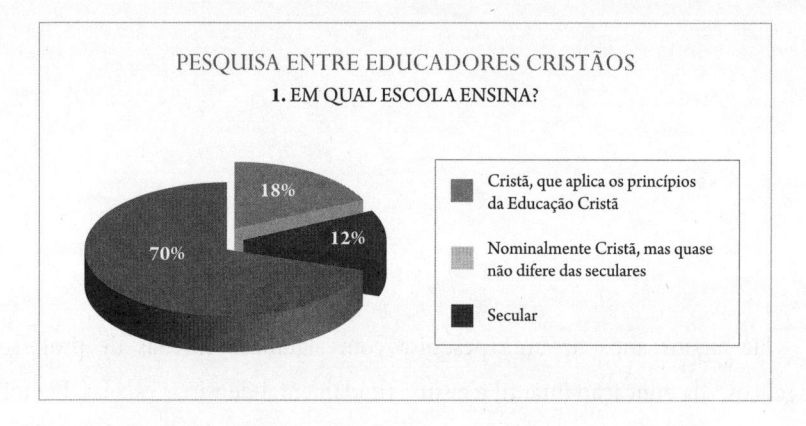

- Cristã, que aplica os princípios da Educação Cristã — 18%
- Nominalmente Cristã, mas quase não difere das seculares — 12%
- Secular — 70%

Na sequência, os professores responderam sobre a utilização de livros didáticos. O fato de muitos os utilizarem apenas parcialmente ou não os utilizarem é porque muitos professores eram da educação infantil, segmento no qual muitas escolas preparam o seu próprio material. De qualquer maneira, 43% dos professores pesquisados eram afetados pela utilização de livros didáticos seculares.

PESQUISA ENTRE EDUCADORES CRISTÃOS
2. UTILIZA LIVROS DIDÁTICOS SECULARES EM SUAS CLASSES?

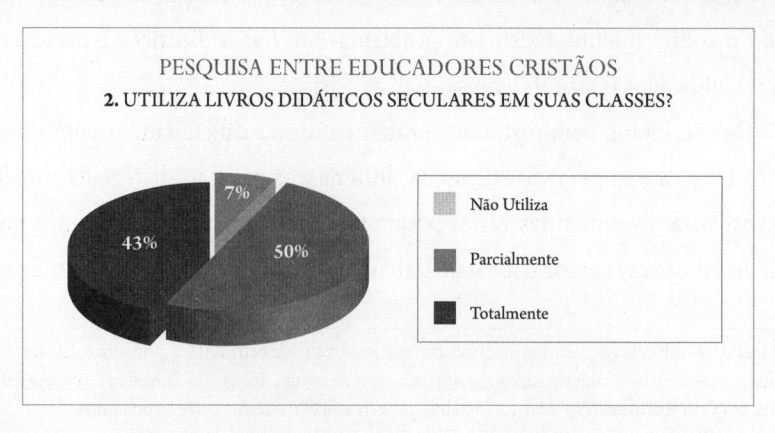

- Não Utiliza — 7%
- Parcialmente — 50%
- Totalmente — 43%

O CENÁRIO | *Há perigo nos livros didáticos e paradidáticos?*

A terceira pergunta procurou aferir a área que trazia mais dificuldade aos professores. Nas respostas, uma surpresa: a área mais apontada foi **leitura e literatura brasileira**, com 24%, no meio de outras dez matérias. Por que, especificamente, essa matéria traria mais dificuldade? Porque em nossas escolas a área de leituras, incluindo aí os livros paradidáticos, é a porta larga, onde tudo por ela passa. É sob o manto de leitura, que muitos ensinamentos éticos (ou contra a ética cristã), filosóficos (ou contra a filosofia da fé cristã) e sociológicos (ou imprimindo uma visão de mundo que não é a cristã) encontram caminho para a mente dos alunos.

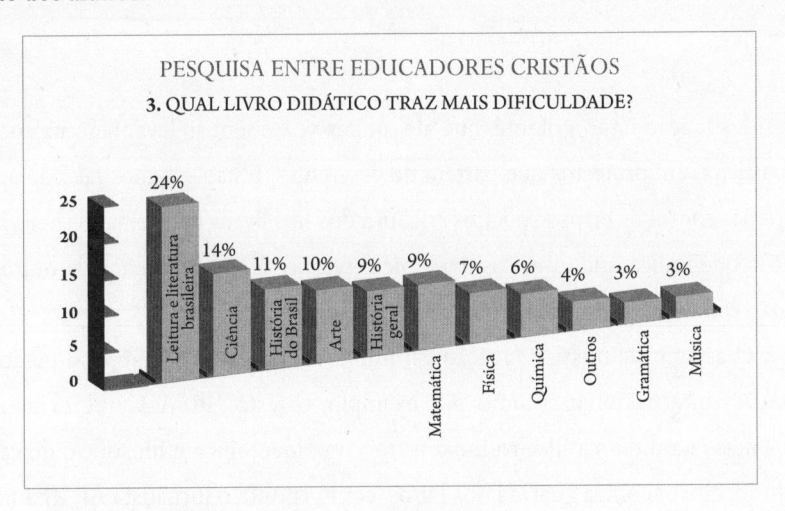

PESQUISA ENTRE EDUCADORES CRISTÃOS
3. QUAL LIVRO DIDÁTICO TRAZ MAIS DIFICULDADE?

Matéria	%
Leitura e literatura brasileira	24%
Ciência	14%
História do Brasil	11%
Arte	10%
História geral	9%
Matemática	9%
Física	7%
Química	6%
Outros	4%
Gramática	3%
Música	3%

Os professores responderam também qual o maior problema que encontravam nos livros didáticos seculares, com relação às suas convicções cristãs e ficou em primeiro lugar a apresentação de uma visão distorcida de mundo, na qual os assuntos são apresentados como se Deus estivesse ausente, não existisse, ou como se os seus atos não fossem perceptíveis na história da humanidade. É inegável, portanto que os livros didáticos seculares apresentam problemas de conteúdo e de filosofia que conflitam com a fé cristã. Nesse sentido, essas ferramentas utilizadas para ministrar as diversas áreas de conhecimento estão sujeitas a servirem de veículo a uma maneira de pensar e agir, que difere daquela encontrada na Palavra de Deus.

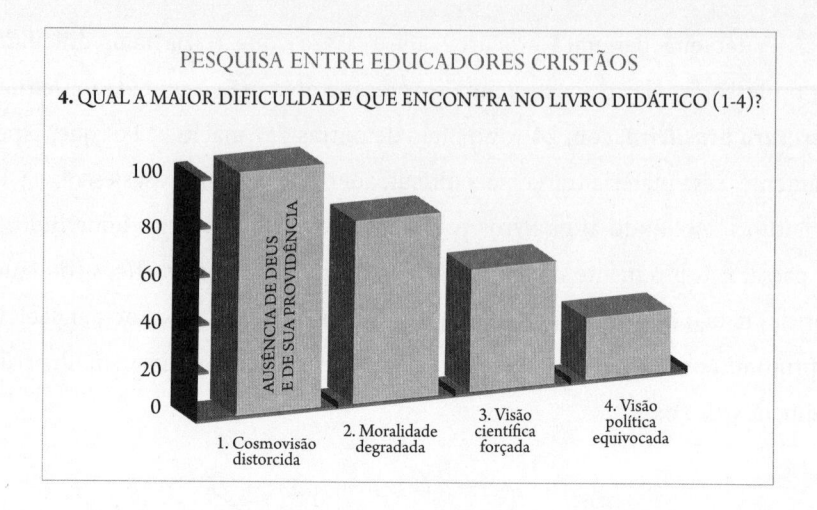

PESQUISA ENTRE EDUCADORES CRISTÃOS
4. QUAL A MAIOR DIFICULDADE QUE ENCONTRA NO LIVRO DIDÁTICO (1-4)?

- 1. Cosmovisão distorcida — AUSÊNCIA DE DEUS E DE SUA PROVIDÊNCIA (~100)
- 2. Moralidade degradada
- 3. Visão científica forçada
- 4. Visão política equivocada

A situação é tão gritante, que até muitas vozes têm se levantado na sociedade brasileira, em protestos que partem de descrentes. E não estamos falando apenas da gritaria contra os erros explícitos encontrados nos livros patrocinados pelo MEC, como o que indica que dizer "os livro", nem sempre é errado, ou aquele outro, que ensina a estranha fórmula matemática: $10-7 = 4$.[2]

O estágio de nossa educação vai muito mal, mesmo. E não é só perante as avaliações internacionais (como por exemplo, o teste "PISA"), que evidenciam deficiências na didática. Refiro-me à forte carga ideológica e filosófica, de caráter deletério, que encontra guarida nos livros, como aponta o jornalista Ali Khamel:[3]

> ... Nossas crianças estão sendo enganadas, a cabeça delas vem sendo trabalhada, e o efeito disso será sentido em poucos anos. É isso o que deseja o MEC? Se não for, algo precisa ser feito, pelo ministério, pelo congresso, por alguém.

---

[2] Em maio de 2011 diversos órgãos de comunicação, no Brasil, apontaram erros gritantes de português em livros aprovados e promovidos pelo MEC (vide a reportagem de O Estado de São Paulo, disponível em: http://blogs.estadao.com.br/jt-cidades/livro-didatico-do-mec-defende-erros-de-portugues/, acessado em 23.07.2012. No mês seguinte, foram revelados erros de matemática na coleção "Escola Ativa", distribuída para 1.300 mil crianças pelo MEC (http://blogs.estadao.com.br/jt-cidades/livro-didatico-do-mec-defende--erros-de-portugues/, acessado em 23.07.2012).

[3] Jornal "O Globo" – 18.09.2007 – artigo *"O Que Ensinam às Nossas Crianças?"*

O CENÁRIO | *Há perigo nos livros didáticos e paradidáticos?*

Se a preocupação do Ali Khamel é com a ideologia marxista, onipresente nesses livros didáticos oficiais, nós cristãos deveríamos ter preocupações semelhantes e **ainda maiores**, com outras questões. Como os materiais escolares estão tratando os conceitos de verdade, de moral, de ética? Como está sendo feita a cabeça dos nossos filhos? Afinal de contas, a nossa responsabilidade é enorme. A Bíblia nos diz, em Efésios 5.11: "Não participem das obras infrutíferas das trevas; *antes, exponham-nas à luz*"!

Vejam uma amostra do contexto que cerca a mente das nossas crianças:

1. A Folha de São Paulo,[4] trouxe uma matéria com a notícia de que na Inglaterra, o dinheiro oficial patrocinou a publicação de um livreto ilustrado para crianças de 4 a 11 anos, com o seguinte título "King and King". O texto da reportagem diz que o livro *"narra como um príncipe diz não a todas as suas pretendentes e decide se casar com outro príncipe"*. Como todas as iniciativas dessa natureza, a publicação se escuda na bandeira falaciosa de "combate à homofobia". A Folha diz ainda que "consultado, o antropólogo Luis Mott, fundador do Grupo Gay da Bahia, aplaude a iniciativa".

2. Você pode pensar – "mas isso é lá na Inglaterra, longe do Brasil". Não nos enganemos, a mesma filosofia amoral contrária à fé cristã se vê presente em vários exemplos, no nosso país, objetivando o alcance da mente dos nossos filhos, em atividades culturais que culminam encontrando guarida em livros e materiais escolares, muitas vezes com o apoio oficial do governo:

   a. A mesma reportagem, acima mencionada, traz uma caixa anunciando o que já ocorria no Brasil de 2007: peça infantil com temática gay, em Campinas, produzido pela ONG "Grupo E-Jovem de adolescentes, gays, lésbicas e aliados".

   b. Dois anos depois, o mesmo jornal[5] traz a notícia de que livros de adolescentes estavam sendo distribuídos pelo governo do estado de São Paulo

---

4 "Fábulas com as Cores do Arco-Íris", Caderno **Educação**, 31.05.2007.
5 Folha de São Paulo, 28.05.2009: "Aluno da 3ª Série em SP Recebe Livro Para Adolescente".

a alunos da terceira série, com frases tais como: "nunca ame ninguém, estupre"! O livro, que se chama "poesia do Dia", também traz a seguinte indução: "seja um pouco efeminado, isso sempre funciona com estilistas". O programa, diz a reportagem, inclui livro "em quadrinhos com palavrões e conotação sexual".

c. O muito divulgado "Plano Nacional de Promoção da Cidadania e Direitos Humanos de LGBT"[6] – um documento governamental e oficial que foi firmado, em 2009, com representantes de 18 ministérios! O texto desse documento tinha 50 propostas que deveriam ser transformadas em lei até 2011. Ainda que a discussão continue, várias das propostas já estão sendo regulamentadas. Uma delas é a legalização da união civil entre pessoas do mesmo sexo. O Supremo Tribunal Federal, em 05.05.2011 aprovou exatamente isso. Percebem como a agenda programada está sendo seguida?

d. Também não é novidade o pacote pornográfico produzido e promovido pelo MEC, conhecido como "KIT Gay" – um DVD com cenas de homossexualismo e com a promoção desse "estilo de vida", para crianças de 07 a 10 anos, que chegou a ser amplamente distribuído, antes de ter a sua divulgação sustada pela presidente da república (principalmente em função dos inúmeros protestos da comunidade cristã). O pretexto desse kit? Como sempre, é o de "combater a homofobia".

Certamente Satanás não está brincando e trava uma dura batalha pela mente das crianças. Devemos ponderar dois pontos importantes: (1) Temos que ter uma compreensão clara do que é o Reino das Trevas e do que caracteriza o Reino de Deus. (2) Temos de compreender como as ideias contrárias ao Reino de Deus atingem nossas mentes e, principalmente, as mentes de nossas crianças.

As mensagens que caracterizam o Reino das Trevas – contrárias à Palavra de Deus, englobando o que é errado e comportamentos destrutivos à pessoa e à sociedade – estão por toda parte e são ativamente ensinadas, de várias maneiras. O pecado se

---

6 lésbicas, gays, bissexuais, travestis e transexuais.

alastra a todas as áreas do nosso ser, especialmente ao intelecto. Podemos, realmente, ter certeza de que a doutrina da "depravação total da natureza humana" é uma realidade: o pecado é real e atinge a todos e a todas as áreas do nosso ser. Na raça humana, em seu estado natural, todos nascem pecadores e, a não ser pelo evangelho salvador de Cristo, não é possível a libertação da escravidão do pecado.

Romanos 3.10 a 23, traz essa realidade com toda contundência:

> Como está escrito: "Não há nenhum justo, nem um sequer; não há ninguém que entenda, ninguém que busque a Deus. Todos se desviaram, tornaram-se juntamente inúteis; não há ninguém que faça o bem, não há nem um sequer". "Suas gargantas são túmulos abertos; com suas línguas enganam". "Veneno de serpentes está em seus lábios". "Suas bocas estão cheias de maldição e amargura". "Seus pés são ligeiros para derramar sangue; ruína e miséria marcam os seus caminhos, e não conhecem o caminho da paz". "Não há temor de Deus diante de seus olhos". Sabemos que tudo o que a lei diz, o diz àqueles que estão debaixo dela, para que toda boca se cale e todo o mundo esteja sob o juízo de Deus. Portanto, ninguém será declarado justo diante dele baseando-se na obediência à lei, pois é mediante a lei que nos tornamos plenamente conscientes do pecado. Mas agora se manifestou uma justiça que provém de Deus, independente da lei, da qual testemunham a Lei e os Profetas, justiça de Deus mediante a fé em Jesus Cristo para todos os que creem. Não há distinção, pois todos pecaram e estão destituídos da glória de Deus.

Assim, não podemos cometer o erro de identificar o pecado apenas com ações físicas. O grande ensino das Escrituras sobre a antítese entre o bem e o mal está em Gálatas 5, onde as **obras da carne** contrastam com o *Fruto do Espírito*. Quando nós examinamos aquela lista de pecados e posturas comportamentais que caracterizam os que ainda estão presos ao Reino das Trevas, contra as virtudes dos cristãos, especificadas como procedentes do Espírito Santo de Deus (Fruto do Espírito), vemos que o pecado se manifesta com toda intensidade **no campo não material do ser humano**, em sua esfera metafísica. Isso quer dizer que não podemos considerar a produção intelectual das pessoas sem Deus como "neutras". Elas podem, e com frequência o são, letais para a vida dos que a absorvem de maneira acrítica.

A Bíblia confirma, que as pessoas sem Deus destorcem a verdade. Isaías 5 chama a nossa atenção para a inversão de valores que toma conta da mente pecaminosa, e Romanos 1.18-25 demonstra como a mente dos que rejeitam a Deus está totalmente prejudicada, trocando a verdade pela mentira:

> *A ira de Deus é revelada do céu contra toda impiedade e injustiça dos homens que suprimem a verdade pela injustiça, pois o que de Deus se pode conhecer é manifesto entre eles, porque Deus lhes manifestou. Pois desde a criação do mundo os atributos invisíveis de Deus, seu eterno poder e sua natureza divina, têm sido vistos claramente, sendo compreendidos por meio das coisas criadas, de forma que tais homens são indesculpáveis; porque, tendo conhecido a Deus, não o glorificaram como Deus, nem lhe renderam graças, mas **os seus pensamentos tornaram-se fúteis** e os seus corações insensatos se obscureceram. **Dizendo-se sábios, tornaram-se loucos e trocaram a glória do Deus imortal** por imagens feitas segundo a semelhança do homem mortal, bem como de pássaros, quadrúpedes e répteis. Por isso Deus os entregou à impureza sexual, segundo os desejos pecaminosos dos seus corações, para a degradação dos seus corpos entre si. **Trocaram a verdade de Deus pela mentira**, e adoraram e serviram a coisas criadas, em lugar do Criador, que é bendito para sempre. Amém*

Há perigo, sim, nos livros didáticos e paradidáticos e no capítulo seguinte iremos examinar como esse perigo se manifesta e alguns exemplos de materiais escolares para os quais devemos estar alertas.

O CENÁRIO - CAPÍTULO 18

COMO A FILOSOFIA ANTICRISTÃ SE INTRODUZ NOS TEXTOS ESCOLARES.

Obviamente as manifestações da filosofia anticristã se apresentam de várias maneiras, mas um dos principais veículos é através dos livros escolares – didáticos e paradidáticos. Afinal de contas, será que você sabe realmente o que estão ensinando para as crianças hoje? Como cristãos, devemos discernir que as ideias contrárias à nossa fé ocorrem de três maneiras diferentes: (1) de forma explícita; (2) de forma sutil; (3) de forma velada.

De forma explícita – temos vários exemplos de como explicitamente livros escolares apresentam aquilo que é claramente errado, como sendo certo. Eles confundem a mente das crianças e minam o trabalho feito no lar e nas igrejas. O trecho da Bíblia a lembrar, nesse caso é – **Isaías 5.20**: "Ai dos que ao mal chamam bem, e ao bem mal; que põem as trevas por luz, e a luz por trevas, e o amargo por doce, e o doce por amargo"! A Palavra de Deus, ao mesmo tempo em que condena com muita gravidade essa inversão de valores, alerta que tal situação é característica de uma sociedade sem Deus. Devemos estar preparados e o ponto básico, aqui, é: **Afira a sua fé!** Se você não conseguir discernir o erro, quando ele é colocado de forma tão clara, como nos nossos dias, algo está muito errado com a sua saúde espiritual.

Observemos, nesta categoria, os seguintes exemplos de dois livros paradidáticos. A série é chamada de *Cara ou Coroa: Filosofia para Crianças*. Essa série de livretos ("O Bem e o Mal", "A Guerra e a Paz", "A Verdade e a Mentira", "A Justiça e a Injustiça", "Os Deuses e Deus") é destinada às crianças a partir dos nove anos.[1] Extraímos do livro *Os deuses e Deus* as seguintes afirmações, que explicitamente contradizem a verdade e conceitos das Escrituras Sagradas:[2]

> Para explicar o que acontece ao nosso redor sem levar em conta a ciência, podemos dizer que há seres invisíveis que se ocupam disso: os deuses (10). Os mitos constituem uma parte muito importante da cultura de cada povo (13). Entre todas as culturas humanas. Algumas se propagaram mais do que as outras: aquelas em que há apenas um deus. Um deus único: Deus, com maiúscula (24). Os homens que acreditam em Deus não sabem se ele existe. Mas acreditam (27). É preciso entender que o importante nas religiões é a sinceridade. E, portanto, a liberdade. Quem compreende isso aceita que os outros creiam em um deus diferente ou em vários deuses. É uma pessoa tolerante (33). ... as religiões pregam: amar, ajudar, perdoar, reconciliar-se, dizer não à violência, tornar-se melhor... Sim, é possível pôr essas ideias em prática na terra sem necessariamente crer em Deus. Sem forçosamente acreditar que é uma mensagem que ele enviou aos homens. Agora essas ideias podem fazer parte do mundo. Com ou sem Deus. Com ou sem religião (38).

Você acha que seu filho está na escola aprendendo filosofia, mas na realidade, explicitamente, ele está sendo ensinado ateísmo e que o pensamento da existência de um Deus verdadeiro é um mito. Em paralelo, martela-se, em sua mente, que ter uma convicção sobre essa questão equivale a intolerância. Em ou-

---

1 Brigitte Labbé e Michel Puech, Série Cara ou Coroa (São Paulo: Scipione, 2002).
2 Os números das páginas, de onde foram tiradas essas frases, estão entre parênteses.

tro livro da série (A Verdade e a Mentira), o contraste bíblico e a dissociação entre a verdade e a mentira são explicitamente anulados, como podemos constatar nessas declarações:

> É comum ouvirmos que é preciso dizer a verdade... se observarmos bem o que acontece ao nosso redor, veremos que isso não é tão simples assim. Nem sempre a verdade está de um lado e a mentira, de outro. Na vida, verdade e mentira muitas vezes se entrelaçam (5). A professora olha feio para os alunos que conversam na aula. Ela não está zangada de verdade, mas os faz pensar que sim. Eles acreditam e ficam quietos .... Nesses casos não se trata propriamente de mentir. É algo parecido com um jogo. Todos nós, na verdade, misturamos verdades e mentiras (6).

O livro passa a apresentar mentiras que magoam, mas continua apresentando a verdade como algo relativo e a mentira como um caminho opcional:

> Cada um deve pensar muito bem no que dizer e analisar a importância de uma verdade ou de uma mentira (20). Mentir para proteger outra pessoa, esconder a verdade para não magoar alguém, é algo bem diferente. Nesse caso, temperar as palavras com uma pitada de mentira não é necessariamente uma má solução. Será que todos nós não precisamos de uma mentirazinha para facilitar a vida? (21)

Notem, a verdade não é mais absoluta. O tempero não é a **forma de contar** a verdade (como nos instrui Colossenses 4.6: *"A vossa palavra seja sempre agradável, temperada com sal, para saberdes como deveis responder a cada um"*), mas é a própria mentira **adicionada** à verdade. A validade dos pronunciamentos não é medida por princípios, mas por resultados. A conclusão dessa abordagem pós-moderna é impressionante!

Portanto, a verdade e a mentira não são necessariamente inimigas. Dependendo do valor de cada uma, elas podem ser cúmplices e coexistir em perfeita harmonia, se for para o nosso bem. Misturando a verdade e a mentira com consciência e equilíbrio, podemos deixar a vida fluir alegremente (39).

Depois as pessoas se espantam e indagam por que a verdade é uma "espécie em extinção" em nossa sociedade? Por que políticos, profissionais, pessoas em geral, mentem tanto em suas vidas? Com esse tipo de ensinamento, o que podemos esperar?

De forma sutil – Mas tais ideias anticristãs podem estar presentes de maneira sutil, onde você não percebe à primeira vista que o veneno está sendo inoculado, ou prestes a fazer o seu efeito. O trecho da Bíblia a lembrar, nesse caso é **1 Pedro 5.8**: "Estejam alertas e vigiem. O Diabo, o inimigo de vocês, anda ao redor como leão, rugindo e procurando a quem possa devorar". Não podemos baixar a guarda. Não podemos descansar indevidamente. A luta é árdua e constante. Devemos estar vigilantes e o ponto básico, aqui, é: **Esteja vigilante!** Fique de sobreaviso, procurando discernir as sutilezas do inimigo – como ele pode estar penetrando sua filosofia mortal nos livros didáticos. Veja este exemplo de um livro de História Geral[3] no trecho em que ele supostamente está relatando de forma veraz a história do povo judeu:

> A mais importante contribuição dos hebreus foi, sem dúvida, sua religião monoteísta: o Judaísmo. Antes porem de atingir o estado monoteísta (crença em um único Deus), a religião passou por várias fases. De início, os hebreus adoravam rios, fontes, poços, árvores e montanhas que, segundo eles, eram habitados por espíritos (*eloins*). Posteriormente, passaram por uma fase de monolatria. Monolatria é a adoração exclusiva de um único Deus, sem, contudo, negar a existência de outros deuses.

---

3 Francisco de Assis Silva, História Geral (São Paulo: Ed. Moderna, 1995), 37.

O CENÁRIO | *Como a filosofia anticristã se introduz nos textos escolares*

À primeira vista, parece um texto objetivo, no entanto diversas distorções sutilmente presentes no enunciado podem ser apontadas: (1) O autor tem uma pressuposição que marca a sua historiografia – a do caráter evolutivo da religião. Suas primeiras frases mostram que, em seu conceito, religiosidade é uma produção meramente humana, que passa por diversas fases não somente complementares, mas até contraditórias entre si. E ele aplica essa pressuposição no desenvolvimento da história do povo judeu, a qual, obviamente, está intimamente ligada à adoração e expressões de religiosidade direcionadas ao Deus verdadeiro. (2) Vemos, também, que o autor descarta a Bíblia, o maior tratado sobre a história do povo judeu, como fonte fidedigna de informação. Ele passa a falar de adoração de "rios, fontes, poços, árvores e montanhas" – e perguntamos – de onde ele extraiu isso? A adoração falsa, na vida do povo judeu, sempre é caracterizada como tal e, ainda assim, nunca apresenta esses aspectos relatados nesse texto. Você acha que seu filho está aprendendo fatos reais da história, mas ele está absorvendo, sutilmente, uma distorção desta. (3) A conclusão do texto é, por fim, uma aberração – que os judeus adoravam um Deus, sem negar a existência de outros deuses – postulando uma convivência pacífica que não encontra o mínimo respaldo nos registros históricos. Pelo contrário, desde os primórdios da nação estruturada de Israel, que a expressão cúltica é aquela encontrada em Deuteronômio 6.4 e citada por Jesus Cristo em Marcos 12.29: "Ouve, Israel, o SENHOR, nosso Deus, é o único SENHOR".

Detectar a sutileza dessas distorções não é tarefa fácil, mas pode ser auxiliada pela utilização de comparações. Procure textos de pessoas capazes e comprometidas com o Evangelho sobre esses temas controversos e veja a diferença de conteúdo e de tratamento que dois autores podem apresentar, falando de um mesmo segmento de informações. Vejam os dois exemplos abaixo, que tratam de um mesmo assunto: *a formação e a utilização do alfabeto*. Na primeira coluna, uma citação do mesmo livro já mencionado – História Geral de Francisco de Assis Silva (p. 44). Na segunda coluna, um texto preparado do ponto de vista de uma educação escolar cristã,[4] que entrelaça fatos históricos com os feitos maravilhosos de Deus nessa mesma história, dando significado e relevância à informação apresentada:

---

4 A Beka, *History of the World*, Vol I (Pensacola: Pensacola University, 1992), 103, tradução do autor.

LIVRO DIDÁTICO SECULAR	LIVRO DIDÁTICO DO PONTO DE VISTA CRISTÃO
A mais importante realização cultural dos Fenícios foi o alfabeto. No princípio de sua história, os Fenícios usaram a escrita cuneiforme dos sumérios. Tempos depois adotaram a escrita hieroglífica dos egípcios. Seu espírito prático e mercantil, entretanto, levou-os a simplificar a escrita.

Criaram 22 letras, com as quais podiam escrever qualquer palavra. Todas as letras deste alfabeto eram consoantes.

Foram os gregos os responsáveis pela introdução das vogais.

Além de ter influenciado na formação do alfabeto grego, o alfabeto fenício serviu de base para a elaboração dos alfabetos latino, aramaico e russo.

Em nenhum outro ramo de atividade intelectual, quer no artístico, no literário ou no científico, os fenícios merecem destaque especial. | ...os fenícios inventaram o alfabeto, ou algo bem parecido com um alfabeto, e o espalharam em suas viagens de negócios. Não sabemos como eles chegaram a ter um alfabeto, mas os fenícios escreviam com sinais que representavam os sons básicos de vinte e duas consoantes de sua língua.

Este alfabeto era muito mais simples do que a escrita cuneiforme, que representava sílabas ou palavras (neste caso, mais de quinhentos sinais eram utilizados), ou do que os hieróglifos, que possuíam vinte e quatro símbolos para as consoantes isoladas, mas funcionavam em conjunto com muitos outros símbolos.

Os gregos utilizaram esta dádiva grátis dos fenícios e a tornaram um alfabeto verdadeiro, com símbolos tanto para os sons básicos das consoantes, como para as vogais. Isto foi a base da língua grega escrita que, no tempo de Cristo, era a "segunda língua" universal e que facilitou a disseminação do evangelho. O Novo Testamento foi escrito primordialmente em grego.

Os fenícios popularizaram o alfabeto, mas nada escreveram de importância para a história mundial. Quase tudo que escreveram diz respeito às suas negociações comerciais.

Em contraste aos israelitas, os fenícios não possuíam conscientização nem identidade como um povo. Não possuíam propósito ou objetivo para si próprios, a não ser a lucratividade de suas atividades comerciais. |

O CENÁRIO | *Como a filosofia anticristã se introduz nos textos escolares*

Além do texto, na coluna da direita, ser muito mais completo, ele não ignora os fatos cruciais da historia (a vida do maior personagem da história – Cristo Jesus; a construção do corpo de literatura mais influente, na história da humanidade – o Novo Testamento), ainda que tenham cunho religioso, e os entrelaça adequadamente com o assunto que está sendo estudado, dando significado e propósito à história.

De forma velada – A astúcia de Satanás e dos seus é capaz de esconder muito bem a filosofia anticristã de um texto. Pode ser que você ache que a criança está apenas estudando ciência verdadeira – biologia, por exemplo; a função de uma célula! O que pode dar errado nisso? Cuidado. No meio de muitas lições aparentemente inocentes, ou até eticamente estéreis, à primeira vista, pode também haver muito veneno. O trecho da Bíblia a lembrar, nesse caso é – 2 Coríntios 11.14: "Isto não é de admirar, pois o próprio Satanás se disfarça de anjo de luz". O ponto básico aqui é: **Prepare-se estudando mais profundamente as verdades e doutrinas fundamentais da fé cristã!** Como discernir aquilo que vem escondido? Somente com um preparo mais intenso, o qual, certamente, será utilizado pelo Espírito Santo de Deus nos concedendo sabedoria, para a ocasião certa.

Como exemplos de distorções que se imiscuem de forma velada, trazemos um livro de ciências.[5] Na página 156 ele está tratando das funções celulares, cromossomos, anatomia, funções digestivas e reprodutivas. Você pergunta – mas o que pode dar errado em um livro de ciências, especialmente tratando de dados tão objetivos assim? Ocorre que no tratamento do sistema reprodutor o autor começa a falar de educação sexual e indica que é normal, durante a puberdade, "... as fantasias, a atração, a admiração e o desejo por companheiros do mesmo sexo". Mais adiante ele coloca, "... é importante não confundir a atração sexual do indivíduo com a sua identidade sexual". O livro passa, então, a dizer que "a conduta homossexual não é aceita pela sociedade" e, em função disso, homossexuais "ocultam a vida afetiva e possuem traumas". Após todas essas colocações apresenta a sociedade como aceitando a "heterossexualidade como norma." Se você se concentrar apenas nessa última afirmação, pode até sair com a compreensão errônea de que o livro

---

5 Demétrio Gowdak e Eduardo Martins, *Natureza e Vida* (São Paulo: FTD, 1966).

não é tão mal assim. Mas espere! Esse livro didático secular, veladamente, está apresentando um conceito vago de *certo* e *errado*. Apresenta, também, uma indução para um tipo de comportamento, que não é **natural**, como ele coloca; é errado mesmo! Pelo livro, se algo é **correto**, ou **não**, está atrelado à aceitação pela sociedade. Nessa visão, não existem verdades absolutas ou conceitos permanentes. E se a sociedade passar a aceitar a homossexualidade como normal, ou até como modo de via mais avançado, sensível e desejável (como está praticamente acontecendo atualmente)? Isso passa a ser a norma? O que é errado passa a ser certo? Dessa maneira o veneno é veladamente inoculado nas mentes em formação. O momento atual que vivemos, com significativa pressão governamental para impingir padrões de moralidade contrários às Escrituras, deve-nos levar a uma vigilância ainda maior, pois materiais cada vez mais imoralmente explícitos podem surgir.

Existem muitos outros exemplos que podemos trazer, dessa contaminação filosófica, com as ideias do reino das trevas – livros, de história, com distorções sobre a história bíblica, do Povo de Deus, sobre a origem do ser humano. Livros de português e linguagem, que apresentam o relativismo, a ausência de absolutos e promovem o agnosticismo. Livros de filosofia para crianças, que ensinam ateísmo; ou que incentivam a mentira. No meio dessa complexa situação, temos que estar preparados para discernir as áreas de maior vulnerabilidade, e, concentrados nelas, procurar apresentar as áreas de conhecimento do ponto de vista de Deus, com o antídoto salvador de almas, que é o Evangelho de Cristo Jesus.

Devemos nos lembrar dos seguintes pontos:

- A Palavra de Deus nos alerta sobre a necessidade de discernimento naquilo que lemos, vemos, ouvimos: Romanos 12.1-2, alerta para que não nos "conformemos" com este mundo, ou seja, não devemos tomar a forma de pensar e de agir dele. Hebreus. 5.14, apresenta o objetivo nosso: sermos adultos espirituais, com a possibilidade de discernimento espiritual:

Mas o alimento sólido é para os adultos **os quais têm pela prática as faculdades exercitadas para discernir tanto o bem como o mal**.

- O nosso Mestre, Jesus Cristo, ensina que a capacidade intelectual, cognitiva e produtiva é, sim, contaminada pelo pecado. E isso se aplica, com certeza, aos livros escolares de uma nação sem Deus. Podemos esperar grandes distorções de quem não tem a Deus em seu coração. Com palavras duras, mas precisas, ele diz, em Mateus 12.34:

    *Raça de víboras! como podeis vós falar coisas boas, sendo maus? pois **do que há em abundância no coração, disso fala a boca**.*

- Em toda essa constatação não significa que os crentes devem se isolar culturalmente. O que se requer de nós é discernimento. Mas, em paralelo, devemos ser povo apto a abraçar a verdade onde quer que ela se encontre, sabendo que "toda verdade é verdade de Deus", conforme lemos em 1 Timóteo 4.4:

    *pois todas as coisas criadas por Deus são boas, e **nada deve ser rejeitado se é recebido com ações de graças**.*

O perigo existe. Ele aparece de diversas formas; às vezes explicitamente, às vezes bem escondido. Precisamos estar alertas e procurar nos capacitar, para que sejamos utilizados como instrumentos de salvação das nossas crianças, e não como agentes de perdição delas.

O CENÁRIO - CAPÍTULO 19

UMA AVALIAÇÃO DA EDUCAÇÃO BÁSICA NO BRASIL

Até os primeiros meses de 2008, eu estive à frente da administração de três Colégios de grande porte[1] e a Revista Educação,[2] publicando o seu número 100 como edição especial, procurou obter uma opinião sobre a Educação Básica no Brasil. A pergunta principal era: *Qual o diagnóstico que você faz da educação básica no Brasil? Quais os principais problemas, avanços e retrocessos que a educação vive?* As repostas foram, obviamente, genéricas, aplicáveis à conjuntura global, mas nos auxilia a entender o contexto educacional no qual a nossa análise e proposições estão inseridas. Faço referência às respostas que expressaram o seguinte quadro sobre a educação básica, no Brasil:

> Analisando friamente os números, a educação básica vive, nos últimos sete anos, um período de retração. Por exemplo, no Ensino Fundamental a rede pública, gratuita, mantém a quantidade de alunos (32 milhões – MEC/INEP) enquanto que a rede particular tem progressivamente encolhido (15%). Isso ocorreu exatamente quando houve

---

[1] Superintendência de Educação Básica do Instituto Presbiteriano Mackenzie (2005-2008), compreendendo três colégios que abrigam um total de 5.000 alunos.
[2] Editora Segmento, São Paulo, *Revista Educação*, No. 100.

ampliação da capacidade, nas escolas. O segmento apresenta de forma bem direta o reflexo do empobrecimento geral da classe média e da decrescente taxa de natalidade dos últimos anos. A escola particular, pressionada financeiramente pelo descompasso entre investimento e recrutamento, tem a tendência de **sacrificar a qualidade** exatamente quando os indicadores internacionais mostram a necessidade de elevarmos qualitativamente o nível dos nossos alunos.

Na formação dos professores, atravessamos décadas de um ensino meio utópico e idealista, no qual a ênfase na liberdade de quaisquer diretrizes, a concentração quase exclusiva no método e a retirada do mérito, como incentivo e forma de aferição, diluiu consideravelmente a qualidade do ensino. Os alunos deixaram de ser preparados para o mundo real, competitivo, no qual importa, sim, o que você sabe. Conteúdo virou termo pejorativo nos círculos pedagógicos. Atravessamos uma situação semelhante à descrita por um educador Norte Americano (J. Gresham Machen) quando, comentando sobre a ênfase desmedida no método sem a importância necessária ao conteúdo, escreveu: "Fizemos uma grande descoberta pedagógica — que é possível pensar com uma mente completamente vazia"!

Felizmente, parece que décadas de resultados desastrosos começam a acordar os nossos educadores que passam a dar mais importância a valores, princípios, diretrizes, disciplina e, também, conteúdo – sem descartar ou negligenciar as melhores metodologias.

Com certeza a grande mudança metodológica pela qual o ensino passou nos últimos tempos é na tecnologia de informação. Hoje não se pode conceber o ensino que não utilize o computador com a tranquilidade e facilidade com que papel e lápis têm sido utilizados. Mas na área social, observamos o enfraquecimento da esfera da família. Isso tem profundos reflexos no conceito da Escola, que passa a ter de trabalhar situações que antes eram abrigadas no seio familiar. Em paralelo, observamos consequentes tentativas de transferência de responsabilidades da família para a Escola, forçando uma redefinição das áreas e limites. Por incrível que pareça, o colégio vê-se, frequentemente, na qualidade de instrutor dos pais.

Para ser um bom colégio, atualmente, o ensino encontrado nele deve ser firmado em valores e princípios, de tal forma que esse ambiente e contexto permeiem todas as disciplinas. A sociedade está cansada de uma educação amorfa e permissiva. Existe um anseio pelos valores de uma tradição bem firmada que dê aos alunos igual ênfase à modernidade e à visão do futuro. Não podemos simplesmente educar para o presente (e muito menos para o passado). Os colégios precisam equipar os alunos para que enfrentem os desafios do futuro com pleno conhecimento e habilidades que se enquadrem na época em que viverão, a qual ainda não foi atravessada. Em um bom colégio, portanto, tanto a escola como as professoras e professores têm que ser um pouco visionários. Não podem ser refratários a métodos contemporâneos ou à ampla utilização da informática. Devem dominar e equipar seus alunos a controlar o fluxo desmedido de informação no qual estão submersos.

Na esfera moral, esse controle, obviamente, parte pela adoção de valores éticos, principalmente porque vivemos em uma era onde é incentivada a sexualidade precoce e onde se jogam as crianças e adolescentes em interações para as quais não possuem ainda a necessária maturidade. Em vez de policiamento ostensivo, o colégio deve promover, sobretudo, o desenvolvimento do autocontrole, considerando que as portas de acesso de ideias destrutivas e contaminadoras do progresso pessoal e de uma vida responsável, estão escancaradas no lar, na rua e na escola. Perdemos o progresso suave que ia da inocência à maturidade responsável e temos de resgatar esses estágios, possibilitando que crianças sejam crianças e não adultos prematuros, maldosos e cheios de segundas intenções, sob a cobertura de uma falsa e enganosa "liberdade de expressão". Programas governamentais que incentivam promiscuidade, sob a falsa capa de transmissão de informações sexuais, devem ser veemente resistidos e denunciados.

A escola que se rende à dissolução moral, adotando a linguagem e métodos rasteiros da sociedade, com o argumento de que é assim mesmo e não se consegue mudar, assume a falência do sistema educacional e se entrega à derrota, como educadores. Os educadores devem se empenhar a fundo em uma reorientação da forma de educar e no fornecimento de ferramentas comportamentais e de controles aos jovens colocados sob seus cuidados. Isso não é possível sem âncoras metafísicas de valores e princípios; sem um fio de prumo que mostre se o edifício que se pretende erguer caminha para o desastre final, por terem sido utilizados materiais duvidosos, construção inadequada e métodos falhos.

Existem grandes desafios para o bom professor e algumas mudanças, com relação a posturas do passado. Já está sedimentado que o professor discursivo não é eficiente, mas demos uma guinada demasiada encorajando professores passivos. A autonomia desmedida nas salas de aula, a quebra da autoridade do professor, a falta de respaldo ao respeito devido nas salas de aula, são elementos prejudiciais a uma boa educação e à dignidade da profissão. O grande desafio é o professor ser produtivamente interativo, metodologicamente atualizado, informaticamente alfabetizado e que faça parte de uma escola que tenha filosofias e valores definidos, os quais abrace e defenda e com os quais comungue.

É lógico que somente os valores e princípios cristãos preencherão a lacuna existente na educação básica do Brasil, apontada na entrevista acima. A análise do nosso contexto demonstra uma situação desencorajadora, que traz desânimo. Educadores cristãos não podem "jogar a toalha", mas devem enxergar a amplitude das oportunidades para as suas carreiras e para escolas cristãs, verdadeiramente comprometidas. Tanto as escolas como esses educadores possuem intensa possibilidade de transformar vidas e de ajustar os aspectos culturais que necessitam ser modificados.

O CENÁRIO - CAPÍTULO 20

A CONTROVÉRSIA SOBRE O ENSINO DO CRIACIONISMO NAS ESCOLAS.

O cristianismo histórico sempre foi criacionista: acredita na revelação bíblica, que nos fala de um Deus Soberano que tudo criou pela palavra do seu poder. Cristãos diferem nos detalhes, no "como", na idade do universo, e em outras considerações relacionadas com a origem do universo, mas aqueles que fielmente aceitam a Bíblia encontram na teoria da evolução uma pobre explicação e um substituto inadequado ao relato histórico das Escrituras. Os cristãos sabem que precisam estudar a teoria da evolução, pois é massivamente aceita nos círculos acadêmicos. No entanto o estudo não deve significar aceitação acrítica, nem deve cruzar o grande fosso que separa uma teoria de fatos. A comunidade acadêmica, por sua vez, tem pouca ou nenhuma tolerância com o contraditório nessa questão e ataca impiedosamente qualquer tentativa de apresentação do criacionismo em um ambiente escolar.

No final da primeira década deste novo milênio a controvérsia desaguou no Brasil. No Rio de Janeiro, em 2007, algumas tentativas foram feitas de apresentar o criacionismo no Ensino Público, levantando grandes protestos. Em 2008 as baterias foram voltadas contra um Sistema de Ensino desenvolvido pelo Instituto Presbiteriano Mackenzie, principalmente por um dos principais jornais do país.¹ Reportagens foram publicadas, e o assunto chegou às páginas de outros jornais, e gerou intensos debates em vários Blogs de renome nacional.² A controvérsia culminou com uma série de quatro reportagens realizadas e transmitidas pela Rede Globo, com base em gravações feitas nos Estados Unidos e no Mackenzie, em São Paulo.³ Um pronunciamento contundente, contra o ensino do criacionismo, foi emitido pela Profa. Roseli Fischmann, cuja posição de intolerância foi totalmente destroçada pela argumentação do jornalista Reinaldo Azevedo, em seu Blog.⁴ Possivelmente um ponto marcante dessa controvérsia, foi um artigo publicado na Revista VEJA, denominado "Lembra-te de Darwin", atacando o criacionismo, rotulando-o de "retrocesso".⁵

Nesse contexto apresentei as seguintes respostas a perguntas formuladas por uma jornalista. A matéria, na íntegra, foi publicada em um jornal denominacional.⁶ Transcrevo as perguntas e repostas, pois creio que auxilia na compreensão do contexto adverso no qual educadores cristãos laboram e procuram desempenhar sua missão. Em adição, esse tema serve de transição à nossa próxima seção, na qual examinamos o contraste e a alternativa da Educação Escolar Cristã.

Pergunta (P): É sabido que uma aula de ciências é uma aula de ciências e que aula de religião é aula de religião. Mas, na prática, principalmente nas escolas confessionais, as duas «matérias» parecem apontar para uma única direção, que é a do criacionismo. Em se tratando de uma sociedade democrática, não seria mais correto

---

1 O jornalista Marcelo Leite, da Folha de São Paulo, entrevistou em novembro de 2008 o chanceler da Universidade Mackenzie, e outros pedagogos da instituição. A reportagem foi publicada na edição de 30.11.2008, seguindo a tônica usual de distorcer e ridicularizar quem discordar das premissas do evolucionismo.
2 O jornal O Estado de São Paulo, publicou uma reportagem inicial, sobre o tema, no caderno Educação, em 08.12.2008.
3 Os quatro segmentos de uma hora, cada, foram transmitidos em fevereiro de 2009, pelo canal fechado da Globo News.
4 O pronunciamento da Profa. Roseli Fischmann, foi publicado pelo jornal O Estado de São Paulo, em 14.12.2008 (Pg. J3). A resposta do Reinaldo Azevedo encontra-se em http://veja.abril.com.br/blog/reinaldo/geral/debatendo-com-roseli/, acessado em 08/09/2012.
5 Revista VEJA, No. 2098, 31.01.2009. O autor, jornalista André Petry, é muito conhecido por suas posições beligeradamente antievangélicas.
6 Jornal Brasil Presbiteriano, Janeiro de 2009.

apresentar as duas teorias (criacionismo e evolucionismo) e deixar que, com base na fé e na razão, os alunos escolham qual delas lhes parece mais convincente?

Resposta (R): É exatamente essa perspectiva ampla, de que existem alternativas de pensamento, que se procura oferecer com o ensino do criacionismo. Há mais de um século que o evolucionismo tem sido apresentado de forma monolítica, não apenas como uma teoria, mas como fato comprovado. Sob o suposto manto de "ciência objetiva", a academia tem impedido que se mostrem as alternativas interpretativas aos achados da Ciência. Na aula de religião, em uma escola cristã, ensina-se sobre Deus, sobre seus feitos, sobre as implicações de sua existência na vida pessoal, no caráter, no convívio, nas ações. Nas demais matérias, e não é só em Ciências, uma escola Cristã deveria partir do pressuposto de que Deus existe. Essa é uma realidade básica que não deve ser sonegada aos alunos, pois partindo dela eles estão sendo realmente educados e não enganados em uma falsa realidade.

Semelhantemente, a "escola secular" não é "neutra". Ela parte, sim, do pressuposto naturalista de que Deus não existe, ou de que ele é irrelevante ao que está sendo ensinado. A partir disso ela constrói a sua cosmovisão, na qual o homem reina supremo e Deus é o grande ausente. O Deus compartimentalizado à aula de religião, não é o Deus da Bíblia, que interage com a criação.

Isso não significa que se ensine religião, na aula de ciência. A ciência explora a natureza, atesta e é construída em cima de regularidades físicas e químicas, chamadas de "leis", de um universo harmônico que procede de Deus. Estudar ciência nesse contexto faz muita diferença positiva. Os alunos esperam regularidade, não se surpreendem ou se intrigam com ela. Aprendem, também, a separar os fenômenos repetíveis e verificáveis em laboratório, das ilações filosóficas e meramente interpretativas relacionadas com a origem da matéria, dos seres vivos e da própria humanidade. Por último, as escolas confessionais, ensinam, sim, o evolucionismo, com o qualificativo que é a teoria mais aceita no mundo científico e preparam seus alunos adequadamente para estarem versados sobre ela, ainda que com o qualificativo de que não confundam teoria com fatos.

P: Evolucionistas e criacionistas concordam em alguma coisa? No quê?

R: Concordam. Os evolucionistas examinam as diversas espécies de seres vivos, incluindo o homem, e discernem algum paralelismo estrutural nelas. Chegam à conclusão de que descendem, portanto de um ancestral comum. Os criacionistas verificam que existe, sim, paralelismo estrutural em grande parte da criação. Conjugam isso com a verdade bíblica da existência de um Criador – ou seja, em vez de um ancestral comum, temos um Criador comum, com um plano mestre, que criou as espécies. Há concordância, portanto, na primeira parte da avaliação da natureza. É importante ressaltar que dentro do criacionismo existe uma diversidade de opiniões sobre o desenvolvimento e o tempo a partir da criação, mas o ponto comum é a crença no Deus Criador.

P: Qual a orientação das escolas presbiterianas com relação ao ensino do criacionismo e do evolucionismo?

R: O criacionismo faz parte da cosmovisão cristã. A existência do Deus Criador é substanciada na Palavra de Deus, faz parte dos documentos históricos doutrinários da Igreja Presbiteriana (seus "Símbolos de Fé"). Para serem coerentes, as escolas presbiterianas não deveriam se furtar ao ensino do criacionismo. Ao mesmo tempo, como já afirmamos, é necessário ensinar aos alunos o que diz a teoria da evolução, pois ela faz parte do sistema que nos cerca e no qual estamos inseridos.

P: Os evolucionistas defendem que o evolucionismo é derivado de uma teoria científica consagrada e amplamente comprovada em diversos setores da biologia e antropologia, que ele é um dos pilares das conquistas científicas modernas e que, por conta disto, deve ser ensinado nas escolas. Para eles o criacionismo não passa de uma hipótese, sem bases científicas que comprovem a sua teoria. O que o senhor tem a dizer sobre isso?

R: O evolucionismo está muito mais para filosofia, do que para ciência verdadeira. Achar que só essa ideia encontra abrigo legítimo em aula de ciência é um grande erro, especialmente nas últimas décadas, onde grandes descobertas da microbiologia apontam para falhas gritantes na teoria da evolução. Um grande número de cientistas tem abraçado a ideia do *Intelligent Design* (aportuguesado, no Brasil, para *design inteligente*).

O surpreendente é que vários desses cientistas não são cristãos; uma grande parte é até evolucionista em alguns pontos. No entanto têm enxergado que a teoria de Darwin tem lacunas e falhas enormes. Foi formulada, e permanece quase com a sua estrutura original, em época onda nem havia a instrumentação, nem as condições para o desenvolvimento da microbiologia. O olhar de Darwin era para as coisas externas; o olhar da ciência biológica das décadas passadas é para as estruturas internas. Elas se apresentam cada vez mais complexas do que se imaginava anteriormente e, ao mesmo, tempo, mais regulares na codificação que aponta para uma inteligência, em sua formação.

É incrível como alguns autores, supostamente científicos, como o jornalista Marcelo Leite (Folha de São Paulo, 30.12.2008, no Caderno +!) dizem, sobre o DNA, que "os primeiros seres vivos da Terra 'inventaram' essa maneira de transmitir características de uma geração a outra, há cerca de 4 bilhões de anos, e ela se perpetuou desde então"! Ou seja, para o evolucionista, é mais fácil acreditar nessa falácia, do que na existência de um Criador Inteligente. Persistir somente com o ensino do evolucionismo, cerrando os olhos, os ouvidos e a boca às outras evidências, é um grande erro, é deseducar.

P: O senhor acha que, um dia, essa discussão sobre "quem tem razão" a respeito da criação do mundo terá fim?

R: Para quem aceita a Palavra de Deus como escritura inspirada, proveniente do próprio Deus, através de autores humanos que foram preservados de erro, em seus registros, a questão já deveria estar resolvida. Deus criou, e ponto final. Para o homem natural, que não aceita a revelação de Deus, ele sempre estará a procura de explicações que excluam o próprio Deus da equação. Como ele teima em viver em metade da realidade, as suas equações sempre terão mais incógnitas do que sua capacidade de resolvê-las. Creio que a ciência irá descobrindo, mais e mais, evidências que dificultarão a ampla aceitação da evolução, como já é visto nos dias de hoje.

P: Qual o papel do educador cristão diante dessas teorias?

R: O educador cristão luta com muitas dificuldades. Uma delas é a carência de material didático. É exatamente isso o que está se procurando suprir com o Sistema Mackenzie de Ensino que tem sido desenvolvido, no Mackenzie, desde 2005. Em 2009, os livros atingirão já o 5º ano do ensino fundamental,[7] começando com a pré-escola (Maternal, Jardim I e Jardim II). O material de ciências é uma *"joint venture"* com a ACSI (Associação Internacional de Escolas Cristãs) que foi traduzido e adaptado para as condições brasileiras. Os demais livros e matérias, também refletem a realidade de Deus; partem da pressuposição da divindade e não escondem essa verdade das crianças; mostram a diferença entre os sexos, a partir da criação; defendem o valor da família, e vários outros pilares que hoje são execrados e contestados pela sociedade pagã. A outra dificuldade é a pressão para respeitabilidade social e corporativa. Eles são pressionados a aceitar a evolução, pois "todos pensam assim". É preciso coragem e a percepção de que abraçar o criacionismo, nada mais é do que levar a Bíblia a sério e aplicar as verdades da Palavra de Deus ao todo da nossa vida. Quando ele encontra uma escola que dá o respaldo institucional a essa postura, obtém uma possibilidade de trabalho consciente e de realização pessoal, educando no sentido real do termo.

---

7 Em 2012 o material do Sistema Mackenzie de Ensino para o 9º ano ficou pronto, completando o segmento do Fundamental 2. Projeta-se a conclusão dos livros para o Ensino Médio para 2015.

PARTE 2
O CONTRASTE
A ALTERNATIVA DA EDUCAÇÃO
ESCOLAR CRISTÃ

O CONTRASTE - CAPÍTULO 21

EDUCAÇÃO ESCOLAR CRISTÃ – O QUE É ISSO?

Se perguntarmos a um grupo qualquer de pessoas, "o que é Educação Cristã?" certamente obteremos as mais variadas respostas. Com efeito, o conceito de "Educação Cristã" não é algo claro e definido na mente da maioria. Mesmo os crentes, que teriam um interesse especial pelo assunto, possuem conceitos mal entendidos. O problema encontrado não é a ausência de opiniões, mas a multiplicidade de ideias errôneas sobre o tema, que fogem ao ideal bíblico da questão, ou talvez a confusão de termos que exigem definições mais precisas.

Temos três termos que precisam ser definidos: (1) Educação Secular, (2) Educação Religiosa e (3) Educação Cristã. **Educação Secular** é o sistema de educação desenvolvido com a ausência de Deus e de sua interação com a criação como premissa. É aquele que impera em nossas escolas, do qual temos tratado nos capítulos anteriores da primeira seção ("O Cenário"), que escudado em uma suposta auréola de "neutralidade", distorce a realidade, pois apresenta apenas uma visão horizontal de vida. Nele falta o transcendente; falta o contexto de propósito e o relacionamento entre o Criador, a criação e as criaturas.

Por **Educação Religiosa**, definimos a instrução específica, no campo cristão, sobre as doutrinas da Bíblia; sobre o caminho e plano da salvação; sobre os objetivos maiores de vida de cada pessoa e suas responsabilidades para com o Criador de tudo e de todos. Educação Religiosa seria o campo de atuação legítimo da esfera da igreja, e das diversas ferramentas empregadas por esta para atingir objetivos educacionais, como a Escola Dominical, aulas de doutrina, evangelismo, etc. Ocorre que essa área é, muitas vezes, chamada de Educação Cristã. Congressos de Educação Cristã tratam, em sua maioria, de preparar e equipar professores para a Escola Dominical. Mestrados de Educação Cristã são, via de regra, oferecidos por seminários, para preparar pessoas para *instrução religiosa*. Nesse sentido, o termo mais adequado, para essa esfera do ensino seria Educação Religiosa, e não Educação Cristã.

O termo **Educação Cristã** poderia ficar restrito à designação da instrução, em todas as áreas de conhecimento, que é ministrada sob o reconhecimento do Deus Criador e daquilo que nos é revelado em sua Palavra sobre os seus atributos e nossas pessoas. Assim ele é utilizado nos países de língua inglesa.[1] Assim tem sido utilizado também em nossa terra, mas sempre correndo o risco de confusão com o termo *Educação Religiosa*. Por essa razão, temos migrado para utilização do termo mais longo, mas mais claro e preciso: **Educação Escolar Cristã**. Esse último termo é o mais utilizado, neste livro.

No entanto, o mais importante é firmarmos a compreensão do conceito e das implicações dessa visão, no processo educacional. É necessário até uma avaliação criteriosa da nossa filosofia de vida, pois o futuro de nossa pessoa e dos nossos filhos pode estar em grande dependência da clareza de visão que tivermos sobre este tema e da proximidade que as nossas ideias estiverem das prescrições encontradas na Palavra de Deus.

O objetivo da Educação Escolar Cristã deve ser o de proporcionar à pessoa que está sendo educada, não apenas a obtenção de conhecimentos variados uns dos outros e da sua própria constituição física e moral, mas sim

---

1 *Christian Education*.

o de conceder o entendimento de uma visão integrada e coerente de vida, relacionada com o Criador e com os Seus propósitos. Quando examinamos o Salmo 19, encontramos nele esta "Visão Unificada de Vida".

Podemos dividir este Salmo em três partes:

1. A primeira é encontrada do versículo primeiro ao versículo seis. Nestes versos lemos sobre as maravilhas da criação desde a conhecida declaração que "Os céus anunciam ao mundo a glória de Deus" (v. 1) até aquelas que nos falam da harmonia reinante em uma natureza criada e formada por um Deus soberano e todo-poderoso.
2. A segunda parte é aquela compreendida pelos versículos sete a dez. O resultado da obra criativa de Deus é aqui entrelaçado com uma descrição da Sua lei. Lemos que esta lei "é perfeita" (v. 7), e que o homem é comandado a obedecê-la (v. 8), sendo não apenas uma obrigação de cada um, mas ela é proveitosa e útil aos que a seguem (v. 9 e 10). A criação é inteligível em maior profundidade e veracidade somente sob o prisma desta lei de Deus.
3. Nos versículos onze a quatorze, temos a terceira e última parte do Salmo, dando continuidade a exposição desta inter-relação de Deus, Sua criação, Sua ordem e Suas criaturas. Aqui são apresentadas considerações morais sobre o comportamento das pessoas. Nesta divisão vemos introduzidos os conceitos de "correção" (v. 11), "pecado" (vv. 12 e 13) e a obrigação que todas as pessoas têm de glorificar a Deus em tudo (v. 14).

Poderíamos agora perguntar: "Mas o que tem isto a ver com Educação Escolar Cristã?" Respondemos: é justamente essa visão unificada de vida proporcionada neste Salmo que procuramos atingir pela aplicação da Educação Escolar Cristã. Vejamos: (a) Em sua primeira parte o Salmo nos apresenta o domínio da natureza como sendo um direito de Deus, por causa de sua posição de Criador e Senhor de sua criação. Em Gênesis 1.28 (e outras passagens) este domínio é outorgado ao homem. Vemos então a necessidade de exercer tal domínio através de um conhecimento das leis que regem a criação. A aquisição deste conhecimento é, portanto, teologicamente legitimada na interpretação correta das Escrituras. (b) Estes conhecimentos, entretanto, não podem ser separados ou divorciados da lei de Deus, de sua vontade e propósitos para a humanidade. Eles devem ser ministrados e recebidos dentro de uma estrutura de pensamento que reflita as premissas e proposições bíblicas sobre a natureza do homem e o seu estado atual. Isto é o que lemos na segunda parte do Salmo. (c) Finalmente, na terceira e última parte vemos o reflexo de todas estas verdades na vida prática das pessoas, como servos de um Deus todo-poderoso. Ou seja, os fatos apreendidos, a forma como os relacionamos entre si e ao Criador, têm importantíssimos reflexos em nossa formação moral e em nosso comportamento como cidadãos.

Se conseguirmos verificar e aceitar a necessidade de possuirmos uma filosofia unificada de vida que apresente a visão bíblica sobre a absorção de conhecimentos e a aplicação destes em nossa existência, devemos ainda explorar com maior detalhamento certas definições e princípios que podem nos auxiliar a clarificar o nosso conceito de "Educação Escolar Cristã".

Poderíamos expandir o conceito de "Educação Escolar Cristã" como sendo o processo de comunicação de conhecimento e de treinamento dos dons naturais de uma pessoa que se baseia em **quatro realidades que destacamos**:

1. **O homem**[2] não é um ser neutro, nem um produto do meio, mas já nasce submerso em pecado, com a inclinação para o mal. Ele deve, portanto, ser submetido à correção e disciplina, na esperança de que venha a adquirir um comportamento correto e a reconhecer a Deus como o verdadeiro Criador e Soberano, e a Cristo como o único Salvador e Mediador entre Deus e os homens (Romanos 3.23; 3.10-18 e Eclesiastes 7.20).

   Este princípio básico da educação escolar cristã contraria toda a filosofia humanista que afirma a neutralidade, ou a bondade natural do homem e constrói toda sua filosofia de educação sobre premissa errônea. O resultado

---

2 Utilizamos o termo no seu sentido convencional e tradicional – genérico, obviamente abrangendo ambos os sexos: masculino e feminino.

obtido quando construímos sobre a base errada é a indisciplina, a irresponsabilidade e a imoralidade que vemos reinar em nossas salas de aula.

Esta situação é causada por gerações de crianças e adolescentes que foram simplesmente deixados às suas "inclinações naturais", sem direcionamento e sem a devida correção. Se cremos e aceitamos a Palavra de Deus, temos a responsabilidade de proclamar o princípio bíblico da depravação e pecaminosidade humana e de instituir uma filosofia de vida e de educação coerente com este principio.

Por mais bem estruturadas que possam parecer as diversas escolas de psicologia educacional que negam este princípio, nunca poderão fugir ao fato de que chegaram às suas conclusões através de um raciocínio dedutivo de observações diversas, sujeitas ao subjetivismo dos observadores. Isto contrasta com a visão reveladora e verdadeira que nos é dada pelo próprio Criador do ser humano, o Deus da Bíblia, sobre a parte psicológica e metafísica deste. Nos capítulos 1 e 2 de Romanos, a natureza pecaminosa e rebelde do homem é apresentada como uma triste realidade. Não podemos fugir, ignorar e, muito menos, distorcer essa realidade, apresentando conclusões que não podem ser substanciadas, como se postula nas teorias seculares de educação.

2. Deus criou as pessoas para servi-lo. Cada uma deveria ser encaminhada desde os primeiros passos com este propósito, dentro dos seus talentos naturais, adquirindo cada vez mais uma conscientização de sua finalidade de servir a Deus na terra, qualquer que seja o campo de trabalho ou ocupação em que venha a operar (Romanos 11.36; 1 Coríntios 10.31; Colossenses 1.17,18).

Em contradição a isto, a filosofia secular retira das pessoas a sua principal finalidade e as coloca como centro de todas as próprias ações e como se fossem o propósito último em si. As pessoas tornam-se alienadas e destituídas de um objetivo maior em suas vidas, cada uma buscando apenas a sua própria felicidade fora do contexto de glorificação do Criador.

3. **O Homem é um ser religioso e o conhecimento por ele adquirido sempre será interpretado e recebido dentro deste contexto religioso.** O conhecimento, para ser legítimo deve, portanto, proceder do ponto de vista bíblico, fornecendo assim, às pessoas, uma visão integrada e correta da vida e da criação (Provérbios 1.7; 15.33; Romanos 2.15).

O pensamento secular trata a questão religiosa como se fosse um campo "opcional" às pessoas, como se elas não tivessem esta inclinação "religiosa" natural que serve de pano de fundo para a interpretação de tudo aquilo que aprende. Desconhecendo este fato, e postulando esta falsa "neutralidade" das pessoas, o pensamento secular não relaciona a "sabedoria" com o "temor do Senhor". Essa premissa, de que existe ausência de religiosidade, ou de confessionalidade, para utilizar um termo mais contemporâneo, concorre para impedir a compreensão correta (e a integração) dos fatos comunicados durante o processo educacional.

4. **Todo ensinamento secular traz em si, em maior ou menor grau, filosofias anticristãs que direcionam o homem contra Deus** (Provérbios 14.7; 16.22 e Judas 10).

Esta realidade complementa o raciocínio exposto no ponto anterior, sendo uma consequência lógica deste: se o homem é um ser religioso por natureza e se esta religiosidade influencia a sua interpretação dos fatos recebidos, certamente a mesma religiosidade influenciará a sua transmissão de fatos. Isso significa que a apresentação das diferentes disciplinas é filosoficamente influenciada. Isso pôde ser observado, quando examinamos a questão dos livros didáticos e textos elaborados por educadores seculares, verificando as distorções intrínsecas neles contidas, nos capítulos 17 e 18 da primeira seção ("O Cenário").

Longe de estar descansando, Satanás tem se ocupado em colorir com religiosidade falsa dados e fatos supostamente "objetivos" que nos são transmitidos pelas escolas seculares, e, infelizmente, por uma grande parte de escolas nominalmente evangélicas que ainda não possuem o conceito adequado do que seja a Educação Escolar Cristã.

A Educação Escolar Cristã verdadeira, dentro desta definição, não é aquela que simplesmente **insere** a Bíblia no currículo, mas, sim, a que **reestuda** todas as disciplinas, apresentando-as biblicamente, como procedendo do Deus soberano. A Educação Escolar Cristã mostrará o entrelaçamento destas disciplinas entre si, evidenciará a harmonia reinante em um universo criado por Deus e apresentará os propósitos de Deus na história. Ela é, ao mesmo tempo, holística, mas, por natureza, interdisciplinar e transversal, elucidando a complexidade do universo.

De uma forma generalizada, todo educador reconhecerá a necessidade de integração na educação e representará as diferentes disciplinas como fatias que compõem uma única torta, ou pizza. Obviamente, as divisões curriculares ou matérias aqui mostradas, são meramente ilustrativas:

Uma grande parte de escolas evangélicas chega a apresentar a seguinte versão desta "torta da educação":

Acreditamos, contudo que a simples inserção da Bíblia como uma das matérias, ou até outras tentativas semelhantes de mera "cristianização" da secularização reinante em escolas ditas "evangélicas", não é suficiente para nos conceder a verdadeira Educação Escolar Cristã. Ao contrário dos dois diagramas anteriores, poderia ser representada pela ilustração seguinte.

```
          ciências
          naturais
ciências    Bíblia    ciências
 sociais              exatas
        comunicação
```

No entanto, a Bíblia não é para ser simplesmente inserida separadamente no currículo, mas ela é central ao processo de ensino e aprendizado. Ela age como elemento purificador e de integração entre todas as áreas de conhecimento. Ela serve de alicerce e prumo, para que possamos compreender o universo que nos cerca. Ela é um lembrete constante de que não podemos ter um processo educacional íntegro se sonegarmos a verdade da existência do Deus Soberano do Universo, e da comunicação que a divindade estabeleceu com a criação – pela natureza, pela Palavra Escriturada (a Bíblia), pelo Pai, pelo Filho e pelo Espírito.

A Quem Pertence a Responsabilidade de Educar? Tendo verificado o conceito de Educação Escolar Cristã, necessitamos examinar a questão das responsabilidades e divisão de funções, na difícil tarefa de educar. Essa responsabilidade é tripla: é dos pais, da escola e dos professores.

1. A Responsabilidade dos Pais – A Bíblia apresenta a responsabilidade de educar como uma determinação primordial aos pais. Não existem dúvidas a este respeito, basta verificarmos as seguintes passagens bíblicas:

- 1 Timóteo 5.8 – *"Ora, se alguém não tem cuidado dos seus e especialmente dos de sua própria casa, tem negado a fé, e é pior do que o descrente"*. Este verso mostra a responsabilidade dos chefes de família para com os seus, em todos os aspectos, envolvendo, certamente, a responsabilidade de educar e instruir os seus filhos.

- Provérbios 22.6 – *"Ensina a criança no caminho em que deve andar, e ainda quando for velho não se desviará dele"*. Este é um versículo certamente dado aos pais. Frequentemente é interpretado como uma admoestação à instrução religiosa, mas, como já observamos, a instrução verdadeira não cobre apenas o aspecto especificamente "religioso", mas deve abranger o ensino pertinente a todas as áreas da vida.

- Efésios 6.4 – *"E vós, pais,... criai os [vossos filhos] na disciplina e na admoestação do Senhor"*. Isto é, aprendendo a ver a Deus e a respeitá-lo em todas as áreas de sua vida, em tudo que possa vir a aprender. Mais uma vez, a responsabilidade da criação e da instrução é particularizada aos pais.

- Deuteronômio 6.6 e 7 – *"Estas palavras, que hoje te ordeno, estarão no teu coração; tu as inculcarás a teus filhos, e delas falarás assentado em tua casa, e andando pelo caminho, e ao deitar-te e ao levantar-te"*. Aqui temos o princípio didático da repetição, para eficácia na assimilação (retratado ainda nos versículos 8 e 9). Os pais tinham a responsabilidade de educar os filhos eficazmente no temor do Senhor. No versículo 2 deste trecho, vemos que o conteúdo a ser ensinado aos filhos, era os mandamentos detalhados do Senhor, nos quais o relacionamento destes com as tarefas da vida diária de cada um eram delineados. Assim fazendo, as suas vidas seriam prolongadas e abençoadas à medida que os Estatutos do Senhor fossem nelas observados e refletidos nas vidas dos filhos.

- Salmo 78.1 a 4 – Nesta conhecida passagem, nós vemos a responsabilidade da transmissão das verdades divinas de pai para filho ordenada por Deus. Todo o Salmo é bem explícito no que diz respeito ao conteúdo a ser transmitido, demonstrando que a tarefa dos pais no sentido de educar não diz respeito somente à comunicação de princípios teológicos, aquilo que comumente chamamos de "educação religiosa". No caso aqui apresentado, vemos uma exposição da mão de Deus na história, efetivando os seus propósitos e desígnios, em todas as esferas da vida. Este tipo de relacionamento, próprio da Educação Escolar Cristã, isto é, a apresentação dos fatos históricos ou científicos como obra de Deus, também está colocado sob a área de responsabilidade dos pais.

Temos assim explicado este dever principal dos pais. A negligência nesta determinação divina pode causar o descaso na execução desta responsabilidade. A criança necessita da segurança e do amparo oferecido pelo lar e pela família. É ali que o amor genuíno deve ser experimentado, acompanhando passo a passo a maturação intelectual das crianças. O amor aliado à formação integral da criança é um relacionamento humano insubstituível entre pais e filhos. Nessa tarefa de educar, os pais procuram encorajar, enquanto ensinam; demonstram o resultado dos esforços de cada criança, definem limites, obrigações e privilégios, enfatizam o respeito às demais pessoas – superiores, pares e inferiores, seguindo em todos esses aspectos, com sabedoria, as abundantes diretrizes bíblicas do relacionamento interpessoal determinado por e que agrada a Deus. Todos esses aspectos podem e devem ser emulados pela escola e pelos educadores, sem a pretensão de substituição da autoridade paternal.

2. O Papel da Escola – O fato da responsabilidade de educar pertencer aos pais não significa que estes não possam se organizar para o cumprimento desta tarefa. A formação de instituições e a busca do devido auxílio é uma procura legítima. Isto lhes possibilitará não apenas imprimir o melhor direcionamento, mas também obter o melhor conteúdo e as formas mais eficazes de transmissão de conhecimentos. Na realidade, por causa da complexidade da vida moderna e da multiplicação das disciplinas a serem ministradas, os pais precisam de bastante ajuda e organização. Antigamente a sociedade agrária, que era mais limitada e restrita, possibilitava que os pais ensinassem aos filhos as próprias profissões que haveriam de seguir. Naquela época não era incomum a existência de várias gerações dedicadas ao mesmo tipo de atividades. Esta situação já não mais existe; as condições de trabalho e da vida em sociedade mudaram bastante. Neste contexto a educação escolar cristã adquire uma importância toda especial, ministrada por uma instituição alinhada com os propósitos divinos, empregada como uma ferramenta, pelos pais, na difícil tarefa de educar.

Em um sentido específico, a Escola Cristã deve ser considerada uma extensão do lar cristão. Ela deve estar sempre consciente de que a justificativa para a sua existência é o mandato concedido pelos pais. Os pais e a escola, juntos, trabalham com um só propósito, que é o de conceder à criança a possibilidade de atingir a maturidade cultural e espiritual. Isto capacitará as pessoas a entrarem numa vida de adoração e serviço ao Deus soberano, com humildade e fé, destacando-se como bons especialistas e cidadãos nas atividades para as quais demonstraram talentos naturais e nas quais receberam o melhor treinamento. Neste sentido ela tem de ser devidamente equipada e contar com o pessoal mais qualificado possível.

3. O Papel do Professor Cristão – As considerações acima nos trazem até ao professor cristão. O professor, ou a professora:

a. Certamente deve ser uma pessoa que reúna qualificações profissionais e acadêmicas, de tal forma que possa ser um testemunho vivo de que aquilo que é de melhor qualidade deve ser colocado a serviço do Senhor.

b. Deve ser uma pessoa comprometida a viver uma vida de serviço fiel para Deus, em Cristo, e de dedicação ao homem por amor a Deus.

c. Deve possuir equilíbrio e integração em todas as áreas de sua personalidade para que possa transmitir segurança aos jovens.

d. Deve estar bem consciente de que a sua tarefa lhe foi comissionada pelos pais. O professor não é um substituto destes, nem como centro de afeições, nem como formulador das diretrizes. Deve se considerar um auxiliador dos pais, tendo como missão orientar a aquisição de conhecimentos e o treinamento dos talentos naturais de seus alunos, fortalecendo a família, sob o temor do Senhor.

e. Deverá, por último, conhecer o significado verdadeiro do que é a Educação Escolar Cristã; os seus preceitos e as suas bases, devendo formular os seus ensinamentos dentro da estrutura que definimos nas páginas precedentes.

Poderíamos dizer, na realidade, que o professor cristão é a chave do sucesso da Escola Cristã, bem como o seu requisito principal. Sem ele de nada adiantará a correta orientação filosófica, pois esta não conseguirá ser transmitida adequadamente aos alunos. Como uma peça chave, será também a de mais difícil aquisição e formação. Durante anos o professor cristão tem recebido o treinamento severo e continuo das instituições seculares e bebido todas as filosofias anti-Deus que estão sorrateiramente camufladas em materiais didáticos pseudo-objetivos.

Poderíamos dizer que o primeiro passo no estabelecimento de uma escola verdadeiramente cristã, seria o de recrutar professores qualificados e dedicados, dentro do campo evangélico, e efetivar com estes um longo período de treinamento filosófico cristão. Ao fim deste treinamento uma seleção deve ser efetivada, com o aproveitamento dos que compreendam as bases corretas do trabalho a ser desenvolvido. Não deverá constituir nenhuma surpresa se, ao final de tal programa, esbarrarmos com uma ou mais pessoas que não conseguem traduzir a sua fé e dedicação cristã, por mais piedosas que sejam, em princípios que orientem a tarefa diária que as espera. Todos nós, cristãos, temos sido induzidos, uns de forma mais direta do que outros, a realizar as nossas atividades de forma errônea, como se elas subsistissem em compartimentos estanques, isoladas umas das outras. Assim procedendo, inibimos a influência prática e filosófica do evangelho em nossas atividades diárias, consideradas como "seculares". Os professores não se constituem exceção a esta regra. Como já mencionamos, eles também foram exercitados por Satanás, em sua filosofia (utilizamos aqui o termo "exercitar" conforme empregado em 2 Pedro 2.14 – no original a palavra grega é *"gymnazo"*, de onde extraímos o nosso vocábulo "ginásio", de exercícios ou de esportes). Diante disso, o professor cristão, de modo geral, necessita hoje ser treinado e exercitado pela orientação da Palavra da Verdade.

Será que podemos avaliar agora a importância do tema da Educação Escolar Cristã? Algumas perguntas pertinentes podem nos ajudar:

1. Existe em nosso círculo de conhecimentos uma escola verdadeiramente cristã? Não estamos falando daquela que "mistura" a Bíblia com o restante das disciplinas, nem tão pouco daquela que possui uma "hora devocio-

nal". Nem aquela que foi fundada por alguma denominação conhecida e que hoje não possui grande diferença de qualquer escola secular. Também não devemos pensar naquela que funciona até nas dependências de uma determinada igreja, e cuja filosofia cristã de ensino se resume em iniciar as aulas com uma oração. Muito menos falamos daquelas que, intitulando-se "evangélicas", ou levando até o nome de qualquer personalidade importante na história do cristianismo, empregam professores que não têm a mínima consideração com o que está sendo camufladamente ministrado nas entrelinhas das lições diárias. Não estamos falando até daquelas que se regem por valores e princípios biblicamente éticos e necessários – mas cuja visão cristã não chega até as salas de aula. Certamente poderemos encontrar muito poucas escolas que se enquadram nos princípios reais da Educação Escolar Cristã. Esta escassez evidente demonstra a importância do tema.

2. Será que temos escolas acessíveis que demonstrem excelência acadêmica? Neste ponto certamente poderíamos citar algumas que, desconsiderando-se a questão filosófica, poderiam ser classificadas como de bom, ou até de excelente nível. Mas, necessitamos de melhores escolas cristãs neste sentido também. Uma escola que viva pelos princípios da Bíblia certamente apresentará esta excelência acadêmica como um subproduto de sua dedicação a Deus, de sua confessionalidade.

3. Será que nós pais estamos assumindo o nosso papel e a nossa responsabilidade conforme a Bíblia nos determina? Ou será que estamos considerando os nossos filhos "bem" situados nas escolas seculares, comodamente abdicando de nossas responsabilidades? Será que estamos considerando a "cristianização" que nossos filhos recebem aos domingos como suficiente para a sua formação moral, religiosa e de cidadãos responsáveis? Se acharmos que não, estamos cônscios da importância e necessidade de estudarmos com mais profundidade esse tema, da Educação Escolar Cristã?

A Educação Escolar Cristã a Nível Universitário – Se na educação básica as bases são lançadas, é na educação superior que: (a) os elos existentes entre as diversas áreas de conhecimento são aclarados, (b) a coerência filosófica entre a nossa fé e as demandas da nossa vida prática é constatada e (c) uma visão integrada da vida, como a temos no Salmo 19, é estabelecida. Na universidade nos é concedida a oportunidade de tornar mais real a proposição do Salmo 24.1 – *"Ao Senhor pertence a terra e tudo o que nela se contém, o mundo e os que nele habitam"*. O curso universitário, ministrado do ponto de vista bíblico, levará o estudante a afirmar, como em Eclesiastes 12.13 – *"De tudo o que se tem ouvido, a suma é: Teme a Deus, e guarda os seus mandamentos; porque isto é o dever de todo o homem"*.

Os grandes expoentes na história da Igreja Cristã sempre deram a máxima importância à educação superior. Agostinho escreveu *De Doctrina Christiana*, um tratado sobre educação, sua importância e seus métodos. Lutero disse:

> ... certamente não aconselho a ninguém a enviar os seus filhos para estas escolas onde as Sagradas Escrituras não reinam. Qualquer um que não se ocupe incessantemente com a Palavra de Deus, certamente se tornará corrupto; consequentemente, devemos estar sempre vigiando o que acontecerá com as pessoas que estão nas instituições de ensino superior... Temo que estas instituições de ensino são portas abertas para o inferno, se não ensinarem diligentemente as Sagradas Escrituras e as colocarem nas mentes dos jovens.[3]

Calvino teve como seu trabalho principal a sistematização dos princípios bíblicos e cristãos em uma filosofia coerente de vida. Ele também fundou, em Genebra, uma "Academia Cristã", instituição de educação superior, seguindo os moldes e as diretrizes bíblicas.

Abraham Kuyper, estadista e teólogo holandês do século passado, ao fundar a Universidade Livre de Amsterdam, baseou o seu discurso inaugural em Isaías 48.11 –

---

3 Citado por Ewald M. Plass, em *What Luther Says* (St. Louis, Missouri: Concordia Publishing House, 1959).

O CONTRASTE | *Educação Escolar Cristã — o que é isso?*

"A minha glória não a dou a outrem", indicando que quando nos omitimos na esfera educacional, deixando que Satanás proclame as suas filosofias, abertamente e sem contestação, enquanto passiva e retraidamente assistimos aos seus avanços em todas as esferas, estamos fazendo exatamente o que Deus expressa não permitir: estamos deixando que a sua glória seja dada a outrem! No entendimento de Kuyper o ensino que abstrai Deus não possuía integridade possível, pois Deus está presente em toda a vida. Ele escreveu:

> Deus está presente em **toda vida** com a influência do seu poder onipresente e Todo-poderoso. Nenhuma esfera da vida humana é concebida na qual a religião sustente suas exigências para que Deus seja louvado, para que as ordenanças de Deus sejam observadas, e que todo *labora* seja impregnado com sua *ora* em fervente e contínua oração. Onde quer que o homem possa estar, tudo quanto possa fazer, em tudo que possa aplicar sua mão – na agricultura, no comércio, na indústria –, ou sua mente no mundo da arte e ciência, ele está, seja no que for, constantemente posicionado diante da face do seu Deus, está empregado no serviço do seu Deus, deve obedecer estritamente seu Deus e, acima de tudo, deve objetivar a glória de seu Deus.[4]

Kuyper indica que a compreensão teológica da soberania de Deus é o que dá coerência à nossa compreensão do universo. Vejam esses destaques, em sua argumentação:

- O amor à ciência, ... que objetiva uma visão unitária de conhecimento de todo o cosmo, é eficazmente assegurado pela nossa crença calvinista, na pré-ordenação de Deus.
- A crença nos decretos de Deus significa que a existência e o curso de todas as coisas, isto é, de todo o cosmo, em vez de ser uma frívola sequência do capricho e da chance, obedece à lei e à ordem. Existe uma firme vontade que executa os desígnios tanto na natureza, como na história.

---

4 Abraham Kuyper, *Calvinismo* (São Paulo: Cultura Cristã, 2002), 62.

- Somos forçados a confessar que existe estabilidade e regularidade regendo todas as coisas... O universo, em vez de ser um amontoado de pedras - ajuntadas aleatoriamente - apresenta-se às nossas mentes como um monumental edifício erguido num estilo coerentemente austero.
- ...sem esta visão, não há interconexão, desenvolvimento, continuidade. Temos uma crônica, mas não história.[5]

Para Agostinho, Lutero, Calvino, Kuyper e tantos outros reformadores, a tarefa de avançar com a educação, de forma generalizada, até aos níveis mais superiores, era um simples **ato de obediência ao Senhor**!

A universidade cristã deveria ser a antítese da universidade secular. Na realidade, a universidade secular é assim impropriamente designada, pois ela se constitui em uma **diversidade**, em vez de em uma **universidade**. Isto é, encontramos diversificação, incoerência, visão dissociada das coisas, inversão de valores, e assim por diante. A norma é a "cola" ao invés dos princípios de honestidade. Os líderes estudantis não são aqueles que mais se destacam do ponto de vista acadêmico, mas, pelo contrário, justamente aqueles que dedicam o menor tempo possível à procura do conhecimento.

O paradoxo, é que a universidade secular não preenche a sua finalidade, não atende as necessidades e nem fornece as respostas às pessoas. O homem moderno perdeu sua confiança e segurança. Ele não confia na sociedade e no seu desenvolvimento; é desprovido do seu relacionamento com o passado. Está solitário e vaga no escuro, resignado ao fato de que ninguém pode justificar a vida, que um padrão válido não pode ser localizado em lugar nenhum e que é vã a procura por um significado em sua existência. É Cristo que dá coerência à vida e a universidade verdadeiramente cristã há de tê-lo como centro das respostas que dará às indagações de todos. Os princípios básicos da Educação Escolar Cristã não somente podem como devem ser extrapolados ao nível universitário, uma área que tem sido praticamente abandonada ao domínio da academia inconsequente às questões últimas da vida, e onde, em muitos sentidos, impera o mal.

---

5 Kuyper, *Op. Cit.*, 68 e 69

Provérbios 8 e 9 nos dá uma magnífica exposição dos diferentes aspectos da "sabedoria". Entre outras coisas, lemos ali que o mundo foi criado por ela (8.22-31); que o homem é parte dela (8.31); que ela intervém entre Deus e o homem (8.32-35); que o amor à sabedoria é o amor à vida (8.36); e que ela é a base da lei, da ordem, da paz, da prosperidade e da vida (8.13-21). No Novo Testamento, em várias passagens (Lucas 7.34,35; João 1.1-17; 8.58; 1 Coríntios 1.24,30; Romanos 16.27; Colossenses 2.3), a sabedoria é personificada em Cristo, o único mediador entre Deus e os Homens; Deus manifesto em carne, à nossa semelhança. Sabemos que a **sabedoria** não significa mero conhecimento, mas sim a **aplicação** correta do conhecimento adquirido. Somente instituições cristãs de ensino, comprometidas com a apresentação dos princípios bíblicos de forma integral, praticando a Educação Escolar Cristã poderão educar os nossos jovens corretamente. Somente tais instituições centralizadas em Cristo poderão objetivar que seus alunos apliquem sabiamente os conhecimentos adquiridos, servindo a Deus em qualquer área profissional que venham a ser colocados.

Nossa oração é a de que possamos examinar as nossas responsabilidades como cristãos e fazer muito mais do que temos feito no sentido de promover o estabelecimento e a disseminação da verdadeira Educação Escolar Cristã.

O CONTRASTE – CAPÍTULO 22

A COSMOVISÃO BÍBLICA FAZ DIFERENÇA NA MINHA COMPREENSÃO DO PROCESSO EDUCACIONAL?

OBSERVANDO O MUNDO A PARTIR DO PONTO DE VISTA DE DEUS.

O conceito e importância de uma cosmovisão. Você vai ouvir cada vez mais a palavra *cosmovisão*. Apesar de não fazer parte de nosso vocabulário diário, ela sempre foi muito usada nos meios teológicos e filosóficos e é imprescindível que qualquer pessoa que tenha o mínimo interesse em educação, principalmente na educação escolar cristã, chegue à compreensão do que a palavra representa. É um pássaro? É um avião? É um bicho exótico - e será que ele morde?

Simplificadamente, cosmovisão é a compreensão que uma pessoa tem do mundo, do universo que a cerca, da vida. O alemão expressa esse conceito com a palavra *weltanschauung*. O inglês, como *worldview*, ou com a combinação: *world and life view*. O significado, principalmente no alemão, abrange mais do que simplesmente a visão do universo físico. É nesse sentido que a devemos utilizar. Para o cristão uma cosmovisão cristã vai expressar dois pontos fundamentais:

1. Abriga o entendimento do universo como criação de Deus.
2. Aborda a todas as esferas de conhecimento, possíveis de estarem presentes na humanidade, como procedentes do Deus único e verdadeiro, Senhor do universo.

O universo e o conhecimento dele possíveis de nossa pesquisa e apreensão, nessa visão, são adequadamente compreendidos quando centralizados na comunicação recebida na pessoa de Cristo *"...no qual estão escondidos todos os tesouros da sabedoria e do conhecimento"* (Colossenses 2.3).

No início deste capítulo expressei que você vai ouvir cada vez mais esta palavra – **cosmovisão**, porque está em andamento uma movimentação muito intensa, no meio evangélico, para estabelecimento de escolas evangélicas, que ensinem todas as matérias a partir da perspectiva cristã da vida. Para que isso ocorra há a necessidade de que se ensine e se dissemine uma *cosmovisão cristã*. A fé cristã deixa de ser uma "questão religiosa" para o domingo, mas volta a assumir o seu posto original, e que havia sido resgatado pela reforma do século 16 – mola mestre do nosso caminhar; ponto central do entendimento do mundo que nos cerca, elemento não somente de redenção, mas de compreensão e entendimento.

O curioso, é que esse movimento recente por escolas cristãs, tem características interdenominacionais. A fé reformada sempre enfatizou a questão da cosmovisão cristã – a compreensão de tudo a partir da premissa da Soberania do Deus Criador e o direcionamento último de todas as coisas para a glória dele (*Soli Deo Gloria*). Agora, esse tesouro está sendo procurado por segmentos que até pouco tempo rejeitavam qualquer coisa que tivesse o mais remoto relacionamento com a fé reformada e com o calvinismo. O que pregadores e autores, durante anos, não conseguiram, Deus, em sua soberania, está realizando – com a absorção, pela necessidade das escolas e educadores, dos conceitos transmitidos na ideia de uma cosmovisão cristã.

Nesse sentido, Deus tem sido pregado como soberano real do universo em comunidades que normalmente se classificariam teologicamente como *arminianas*. Escolas de igrejas que "fogem" da teologia reformada, não piscam quando livros tais como: *Calvinismo* (de Abraham Kuyper)[1] e *E Agora, Como Viveremos* (que tem como coautora Nancy Pearcey – que estudou com o filósofo e teólogo calvinista, Francis Schaeffer), são recomendados, apresentados e suas filosofias ensinadas.

---

1 Vide bibliografia selecionada na área de Educação Escolar Cristã, no apêndice deste livro.

O CONTRASTE | *A Cosmovisão Bíblica faz diferença na minha compreensão do processo educacional? Observando o mundo a partir do ponto de vista de Deus*

Tais círculos têm compreendido que é impossível se praticar a verdadeira educação escolar cristã, a instrução nas diversas esferas de conhecimento, sem a coesão proporcionada por uma cosmovisão cristã reformada, na qual Deus é verdadeiramente regente do universo, e não apenas um mero espectador, que reage às circunstâncias, procurando "consertar" as coisas.

Por isso é necessário que o pastor e o líder cristão, mas principalmente os educadores e também os pais, tenham uma boa compreensão deste tema. Compreendendo o universo do ponto de vista de Deus, com uma cosmovisão cristã, veremos que todas as áreas de conhecimento e de atividades humanas, para serem adequadamente compreendidas e exercitadas, não podem ser divorciadas de princípios contidos nas Escrituras, que são pertinentes a todas elas.

É óbvio que, para o desenvolvimento de uma cosmovisão cristã, é crucial a pertinência e a necessidade de referência constante à Palavra de Deus, bem como sua aceitação como revelação inspirada que possui autoridade e que fala em proposições inteligíveis e aferíveis sobre o nosso papel e envolvimento com o mundo em que vivemos. Precisamos nos convencer que existe um relacionamento de todas as atividades humanas, com o rumo traçado nas Escrituras para a criação.

Utilizar o termo cosmovisão somente no singular ou sem qualificá-lo, indicando a que tipo de cosmovisão fazemos referência, não resolve. Cada filosofia, cada forma de ver e de entender as coisas, é uma cosmovisão em si. Norman Geisler diz que a

> cosmovisão é análoga à lente intelectual através da qual as pessoas veem a realidade. A cor da lente é um fato fortemente determinante para contribuir o que elas creem acerca do mundo.

Ele continua, indicando que toda cosmovisão "procura explicar como os fatos da realidade se relacionam e se ajustam uns aos outros". Além disso, a cosmovisão se preocupa com *"as consequências lógicas associadas a viver de acordo com as convicções"* sustentadas como verdadeiras.[2]

---

2 Norman Geisler, *Fundamentos Inabaláveis*, 53

Por isso, devemos sempre nos referir à cosmovisão **cristã**. Nossa lente são as nossas premissas. Nossas premissas são verdadeiras, porque se fundamentam na revelação de Deus ao homem – as Escrituras. Os cristãos não precisam pedir desculpas por suas pressuposições, apenas devem reconhecê-las claramente e demonstrar que elas têm fundamento na Bíblia, bem como que todas as demais cosmovisões possuem suas próprias pressuposições. Quando falamos de cosmovisão **cristã**, portanto, já expressamos o entrelaçamento de nossa visão do universo e da vida, com as premissas da nossa fé cristã, reveladas de forma objetiva e proposicional nas Escrituras.

Cosmovisão bíblica – uma visão unificada da vida. A Bíblia nos dá uma visão privilegiada, do ponto de vista de Deus, das realidades físicas e metafísicas; ou seja do mundo que existe e no qual fomos colocados, e das verdades espirituais que colocam os fenômenos observáveis e pesquisáveis no seu devido contexto e relacionamento com o Criador. Na Bíblia temos o conjunto da revelação proposicional e objetiva de Deus, disponível ao escrutínio de todos. Vários trechos falam especificamente sobre a criação, sobre como adquirimos e processamos conhecimento, sobre nossas responsabilidades uns para com os outros e para com Deus. Obtemos uma compreensão unificada e não fragmentada.

Essa é, portanto, a boa notícia: podemos, sim, ver o universo do ponto de vista de Deus, através da revelação das Escrituras Sagradas. Compreender essa cosmovisão e abrigá-la em nossa compreensão daquilo o que é educar, e na tarefa da prática pedagógica, é a nossa missão maior. Um dos trechos especificamente importante ao nosso estudo é o salmo 19. *Já* o mencionamos no capítulo anterior, mas queremos ver o seu texto completo e discernir nele essa **visão unificada de vida** da qual estamos tratando.

Continuamos dividindo este Salmo em três partes: (1) Versículos 1 a 6, falam sobre a criação e sobre a harmonia da natureza criada; (2) versículos 7 a 10 indicam o entrelaçamento da lei com a criação, que só pode ser adequadamente compreendida sob o prisma dessa lei; e (3) versículos 11 a 14, onde temos considerações morais e de propósito às pessoas, criaturas responsáveis, colocadas por Deus para a regência da criação, para glorificá-lo (v. 14).

Tudo isso tem relação com uma cosmovisão bíblica ou cristã, conforme o quadro abaixo:

Divisão	Texto do Salmo 19	Relacionamento com uma cosmovisão Bíblica
1	¹ Os céus proclamam a glória de Deus, e o firmamento anuncia as obras das suas mãos. ² Um dia discursa a outro dia, e uma noite revela conhecimento a outra noite. ³ Não há linguagem, nem há palavras, e deles não se ouve nenhum som; ⁴ no entanto, por toda a terra se faz ouvir a sua voz, e as suas palavras, até aos confins do mundo. Aí, pôs uma tenda para o sol, ⁵ o qual, como noivo que sai dos seus aposentos, se regozija como herói, a percorrer o seu caminho. ⁶ Principia numa extremidade dos céus, e até à outra vai o seu percurso; e nada refoge ao seu calor.	Temos uma menção explícita à criação. O universo procede de Deus. Há uma declaração da harmonia existente na criação. A repetibilidade dos processos, essa harmonia, é o que possibilita o se "fazer ciência", na criação de Deus. Em Gênesis 1.26-28 aprendemos que Deus delegou a gestão e o domínio da criação aos seres humanos.

2	⁷ A lei do SENHOR é perfeita e restaura a alma; o testemunho do SENHOR é fiel e dá sabedoria aos símplices. ⁸ Os preceitos do SENHOR são retos e alegram o coração; o mandamento do SENHOR é puro e ilumina os olhos. ⁹ O temor do SENHOR é límpido e permanece para sempre; os juízos do SENHOR são verdadeiros e todos igualmente, justos. ¹⁰ São mais desejáveis do que ouro, mais do que muito ouro depurado; e são mais doces do que o mel e o destilar dos favos.	Há uma lei. Essa lei está presente desde a criação e ela transcende as leis físicas e químicas que encontramos na criação da matéria. Falamos da Lei moral – a criação não subsiste em um vácuo moral. Existem padrões comportamentais e éticos e esses, além de serem universais, são desejáveis e resultam em benefício às pessoas e sociedades que os aplicam.
3	¹¹ Além disso, por eles se admoesta o teu servo; em os guardar, há grande recompensa. ¹² Quem há que possa discernir as próprias faltas? Absolve-me das que me são ocultas. ¹³ Também da soberba guarda o teu servo, que ela não me domine; então, serei irrepreensível e ficarei livre de grande transgressão. ¹⁴ As palavras dos meus lábios e o meditar do meu coração sejam agradáveis na tua presença, SENHOR, rocha minha e redentor meu!	O salmo apresenta uma visão realista da vida. Algo ocorreu que perturba a harmonia da criação – existem falhas, existe **pecado!** São reafirmados, como necessários, os conceitos de correção, admoestação, direcionamento. As nossas ações e a nossa adoração podem e devem ser agradáveis a Deus.

O CONTRASTE | *A Cosmovisão Bíblica faz diferença na minha compreensão do processo educacional? Observando o mundo a partir do ponto de vista de Deus*

O salmista registra, sim, uma cosmovisão bíblica. Ele enxerga o universo do ponto de vista de Deus e vê-lo refletido na beleza e harmonia da natureza. Neste mundo, habitam as pessoas, coroas da criação, formadas à imagem e semelhança de Deus, sob leis e princípios. Ciente da disfunção espiritual, chamada de transgressão ou pecado, o salmista aponta a necessidade de correção e se envolve nessa situação, apelando para o seu redentor e refletindo o propósito maior de sua vida (e da de todos os seres) – a glorificação de Deus. Este salmo nos traz, portanto, uma cosmovisão que tem *várias* implicações muito específicas à prática pedagógica.[3]

O significado prático da cosmovisão cristã na compreensão das áreas de conhecimento. Para que possamos observar na prática o que significa **ter** uma cosmovisão cristã, vamos fazer um tratamento resumido sobre o relacionamento da fé cristã com algumas áreas do conhecimento humano. Não poderíamos, obviamente, ter qualquer pretensão de abranger todas as áreas ou de esgotar a questão – meramente conseguiremos arranhar a superfície, mas isso é suficiente para que nos conscientizemos de que o cristão **tem** que ver todos os campos de conhecimento de uma maneira diferente. Essa maneira de enxergar não é menos verdadeira do que a forma usual e desconexa de observações. Pelo contrário, ela é coerente e extremamente verdadeira, pois está alicerçada na verdade das Escrituras, na realidade da existência de Deus. Procura extrair o relacionamento de cada uma dessas áreas com o Criador.[4] Vejamos:

Matemática: A Bíblia nos ensina que o criador é Deus de ordem (1 Co 14.33 – "... Deus não é Deus de confusão..."). Quando estudamos o universo, criação de Deus, verificamos a ordem matemática das estruturas. A criação é governada por leis matemáticas, por sequências *lógicas* (Salmo 19.1-2), que refletem o caráter daquele que a

---

3 Sobre essa relação leia o excelente artigo do Dr. Mauro Meister – *"Cosmovisão: do Conceito à Prática na Escola Cristã"*, in Fides Reformata, XIII, No. 2 (São Paulo: Editora Mackenzie – CPAJ, 2008), 175-190.
4 Para um aprofundamento nesse relacionamento das diversas áreas com a Palavra de Deus, procure adquirir a *Enciclopédia das Verdades Bíblicas*, de Ruth C. Haycock (São Paulo: ACSI, 2003), 450 p. No tratamento dessas diferentes áreas do saber, utilizamos bastante material do *Biblical Worldview Curriculum*: http://www.homeschools.org/worldview/biblicalWorldviewCurriculum.html, acessado em 04.08.2012.

formou. Muitas leis da criação são definidas em termos da matemática. Observamos uma precisão maravilhosa na natureza e na física. Isso deve nos levar a exaltar a pessoa de Deus, constatando que essa precisão só é possível porque emana dele.

Os princípios matemáticos não variam; as fórmulas e equações demonstram coerência a toda prova. A matemática é, portanto, uma ferramenta básica ao estudo da obra criativa de Deus. A matemática nos auxilia a descobrir as leis físicas da criação e os modelos nela colocados por Deus. É impossível, para nós, entendermos a criação divina, sem a dádiva da matemática. Sem ela não teríamos como medir o mundo de Deus. A matemática é uma das ferramentas que Deus deu ao homem para que ele exercesse o seu domínio sobre a criação (Genesis 1.28). Todos os campos de conhecimento demandam planejamento, cálculo de percurso e avaliação de resultados – no sentido de que as responsabilidades recebidas de Deus sejam bem desempenhadas. A matemática tem papel fundamental, quer seja em negócios, engenharia, arte, ciências, governo, economia, etc.

O estudante cristão, ao dominar a matemática, está contribuindo para o avanço do Reino de Deus, na terra, quando exercita esse conhecimento para a glória dele e se empenha no cumprimento do mandamento divino (o "mandato cultural"), de dominar a terra e sujeitá-la, recebido no início da criação.

Ciência: Ciência é o estudo próprio da criação de Deus. Os fatos da criação somente podem ser entendidos apropriadamente, quando olhados através das lentes das Escrituras. A Palavra de Deus nos ensina que a questão das origens, mesmo se constituindo uma base para ciências, é, acima de tudo, uma questão de fé, de pressupostos, de postulados. Hebreus 11.3, ensina: "Pela fé entendemos que os mundos foram criados pela palavra de Deus, de modo que o visível não foi feito daquilo que se vê". Mas quando a ciência, os fenômenos observáveis da criação, é estudada partindo da informação bíblica de que Deus é o criador, tudo adquire sentido, coerência e forma.

O estudo das ciências revela a glória de Deus (Salmo 19.1), o poder de Deus, a beleza da obra de suas mãos e a estrutura arquitetada nas similaridades das suas criaturas – indicando procedência criativa de um ser todo-poderoso, pensante. A criação foi efetivada pela sabedoria divina e o homem é parte dela. Ainda no Jardim do Édem, Deus assinalou ao homem a tarefa de regência sobre os animais e plantas, na guarda da terra. Sob a autoridade de Deus, ele deveria cultivar a terra, cuidar dela e desenvolver cada aspecto do conhecimento sobre esta mesma terra, para a glória de Deus. Certamente o conhecimento das ciências esteve presente em Adão, para o cultivo da flora e classificação da fauna.

Para que dominemos a terra, como Deus nos comanda, temos de adquirir o conhecimento científico sistematizado e organizado. Pelo estudo tanto das leis físicas como das demais criaturas, aqueles que assim o fazem na compreensão de que procedem de Deus, aprendem a utilizar esse conhecimento segundo os preceitos de Deus. Cada nova descoberta sobre o mundo e o universo criado por Deus, deve levar ao reconhecimento de que Jeová é único. Deve levar, igualmente, a um cuidado maior por essa criação divina. Para que isso ocorra, o estudo da ciência tem que estar subordinado à Palavra de Deus. Não é que a Bíblia virá suprir a todo o conhecimento necessário nesses campos, mas a criação nunca deve ser vista como algo que é independente do seu criador.

O cristão através da cosmovisão cristã *vê* a criação como impossível de ser estudada – em coerência e verdade – sem considerações ao papel fundamental do ser de Deus (na criação e manutenção dela) e sem que sejam traçados os elos, de propósito e utilidade, aos preceitos das Escrituras. Quando essa conexão se faz ausente, caímos na falsa ciência (1 Timóteo 6.20) e na cosmovisão evolucionista que domina os círculos intelectuais contemporâneos descrentes, chegando a influenciar fortemente e confundir aos próprios cristãos.

Saúde: O propósito do estudo da saúde e da educação física é o cuidado dos nossos corpos para a glória de Deus. Essa perspectiva da cosmovisão cristã difere da compreensão contemporânea do chamado "culto do corpo". Somente Deus é para ser cultuado e o fazemos com nossas mentes e corpos. Um corpo saudável nos possibilita o serviço diligente à causa do mestre e realizar os deveres que nos são comandados.

Assim, os princípios de termos dietas saudáveis, o exercício sistemático, o descanso apropriado – são todas áreas de ênfase, nesta esfera de conhecimento, para que nossa saúde se mantenha em excelência, para a glória de Deus. Devido ao pecado as pessoas têm a tendência à preguiça e indolência. O exercício físico e os esportes, combinados com a santificação do caráter interno, condicionam o corpo ao comando da mente; encorajam o desenvolvimento da autodisciplina.

A participação em competições encoraja as pessoas a se manterem dentro das regras estabelecidas e a aceitarem o direcionamento de pessoas em posição de autoridade, bem como ao trabalho em grupo e ao desenvolvimento das habilidades, pela prática constante. Praticadas sob princípios cristãos de comportamento, as competições esportivas ensinam a manifestar graça tanto na vitória como na derrota. Na cosmovisão cristã, as atividades relacionadas com a saúde e educação física, nunca são um fim em si, nem se sobrepõem a outros deveres humanos, mas são áreas que compõem e servem de base ao desenvolvimento de uma vida de serviço a Deus.

Geografia: Já vimos que um dos comandos fundamentais de Deus aos homens, é o domínio sobre a terra (Gênesis 1.28). Ora, para que esse domínio seja exercido e o homem cuide adequadamente da terra, é necessário que ele conheça o planeta, isto é nada mais nada menos do que o estudo da geografia. Além de menções geográficas explícitas a Palavra de Deus ancora sua narrativa geograficamente. A Bíblia fala de uma terra unificada, em um sentido, mas regiões que são separadas e com características diferentes (que necessitam ser estudadas). Ela traz o registro de um grande cataclisma, que foi o dilúvio,[5] e por mais diversificadas que sejam as opiniões sobre a interpretação e detalhes desse evento, o dilúvio teve efeitos sobre a aparência e configuração da terra. Ignorar o evento e suas implicações é o caminho seguido pelos eruditos descrentes contemporâneos, mas as conclusões a que chegam divergem consideravelmente da realidade e veracidade à qual pode chegar aquele que possui uma cosmovisão cristã.

---

5 Tão marcante que, além do veraz registro bíblico, integra a história de diversas civilizações da humanidade, na história antiga.

O CONTRASTE | *A Cosmovisão Bíblica faz diferença na minha compreensão do processo educacional? Observando o mundo a partir do ponto de vista de Deus*

Na Bíblia temos vários registros sobre a origem das nações e o incidente da Torre de Babel, com suas implicações filológicas. O estudo da geografia permite entender como as diferentes configurações, climas, limites e recursos afetam a vida e a economia das nações, mas, partindo de uma cosmovisão cristã, vemos Deus como regente da história e das nações operando o seu plano soberano de forma linear, na terra. As narrativas bíblicas do maior evento na história da humanidade – a vida e missão de Jesus – são todas entrelaçadas com referências geográficas. Estas, por sua vez, demonstram a precisão das profecias sobre os eventos da história, como, por exemplo, o local preciso do nascimento do Messias.[6] O estudo da geografia também nos permite o acompanhamento do avanço do Reino de Deus, na terra, e como podemos nos empenhar em prol do avanço das missões a cada terra e nação.

História: Deus é Senhor da história e ele governa os povos e nações por intermédio de sua providência. Ele age tanto direta, como indiretamente na história, derramando bênçãos e executando julgamentos sobre a terra (Deuteronômio 28). A Palavra de Deus registra profecias e muitas dessas já foram cumpridas, demonstrando que não somente a história foi planejada por Deus, mas se desenrola de acordo com o seu propósito. Todos os aspectos da história (antiga, medieval, moderna e contemporânea) devem ser vistos como a regência soberana de Deus sobre os atos dos homens, na terra. Tanto os indivíduos como as nações devem prestar contas a Deus. A história e os atos de Deus, nela, nos ensinam a viver o presente.

Estudar a história, sem a perspectiva da cosmovisão cristã, leva a um conceito errôneo de que as sequencias de eventos são aleatórias e sem propósito. Semelhantemente ao que ocorre com a geografia, Deus se entrelaça com a história da forma mais intensa. Não somente regendo-a de forma transcendente, mas interagindo poderosamente com ela, em Cristo Jesus. Esse é o ponto chave da criação. Um estudo da história que considere a vinda e vida de Cristo apenas um pequeno incidente a ser (imperfeitamente) relatado, é um estudo distorcido e inconsequente. O fato da que-

---

6 Belém, profetizado em Miquéias 5.2.

da é histórico, e também um ponto chave na compreensão dos incidentes históricos subsequentes, da maldade humana motivadora das guerras e dissensões, bem como na necessidade do Messias redentor.

A teologia verdadeiramente relacional é a teologia reformada, que apresenta o Deus soberano relacionando-se verazmente com a sua criação. História é o registro desses relacionamentos. O plano de Deus é convergir todas as coisas em Cristo (Efésios 1.10). A história tem, consequentemente, um propósito. O seu significado e interpretação se acham na compreensão de Cristo.

História é mais do que uma crônica de nomes, datas, lugares e eventos. História é o estudo da lei moral e do pacto feito entre Deus e o homem. Todos os eventos anteriores à crucificação levam a ela e apontam a ela. Todos os subsequentes levam à vitória final, profetizada e à exaltação de Cristo. O estudo da história, sob a cosmovisão cristã, revelará as tentativas fúteis de homens que procuraram estabelecer o reino dos homens, em vez de procurarem o Reino de Deus.

Estudos Sociais e Sociologia: Na cosmovisão cristã, o estudo das sociedades, ou sociologia, começa com a pessoa de Deus, que subsiste em um relacionamento social eterno na trindade. A Bíblia enfatiza que Deus é unidade e pluralidade, bem como causa final de todas as coisas. Por isso, nas Escrituras, não encontramos nem o indivíduo nem a sociedade corporativa, um acima do outro. O cristianismo representa a única solução aos problemas gerados pelo humanismo que postula uma luta constante entre individualismo e coletivismo.

Em sua sabedoria infinita, Deus instituiu o relacionamento social primário e fundamental – a família, desde a criação. Esta é a célula principal de todas as demais ordens sociais, que foram se desenvolvendo conforme a providência divina. Procede de Deus a formação do estado, da igreja e da família. Cada uma dessas áreas representa uma esfera de atividades e competências, com regras e limites específicos, sendo responsáveis perante Deus, na pessoa de seus líderes designados, para funcionarem dentro da esfera de autoridade específica que cada uma possui, como dádiva recebida de Deus. Esses direitos e responsabilidades foram adequadamente delineados e

O CONTRASTE | *A Cosmovisão Bíblica faz diferença na minha compreensão do processo educacional? Observando o mundo a partir do ponto de vista de Deus*

registrados na Lei santa de Deus. Deus criou o homem, portanto, como uma criatura social, à sua imagem.

A Bíblia também nos apresenta fatos sociais que devem ser ensinados. Por exemplo, existe extremo valor didático e muitos princípios a serem extraídos do estudo de como Deus se relacionou com o seu povo, em uma época e situação específica, no Antigo Testamento. *É importante conhecer c*omo aquela sociedade foi estruturada, por Deus, para resistir *à* fragmentação gerada pelo pecado. *É crucial discernir* quais os contrastes e similaridades daquela sociedade com os povos sem Deus que a rodeavam. A apresentação bíblica da ordem social é necessária para nos ensinar como Deus lida com a corrupção moral e social em diversas ocasiões. A legislação moral encontrada na Palavra de Deus é uma ferramenta de análise das diversas estruturas sociais das nações e povos, tanto no mundo antigo, como na era atual.

Quando analisamos a ordem social proveniente de Deus e a perversão dessa ordem, pelo homem pecador, compreendemos as diretrizes divinas para constituição de uma sociedade alternativa que verdadeiramente o glorifique. O que é distorcido pelo pecado, é restaurado pela graça de Deus. Cristo e a redenção nele encontrada, não somente restaura o relacionamento entre Deus e os seus chamados, mas, como resultado, o relacionamento entre homens, mulheres, crianças, raças e nações é também restaurado. A família cristã e a comunidade cristã – a igreja – deveriam sempre ser modelos firmes de um relacionamento social adequado no meio do caos do mundo contemporâneo – submerso em pecado.

Pela Palavra de Deus, a sociedade cristã é igualmente equipada a coexistir e sobreviver - fortalecida em Deus e por ele - em um mundo que pode ser hostil intelectualmente, ou até fisicamente violento contra o cristianismo e os cristãos. Nessas situações, a sociedade cristã não "joga a toalha" e se amolda aos valores e percepções anticristãs. Ela permanece como sal da terra e luz do mundo, testemunhando dos valores de Deus, procurando influenciar, em vez de ser influenciada, na expectativa de que ele, por sua graça comum, conceda momentos de vitórias nos quais tais valores venham a permear segmentos, bolsões, ou grande parte da sociedade. A história registra que Deus, por vezes, tem concedido tais tempos de refrigério ao seu povo.

Governo: O estudo correto do governo, ou das ciências políticas, na cosmovisão cristã, deve ser fundamentado na Palavra de Deus. O estudo da lei civil e do governo torna necessária a compreensão do padrão infalível de Deus, para uma adequada percepção do que é justiça e do que é injustiça. O governo civil se ocupa da promulgação da lei. Isso significa que sua esfera de atuação abrange a definição do certo e do errado. Certo e errado, entretanto, são conceitos que não podem ser divorciados de moralidade, e moralidade está na essência da religião. Assim, governo civil é, por sua própria natureza, uma instituição religiosa – no sentido de que se rege pela religião (verdadeira, ou humanista) e presta contas a Deus (ou deixa de prestá-las, atuando como se fosse autônoma, para sua própria destruição).

O Antigo Testamento revelou o sistema legislativo para um governo civil. Deus, através de Moisés, supriu todo um povo, civilização e sociedade com um sistema completo de legislação civil e de governo. O decálogo estabelece a base moral do governo. O exemplo do governo civil do Povo de Deus no AT nos ensina separação de poderes; sistema de apelos e recursos; e um sistema de aferições contínuas entre os poderes.

Essa compreensão da teocracia veto-testamentária nos possibilita a análise comparativa de governos humanos, do passado e do presente, bem como de suas estruturas, leis e políticas. A cosmovisão cristã e o estudo desta área leva aquele que estuda e se aplica nos princípios bíblicos a uma participação responsável no seu governo, exercitando cidadania responsável, tornando-se arauto da lei de Deus a uma sociedade sem Deus.

Reconhecemos que Deus trabalha de formas diferentes em eras diferentes (Hebreus 1.1-4) e que a legislação civil do Antigo Testamento foi promulgada para um povo específico, com propósitos específicos e com caráter temporal, não sendo normativa em seus detalhes à nossa sociedade. No entanto, a cosmovisão cristã procura estudar os princípios e valores contidos por trás daquelas legislações específicas e reconhece o aspecto didático desse estudo.

O entrelaçamento do governo (ou do estado) com a pessoa de Deus é claramente delineado no *textus maximus* dessa área - Romanos 13.1-7. Nele temos reafirmado o ensinamento de que Deus é a fonte da autoridade, que ele a delega a

O CONTRASTE | *A Cosmovisão Bíblica faz diferença na minha compreensão do processo educacional? Observando o mundo a partir do ponto de vista de Deus*

governantes humanos, mas que nem por isso eles deixam de ser responsáveis perante Deus e os homens, pelo desempenho correto de suas responsabilidades. Ali aprendemos, em adição, que tais responsabilidades são limitadas e não atribuídas para o exercício do despotismo; que elas são circunscritas a áreas específicas de manutenção da ordem, e não representam uma carta branca para a intromissão em todas as áreas das vidas dos cidadãos.

Economia: Deus é o proprietário da terra, a fonte de toda a riqueza. Ele é o dono de tudo e delega tal propriedade a quem lhe apraz. De Deus procedem, também, leis que governam a esfera da economia humana. Deus concedeu ao homem o direito de possuir propriedade privada, de ocupá-la ou desenvolvê-la, de objetivar a lucratividade e de definir como a receita deve ser aplicada. No entanto, pelo próprio fato de que Deus é o Senhor de tudo e de todos, somos ensinados a exercitar todos esses direitos responsavelmente, como mordomos de Deus.

De acordo com as Escrituras, não faz parte das atribuições governamentais a regulamentação excessiva ou detalhada da economia, exceto na dádiva de garantias contra roubos e fraudes. A Palavra de Deus especifica a dignidade do trabalho e o direito do trabalhador de usufruir economicamente do seu trabalho. O exercício desses direitos deve se processar debaixo de diretrizes contidas na Palavra que produzem um sistema econômico que glorifica a Deus e demonstra sensibilidade às necessidades alheias. Esse sistema deve englobar e levar em consideração: o trabalho com afinco; a competitividade; os riscos do mercado. Esses fatores impelem os produtores e vendedores a utilizarem suas habilidades e recursos econômicos com muito cuidado, gerando produtos de qualidade crescente a preços mais razoáveis. O papel do governo, nessa esfera, é o de servir de árbitro – louvando os bons e punindo os maus – também na mercantilização, de acordo com os padrões da lei de Deus.

Riqueza não é uma consequência única de brutalidade econômica. A prosperidade econômica é possível vir como resultado das bênçãos divinas sobre o uso correto do trabalho empregado e da aplicação do lucro obtido. Harmonia produtiva, na esfera comercial, é fruto da graça comum de Deus, possibilitando as pessoas a seguirem suas leis (mesmo descrentes, que não as têm em suas mentes e corações). O cristianismo deve servir de intensa influência salutar na vida econômica construída em justiça, em uma sociedade; promovendo o respeito mútuo às leis; a obediência aos contratos firmados; a consideração ao bem alheio, o uso comedido do poder, a ausência de egoísmo desvairado nas realizações e a sensibilidade aos necessitados e carentes.

Cultura e Arte: As artes e a cultura são dons concedidos aos homens pelo Espírito Santo. Quando um artista compõe uma música, pinta um quadro de qualidade, um arquiteto projeta um edifício – cada um desses aplica, em sua específica esfera, o talento recebido de Deus. Na cosmovisão cristã, cada dom será utilizado para refletir a glória e sabedoria do doador e imitar a beleza e utilidade da obra criativa de Deus.

A cosmovisão humanista vê a cultura e a arte como se existissem apenas para se auto expressarem, ou para o divertimento das pessoas, ou por vaidade egoísta. As pessoas sem Deus utilizam, muitas vezes, a cultura como uma forma de expressar suas revoltas contra Deus e de glorificarem-se a si mesmas. Quando o homem cria, não está criando algo do nada, mas descobrindo a potencialidade em si, ali colocada por Deus. O uso correto da cultura e das artes representa uma bênção de Deus e resulta no benefício da humanidade e na validade da apreensão estética das coisas. O uso ou desenvolvimento incorreto torna-se uma maldição contribuindo para a destruição e dissolução moral da humanidade.

As artes e a cultura criam obras que expressam pensamentos e emoções. Consequentemente, influenciam a moralidade e o comportamento de muitos. Em muitas situações, providenciam comunhão e experiências praticamente religiosas aos apreciadores, criando um magnetismo e atratividade intensa entre artistas e espectadores. Isso representa uma grande responsabilidade ao cristão e quer dizer que não devemos nos envolver e desfrutar das artes que promovem pensamentos, emoções e comportamentos contrários à Palavra de Deus (2 Coríntios 6.14).

Reconhecendo a manifestação da graça comum de Deus nessas esferas; reconhecendo o que é de mérito e qualidade, o cristão deve utilizar-se dessas áreas para a promoção do Reino de Deus. Os talentos devem ser desenvolvidos em harmonia com a lei moral de Deus, para sua honra e glória.

Tecnologia: Uma maneira de entender tecnologia é considerando-a como a ciência aplicada à mecânica da vida, à multiplicação do potencial humano de realização. Ela tem algo de arte e cultura, pois é a interação da criatividade humana com as descobertas do funcionamento da criação de Deus (por exemplo: as chamadas leis físicas e químicas, o código do genoma, etc.), resultando em construções ou produtos colocados a serviço do homem. Se "fazer ciência" é algo que compreendemos como possível exatamente pela existência de Deus, como âncora metafísica maior, que estruturou e mantém uma criação em harmonia - não caótica, a tecnologia só é possível em função dessa mesma harmonia.

O avanço da tecnologia é uma evidência da operação do que conhecemos como graça comum de Deus. Ele possibilita a facilitação da jornada humana, através de obras que, como nas artes e na cultura, possuem mérito e qualidade intrínseca, independentemente se foram produzidas conscientemente para a glorificação do Criador. Ou seja, a cosmovisão cristã reconhece, sim, que o descrente produz obras de mérito e qualidade - mesmo em sua rejeição ao Deus que as possibilita. Descrentes projetam e constroem pontes seguras, elevadores que não falham, prédios que não caem, computadores que funcionam. Semelhantemente, são competentes na realização de cirurgias complicadas (e as simples, também), no estudo e controle de condições climáticas. A diferença é que os crentes no Deus da criação que são competentes nessas áreas têm a capacidade de exercitar seus dons e treinamentos conscientemente na glorificação do Criador e reconhecem que essas habilidades procedem dele.

A cosmovisão cristã não rejeita a tecnologia, mas não a considera um fim em si mesma, nem que a sua utilidade se exaure no melhoramento da humanidade. Enxerga a fonte e o destino dela - o Deus do Universo. Sabe que ela pode ser utilizada tanto para o bem como para o mal, e que isso é uma consequência do fator pecado, que deixa suas marcas em todas as áreas de realizações humanas.

Diversas outras áreas de conhecimento poderiam ser apresentadas sob o prisma de uma cosmovisão cristã. Nosso propósito é o de que você se convença que as Escrituras são pertinentes ao todo da nossa vida. Isso tem uma consequência dupla:

1. Torna legítima as múltiplas esferas de conhecimento ao cristão, que deve dominá-las para a Glória de Deus.
2. Desenvolve o nosso pensar como cristãos, objetivando a verdadeira transformação de nossa mente, em vez da conformação com o pensamento do mundo, fazendo-nos ávidos inquiridores e pesquisadores da Palavra de Deus, para ver o que ela tem a nos ensinar em cada segmento do conhecimento humano.

O CONTRASTE – CAPÍTULO 23

UM ASPECTO DESCONHECIDO DE JONATHAN EDWARDS – A COSMOVISÃO APLICADA

Jonathan Edwards (1703-1758) é reconhecidamente um expoente teológico norte-americano, que tem sido estudado exaustivamente ao redor do globo, especialmente na Universidade de Yale. Esta prestigiada instituição de ensino mantém um Centro de Estudos específico com o seu nome, inclusive com uma extensão no Brasil.[1] Existe um aspecto pouco conhecido de Edwards – aquele no qual ele se revela como um exemplo de apreço pela natureza, ciência e pelo Deus Criador. Decidi apresentar esse seu lado, como alguém que compreendeu na prática o sentido de uma cosmovisão cristã, como explicada no capítulo anterior. Na realidade, pesquisadores da universidade de Princeton apontam que estudos recentes têm enfatizado como Edwards alicerçou as realizações de sua vida nos conceitos de beleza, harmonia e adequação ética. Na opinião desses pesquisadores o iluminismo era essencial à formação de suas convicções.[2] À luz

---

[1] Em 2012, a Universidade de Yale firmou um convênio com o Centro Presbiteriano de Pós Graduação Andrew Jumper (CPAJ), apoiado pela Universidade Presbiteriana Mackenzie, para o estabelecimento de um Centro de Estudos Jonathan Edwards no Brasil. Vários pesquisadores já se encontram engajados nesse projeto.
[2] Smith, John E., Lee, Sang Hyun, ed., *The Princeton Companion to Jonathan Edwards* (Princeton, NJ: Princeton University Press, 2005), 34-41.

de tudo o que ele foi e produziu, prefiro creditar esses aspectos ao seu profundo conhecimento da história, literatura e a uma compreensão da presença e soberania de Deus na história e na natureza.

As raízes cristãs de Jonathan Edwards, e o estímulo de sua mente prodigiosa começaram no seu lar. Timothy Edwards, seu pai, era pastor em uma vila na fronteira, em Connecticut e foi o seu primeiro mentor. Aparentemente sua mãe era uma mulher de reconhecida inteligência e todos os seus dez irmãos (ele era o quinto) foram excelentemente educados no lar. Nascido em 1703, Edwards revela sua precocidade iniciando seus estudos no *Yale College* antes de completar 13 anos. O seu bacharelado foi outorgado quando ele tinha 17 anos e três anos mais tarde, em 1723, ele já completava o seu mestrado. Com 21 anos ele assumiu uma cátedra em Yale. Edwards pregava desde os 19 anos, quando ficou em Nova Iorque por seis meses em uma igreja presbiteriana escocesa. Aos 24 anos foi ordenado pastor da igreja de Northampton, em Massachusetts, onde ficou por 23 anos. No mesmo ano casou-se com Sarah Pierrepont e seus trinta anos de vida conjugal lhes legaram 12 filhos. Edwards foi um pensador precoce, acadêmico, pastor, poderoso pregador e missionário entre os índios. Além de seu relacionamento com Yale (aluno, professor e esposo da filha do fundador), Edwards, alguns meses antes de sua morte em 22 de março de 1758, foi convidado para presidir o College of New Jersey (atualmente, Universidade de Princeton), posição que ocupou por apenas um mês. Contraindo rapidamente varíola, veio a falecer, com apenas 54 anos de idade.[3]

Muito tem sido escrito sobre Jonathan Edwards, principalmente sobre sua teologia, suas atividades pastorais e seus sermões, todos na melhor tradição dos grandes puritanos. Mas ele é considerado por muitos historiadores de renome, como George Marsden, Perry Miller e Edmund Morgan, como sendo um dos maiores intelectuais norte-americanos.[4] Marsden indica que na Europa muitos acadêmicos, tanto teólogos como cientistas, viam-se impelidos pela ciência à adoção do deísmo, mas Jonathan

---

3 Winslow, Ola Elizabeth, Ed. *Jonathan Edwards: Basic Writings* (New York: New American Library – Signet, 1966), i.
4 Marsden, George M. *Jonathan Edwards: A Life* (New Haven: Yale University Press, 2003), 498-505.

Edwards via na natureza as evidências do maravilhoso projeto de Deus e nela trafegava com muita competência. Com frequência, procurava refúgio na floresta para meditar e adorar. Chama atenção a forma como ele aborda com tanta tranquilidade a natureza e faz a transição da física para a metafísica, demonstrando em sua vida e escritos o entrelaçamento que existe entre todas as áreas do conhecimento, pois tudo flui do Deus Criador.

Esse viés e interesse estão presentes, especialmente, nos seus escritos mais antigos. Em um desses, Edwards escreve sobre **insetos**.[5] Ele indica que aborda o que chama de "maravilhas da natureza", por orientação do seu pai. O texto é em forma de uma carta a uma pessoa não identificada e o que espanta não é somente a precisão, ou visão analítica e perspícua das observações, mas a idade de Jonathan Edwards, nessa ocasião: 11 anos! Entremeado com desenhos e diagramas, Edwards realiza uma descrição do trabalho das aranhas e suas teias. No meio do texto temos percepções incomuns para um jovem de sua idade, com incrível precisão científica. Nesse texto, por exemplo, ele escreve: "... aquilo que sobe a ascende no ar é mais leve do que o ar, como aquilo que boia na água é mais leve do que a água ...". Ele continua, indicando que a teia que suporta a aranha "é mais do que suficiente para contrabalançar a [força de] gravidade da aranha".

No texto, Edwards descreve em detalhes como as teias são entrelaçadas, como se processa o movimento das aranhas, desenhando e diagramando pontos "a", "b", "c", etc., para ilustrar suas observações sobre o trabalho de tecelagem dos aracnídeos. Descrevendo uma situação específica da fauna e flora de sua região, nesse contexto, expressa admiração sobre como as aranhas conseguem construir teias que se estendem conectando árvores que estão distanciadas, utilizando a força do vento e administrando a conjunção com o fio que emana delas. Concluindo sua descrição do processo, ao seu destinatário, Edwards escreve: "Esta é, Senhor, a maneira pela qual as aranhas vão de uma árvore à outra, a grande distância, e essa é a forma pela qual elas voam pelo ar".

Esse interesse pela natureza era, certamente, construído na crença e convicções sobre o Criador de todas as coisas e na sistematização do universo,

---

5 Dwight, S. B., Ed. *The Works of President Edwards*, Vol. I (New York: Converse, 1829), 23-28.

registrada para nós no Salmo 19.2-4: "Um dia discursa a outro dia, e uma noite revela conhecimento a outra noite. Não há linguagem, nem há palavras, e deles não se ouve nenhum som; no entanto, por toda a terra se faz ouvir a sua voz, e as suas palavras, até aos confins do mundo. Aí, pôs uma tenda para o sol". É exatamente essa sistematização e repetibilidade dos processos (que chamamos de leis físicas, químicas, etc.) que possibilita o se "fazer ciência", e Edwards trabalha em cima desses pressupostos.

Alguns anos mais tarde, em detalhados quatro ensaios, nos quais ele faz observações sobre o arco-íris e sobre cores (bem como sobre a alma e a essência *do ser*),[6] Edwards, também complementa seu texto com elaborados desenhos e diagramas sobre reflexo e refração, revelando uma compreensão profunda e precisa dos princípios da física, no campo da ótica.[7] É verdade que aqui já temos um Jonathan Edwards mais maduro e experiente, com 13 anos de idade!

Tratando sobre o arco-íris, ele explica como a superfície convexa das gotículas produz a refração e variedade de cores, decompondo a luz "branca" dos raios solares. Falando sobre cores e a sua percepção na natureza, Edwards explica que "... o azul que vemos nas montanhas à distância não é gerado por algum raio de luz refletido nas montanhas, mas assim aparece em função do ar e do vapor de água que existe entre elas e nós".

Ainda nesses quatro ensaios, fazendo a transição para ontologia (a ciência *do ser*), Edwards traça um complexo argumento contra o niilismo. Contra aqueles que afirmavam que não lidamos com realidades, mas apenas com aparências, mas também contra os que, afirmando a realidade *do ser*, negam a existência do Ser Soberano. Depois de desenvolver vários pontos fundamentais, demonstrando uma alta técnica apologética, ele escreve:

---

6 Smith, E. C. Ed. *"Some Earlier Writings of Jonathan Edwards, A.D. 1714-1726", in Proceedings of the American Antiquarian Society* (1895), X, 237-247.
7 Acredita-se que Jonathan Edwards era familiarizado e já havia lido o tratado de Isaac Newton, *Opticks*, escrito em 1704. É importante frisar o entrelaçamento também de Newton com a fé cristã. Crente fiel na Igreja Anglicana, quase foi ordenado ao ministério, e sempre foi um defensor de um universo ordenado que procede do Soberano Deus Criador. Essa convicção foi a base do seu desenvolvimento científico e de suas importantíssimas contribuições para a ciência, principalmente no campo da física. Com toda probabilidade, Jonathan Edwards recebeu intensa influência positiva da parte dos escritos de Newton.

O CONTRASTE | *Um aspecto desconhecido de Jonathan Edwards – a cosmovisão aplicada*

Vemos que é necessário que algum ser deva ter existência eterna. É ainda muito contraditório afirmar que existem seres em alguns lugares [visíveis], mas não em outros lugares [invisíveis], pois as palavras "nada" e "onde" contradizem uma a outra, além disso, é extremamente chocante ao raciocínio pensar na existência do puro nada, em algum lugar... Assim, vemos a necessidade de que este necessário ser eterno seja infinito e onipresente.

Mais adiante, ainda neste ensaio, Edwards fala do "globo da terra" como subsistindo "neste universo criado". Certamente o seu conceito de Deus, como alicerce de todo o pensamento e sustentador da Criação, já era o mais alto possível, mesmo nessa idade em que adquiria maturidade e firmava seus pensamentos.

Já formado, em meio à sua pós-graduação, mas ainda com meros 19 anos, Jonathan Edwards escreve textos sobre a *mente*.[8] Escrito em forma de proposições ou silogismos, ele trata de "causas", "existência", "substância", "espaço", e outros temas semelhantes, que são filosoficamente abordados. Lidando com questões "espaciais", Ele diz:

> ... o segredo está aqui. Aquilo que é a substância de todos os corpos é a ideia perfeitamente estável, exatamente precisa e infinita, que está na mente de Deus, em conjunto com sua estável vontade, que é gradualmente comunicada a nós e a todas as demais mentes, de acordo com certas leis e métodos fixos, exatos e bem estabelecidos. Ou para utilizar uma linguagem diferente, a ideia divina infinitamente precisa e exata, conjuntamente com uma vontade que se relaciona e que é perfeitamente exata e estável em sua comunicação com as mentes criadas e com os efeitos que nelas são produzidos.

Quando abordamos esses escritos e esse aspecto quase desconhecido de Jonathan Edwards, em seus primeiros anos de produtividade intelectual, podemos apreciar

---

8 Dwight, S. B., Ed. *The Works of President Edwards*, Vol. I (New York: Converse, 1829), *Apendix*, 668-676

pelo menos dois grandes aspectos sobre esse gigante de Deus: **Primeiro**, constatamos a mente e a produção precoce de Edwards, produzindo ensaios fenomenais sobre suas observações da natureza, ainda como adolescente. Vemos como, muitas vezes subestimamos e infantilizamos os jovens, acreditando que pouco podemos inculcar ou extrair de suas mentes. Obviamente, nem todos são geniais, no entanto deveríamos prezar mais a juventude e acreditar mais no seu potencial acadêmico. **Segundo**, destacamos a forma natural com que ele aborda a criação e como entrelaça as diferentes áreas de conhecimento com os fundamentos da fé cristã e com a percepção de um universo que procede de um Deus soberano criador e redentor. Possuir e imprimir essa cosmovisão cristã é precisamente o objetivo da educação escolar cristã. Essa abordagem esteve tão presente nos primórdios da civilização norte-americana, inclusive nas instituições nas quais Edwards atuou, e atualmente encontra um interesse renovado, não só naquele país, mas com grandes avanços que Deus tem permitido ocorrer em nosso Brasil. Que ele produza muitos Jonathan Edwards, em todos os campos de conhecimento, é a nossa oração e desejo.

O CONTRASTE – CAPÍTULO 24

A DIDÁTICA DE CRISTO – ENSINANDO COMO JESUS ENSINAVA.

A revista *Veja* publicou um ensaio do conhecido articulista, economista e pedagogo, Cláudio de Moura Castro, no qual ele faz observações mordazes, mas não menos verdadeiras sobre o cenário educacional brasileiro. O título é *Autópsia de um fiasco*, e ele inicia com a seguinte colocação:[1]

> O fiasco da nossa educação fundamental começa a ser percebido. Há cada vez mais brasileiros sabendo que tiramos os últimos lugares no Programa Internacional de Avaliação de Estudantes (Pisa), uma prova internacional de compreensão de leitura e de outras competências vitais em uma economia moderna. Sabem também dos resultados do Sistema Nacional de Avaliação da Educação Básica (Saeb), confirmando plenamente esse diagnóstico moribundo do ensino. Agora, cabe fazer a autópsia do fracasso, dissecando cuidadosamente o defunto: por que os alunos não aprendem?

---

1 Revista VEJA, No. 1990 de 10.01.2007. Alguns pensamentos sobre o artigo do Cláudio Castro são do Rev. Cláudio Marra em artigo publicado na Revista, *"Servos Ordenados"* (Cultura Cristã, março 2007).

O fiasco abordado por ele é o da educação fundamental no Brasil e o próprio ensaísta reconhece que as causas para esse fracasso são múltiplas. Castro menciona que mesmo os alunos brasileiros provenientes das famílias mais ricas têm menos condições de interpretar um texto do que filhos de operários "da Europa e de outros países com educação séria".

Procurando a razão para isso, ele arrisca a hipótese de que "reina nos impérios pedagógicos e nos autores da moda **uma atmosfera que desvaloriza a tarefa de compreender o que está escrito no papel**" e para provar o seu ponto ele cita Charlot: *"Os saberes científicos podem ser medidos em falsos e verdadeiros, mas não os conteúdos de filosofia, pedagogia e história... (Fora das ciências naturais)* **o mundo do verdadeiro e do falso é do fanatismo***, e não da cidadania".*[2] Castro também faz referência ao conceito de complexidade que, na sua opinião é levado ao absurdo, abstraindo a simplicidade que deveria permear o ensino fundamental. Citando Morin, que disse: *"em lugar da especialização, da fragmentação de saberes,* **devemos introduzir o conceito de complexidade**", Castro contesta a crítica que Morin faz ao *"princípio consolidado da ciência,* **o determinismo** *– segundo o qual os fenômenos dependem diretamente daqueles que os precedem e condicionam os que lhes seguem.*[3] Na compreensão de Castro, essa visão vai se distanciando de uma educação mais objetiva, que é exatamente o que mais necessita o quadro educacional brasileiro.

Mas a objeção maior dele é contra a pedagoga Delia Lerner. Ele cita um texto dela, no qual ela indica que **"não faz falta saber ler e escrever no sentido convencional**... *Quem interpreta o faz em relação ao que sabe... Interpretações não dependem exclusivamente do texto em si".*[4]

Cláudio de Moura Castro reclama, então, que os autores que cita:

- negam haver verdadeiro e falso possivelmente com exceção das ciências naturais, o que é uma *discriminação curiosa e conveniente.*
- colocam o interpretar acima do próprio texto.

---

2 Bernard Charlot – professor da Universidade de Paris VIII. Favorece a ausência de reprovação na escola.
3 Edgar Morin (Nahoum - 1921) – Professor da Universidade de Nanterre.
4 Delia Lerner (de Zunino) – Educadora argentina, especialista em didática da linguagem; foi assessora do MEC do Brasil e da Venezuela. É dela a afirmação: "A escola é o único lugar que pergunta quem já sabe e que responde quem não sabe".

Ele registra que seguindo esse curso "embaçamos o ensino ao solicitar aos alunos que 'reinterpretem' o pensamento dos grandes cientistas e filósofos, pedindo a sua opinião a respeito de tudo". Castro, então, defende a importância da análise, do uso correto da linguagem e **da interpretação correta** do que está escrito (o que implica na existência do certo e do errado). No entanto, indica que os professores dos nossos jovens adotam essas ideias denunciadas e "desviam as atenções que deveriam colimar o uso judicioso das palavras e **embrenham seus alunos na indisciplina do relativismo, do subjetivismo e da 'criatividade'**".

Por que os alunos não são mais capazes de levar um texto a sério e procurar interpretá-lo corretamente antes de espetar nele um sentido aleatório determinado subjetivamente? Talvez este seja o mal que aflige toda a cultura ocidental. Mas o que me impressionou, também, nesse ensaio foi alguém, respeitado o bastante para ter espaço na revista *Veja*, fazer uma **denúncia** do relativismo e subjetivismo, algo que é **tabu em nossos dias**.

Como educadores cristãos, onde ficamos? O desafio é enorme. Mesmo nós, que cremos na verdade objetiva, revelada e registrada, e passível de ser estudada (nas Escrituras), por possuir um sentido único inspirado, devemos nos perguntar como está a objetividade e conceito de verdade da nossa prática pedagógica? Será que às vezes também não estamos mergulhados em um mar de subjetivismos.

Podemos aprender com Jesus? Como era a sua didática? Alguns podem objetar – por que nos preocuparmos com observações de alguém que viveu milênios atrás? Certamente não teve nenhuma abordagem científica à questão do Ensino. Certamente não teve o privilégio de viver no nosso maravilhoso século XXI e de participar das pesquisas e metodologia científica na área da epistemologia e da metafísica. Mas será? Afinal as regras são formuladas, ou descobertas? O número *PI* já existia antes de ser formulado pelos gregos? As regras e descrições do que faz alguém aprender são geradas por gênios, ou descobertas pela perspicácia de alguns? Elas **estão** na estrutura das pessoas, ou elas são a estrutura na qual amoldamos as pessoas?

Se nos intitulamos cristãos, devemos ter a consciência que em sua prática não temos o desempenho de um mero homem, mas do Senhor do Universo, autor e fonte de todo conhecimento. Ele é o Mestre dos mestres. Estudar a didática de Jesus Cristo significa procurar observá-lo em ação e extrair dele lições pedagógicas eternas.

Alguns livros têm sido escritos sobre a metodologia e a didática de Jesus. Mas Jesus não é só método. Para aprendermos corretamente, temos que prestar atenção não somente **como** ele ensinava, mas **o que** ele ensinava – Qual o conceito dele de conhecimento, de verdade? Como ele procura despertar o interesse, fazer com que o conhecimento seja eficazmente transmitido e o entendimento se "construa" na pessoa que está sendo ensinada. Ele agia apenas como "facilitador" ou como "agente transmissor"? Ele agia meramente de forma passiva com seus alunos, ou direcionava, apontava, corrigia, motivava?

Voltando à questão do número *PI*, antes da proposição de que a divisão do perímetro pelo diâmetro de uma circunferência nos dá a constante 3,141692..., essa relação **já era** verdade; ela não **virou verdade** após a formulação. Ela não foi estruturada, mas simplesmente descoberta. Semelhantemente, a observação **da forma de ensino** de Jesus revela metodologia de vanguarda, metodologia que funciona, conceitos universais permanentes – principalmente partindo da base de compreensão que ele é o Senhor do Universo, o Alfa e o Ômega, o princípio e o fim – a fonte do conhecimento, o Logos que se fez carne e habitou entre nós. Aquele que criou a humanidade, certamente conhece o estado em que ela se encontra, como ela funciona e o que ela precisa.

Essa forma de ensino não fica estanque em Jesus, ela se estende aos seus discípulos. "Compreendes o que vens lendo?", perguntou Filipe ao etíope, alto oficial do governo, a quem foi comissionado a ensinar o evangelho (veja o relato em Atos 8, especialmente nos versos 27 e 30). Essa não foi, com certeza, uma pergunta pós-moderna. Se hoje nem o estilo da caligrafia se pode ensinar (cada criança vai criar, *ex-nihilo*, seu próprio estilo), imagine afirmar e ensinar *um sentido único* que deve ser compreendido. Mas admitir esse sentido único é fundamental não somente para o estudo da Escritura, mas para a **prática pedagógica redentiva e que traz esperança**. Procurá-lo deve ser a preocupação inicial de todos nós. Observar a didática de Jesus é um bom começo. Para Felipe, Isaías não era um quadro branco no qual o eunuco ou qualquer um poderia escrever qualquer significado e considerá-lo válido para si, independentemente da realidade, da verdade verdadeira e objetiva. Não era, tampouco, um amontoado de grafemas ou palavras sem sentido, ou cujo sentido dependesse totalmente do intérprete. Havia sentido. Havia coerência. Havia uma mensagem. Por isso, sem treinamento, o etíope dependia de alguém que lhe explicasse sua leitura. Assim dependem nossos alunos.

Nesse sentido, não podemos deixar de concordar com a análise de Castro, especialmente quando nos lembramos que **a resposta** à pergunta de Felipe, acima registrada, era crucial para aferição da eficácia da instrução que deveria ser ministrada. A resposta do etíope – **"como entenderei se alguém não me explicar?"** – demonstra, mais uma vez a necessidade do entendimento. Assim, não importam as credenciais pedagógicas da Dra. Délia Lerner. Quando ela nos diz "que não faz falta saber ler e escrever no estilo convencional", temos que considerar tal afirmação uma grande piada. A verdade é que faz falta, sim! E por acharem que "não faz falta", é que nos encontramos no estado lamentável de amargar os últimos lugares nas aferições internacionais de leitura.

Para não termos apenas discípulos "criativos", porém, analfabetos, cheios de *insights*, mas sem, critério[5], discernimento, ou compreensão clara da natureza íntima do texto, voltemos ao estudo e à prática pedagógica séria. O que foi escrito? Quem escreveu? Em quais circunstâncias? Para quem? Por que? O que isso significa? E (somente então) como se aplica? O que devo crer ou deixar de crer, fazer ou deixar de fazer a partir desse ensinamento? Escrever, ler e entender o que se lê – são passos insubstituíveis à construção do entendimento adicional em todas as áreas. E isso se faz no ensino que olha com objetividade o conhecimento, como o que foi praticado por Jesus, e não com aquele que relativiza todas as coisas.

Examinemos a didática de Jesus, observando um incidente de ensino em sua jornada – seu encontro com a mulher samaritana, registrado no **quarto capítulo do Evangelho de João**. Submeto que compreendamos este exemplo de ensino, sob **cinco pontos chaves** que se encontram no texto sagrado. Nessa interação com aquela

---

5 A palavra insight pode significar critério (*Michaelis*), mas utilizamos o termo para referir-se a uma "sacada" sem conexão necessária com o sentido do texto ou da realidade – atitude tão comum entre a juventude.

mulher, Jesus apela para a sua (1) **confiança**, atiça a sua (2) **curiosidade**, identifica a sua (3) **carência**, desperta a sua (4) **consciência** e ministra o essencial (5) **conteúdo**, que concretiza o conhecimento necessário e complementa o processo de ensino. Acredito que neste incidente, bem como em vários outros, temos um modelo da didática de Cristo, que pode ser aplicado no relacionamento com nossos alunos, em nosso processo pedagógico e em nossas salas de aula.

Confiança – A primeira ação de Jesus é ganhar a confiança daquela mulher e isso é evidente nos versos 7-9 de João 4, onde lemos: *"Nisto, veio uma mulher samaritana tirar água. Disse-lhe Jesus: Dá-me de beber. Pois seus discípulos tinham ido à cidade para comprar alimentos. Então, lhe disse a mulher samaritana: Como, sendo tu judeu, pedes de beber a mim, que sou mulher samaritana (porque os judeus não se dão com os samaritanos)"?*

Jesus ganha essa confiança quebrando barreiras e preconceitos construídos em estereótipos, que impediam o relacionamento pessoal. Para que possamos apreciar a imensidão das barreiras a serem cruzadas, devemos examinar a declaração parentética de João, de que existia uma inimizade latente e profunda entre os judeus e os samaritanos. No Antigo Testamento lemos[6] que a região de Samaria foi esvaziada de seus moradores judeus, depois dos sucessivos ataques e invasões, e Israel foi "transportado de sua terra para a Assíria".[7] O Rei da Assíria trouxe povos de outras nações que substituíram os israelitas naquelas terras.[8] Seus descendentes, portanto, nunca se consideraram, nem eram considerados judeus. Depois, rabinos foram enviados para instrução daqueles habitantes, mas o resultado foi desastrado – o judaísmo foi misturado com paganismo e, apesar das similaridades, a consequência foi o surgimento de uma religião totalmente diferente.[9] Nunca houve bom entendimento dos samaritanos com os judeus, especialmente após o retorno do cativeiro na Babilônia.[10]

---

6 1 Reis 17.
7 1 Reis 17.23
8 1 Reis 17.24 e Esdras 4.2-11.
9 1 Reis 17.27-29.
10 Vide os livros de Esdras e Neemias.

Na realidade, podemos destacar cinco razões para a inimizade que existia nos tempos de Jesus entre judeus e samaritanos: (1) **O Templo** – os samaritanos ofereceram ajuda para a reconstrução deste, mas os judeus rejeitaram. Os samaritanos nunca esqueceram essa rejeição. (2) **As muralhas** – quando os judeus que retornaram do exílio procuravam reconstruir as muralhas de Jerusalém, os samaritanos subvertiam a iniciativa e derrubavam o que era reconstruído.[11] É desnecessário frisar o quanto isso irritou os judeus e como isso aprofundou a inimizade. (3) **A clonagem** – o templo dos judeus foi "clonado" no monte Gerizim[12] e essa ação virou mais um pomo de discórdia entre judeus e samaritanos. (4) **Refúgio** – Samaria adquiriu a reputação de ser um refúgio de criminosos. Na época de Jesus era para Samaria que fugiam os violadores das leis dos judeus. (5) **O Pentateuco** – os Samaritanos se consideravam religiosamente mais puros do que os judeus e alardeavam que aceitavam apenas como Escritura inspirada os cinco primeiros livros de Moisés. É evidente que os samaritanos não ganhavam nenhum concurso de popularidade entre os judeus. Chamar um judeu de "Samaritano" era uma ofensa grave e terrível, como fizeram com o próprio Jesus, em João 8.48. Além de toda essa inimizade latente, havia outra barreira social, da época: além de ser samaritana, a interlocutora era uma mulher.

Jesus desconsidera todas essas barreiras e preconceitos e fala com a mulher, pedindo-lhe água. Com essa atitude ele ganha a sua confiança. Lembro-me de uma palestra que ouvi de um pastor coreano e de como relatou um incidente de sua vida. Ele era uma pessoa diferente, pois o seu pai, que havia estudado nos Estados Unidos, era coreano, mas a sua mãe era americana. Quando você olhava para ele via, por vezes, características ocidentais, mas, dependendo do ângulo, as feições eram marcadamente orientais. Ele relatou suas dificuldades em se integrar com os companheiros de escola, quando ele era um menino de uns 8 anos, na Coréia, onde seus pais atuavam como missionários. No início o lanche que ele levava para a escola era diferente. Ele convenceu a mãe que deveria levar uma refeição, a base de arroz, como os demais colegas faziam. Ele se olhava no espelho e estranhava o nariz, que

---

11 Neemias 6.1-14.
12 Josefo, *Antiguidades*, 11:310-311.

não era achatado como os dos seus vários amiguinhos. Disse que chegou a dormir algumas noites no chão, com o rosto voltado para baixo, para ver se acordava com o nariz mais parecido com os demais.

Kim, esse era seu nome, disse que quando estava praticamente aceito por seus pares, os pais anunciaram que eles iriam de volta aos Estados Unidos, onde passariam pouco mais de um ano. Ele tremeu "nas bases", com medo do que o esperava. Relatou que chegando no país de sua mãe, após algumas semanas, foi levado a uma escola, onde ficaria estudando. Pensou: "vai começar tudo de novo...". Levado à sala de aula, que já estava em progresso, sentou-se no fundo, apelando para passar despercebido. Os alunos daquela classe estavam, naquela ocasião, alternando-se na soletração de palavras. Ele "enterrou-se" ainda mais na cadeira, pensando: "eu sei falar inglês, mas sinto-me mais à vontade falando coreano! Se eu for chamado, não vou saber soletrar e ficarei envergonhado na frente de todos". A aula chegava ao fim e ele achou que estava escapando. Foi quando a professora disse em voz alta: "classe, temos um aluno novo! Venha aqui, Kim"! Ele pensou: "estou 'frito'"! Mas a professora continuou, quebrando as barreiras, aproximando-se do menino. Ela não pediu que ele soletrasse nada, mas disse à classe: "Kim é coreano! Kim, por favor vá ao quadro e escreva o seu nome em coreano"! Ele sorriu. "Isso eu sei fazer", pensou! E escreveu no quadro, enquanto os alunos observavam interessados aqueles caracteres estranhos. Mas a professora continuou: "Kim, este aqui na frente é o John. Como é que você escreveria o nome dele"? E assim prosseguiu com mais dois ou três outros alunos. Terminou com as boas vindas e encerrou a classe. Kim, em sua palestra, nos relatou como os demais alunos se enturmaram ao seu redor, depois da classe, e cada um queria que o seu próprio nome fosse escrito no quadro, copiado em um papel – era uma grande novidade. Mas o ponto de Kim era de como aquela professora havia ganho a sua confiança. Ela ignorou as barreiras; ela não procurou humilhá-lo ou dificultar a sua vida; ela achegou-se ao nível dele; ela ganhou a confiança dele. E Kim expressou como ele a prezou por isso e como ele confiou nela durante todos os meses que ficou naquela classe.

Realmente, o primeiro passo de um bom ensino é ganhar a confiança dos alunos e isso é conseguido eficazmente quando, como professores, chegamos ao nível dos nossos alunos, onde eles se encontram, vencendo barreiras. E é o que Jesus fez. Note **a resposta** da Mulher Samaritana. Ela expressa surpresa! "Como, falas comigo"?! Se queremos ensinar como Jesus, emular a sua didática, temos que, primeiramente, **ganhar a confiança** dos nossos alunos.

Curiosidade – o segundo passo, nessa interação do professor com a sua aluna, é o despertar da curiosidade. Jesus faz exatamente isso levando a curiosidade da mulher a ser ***atiçada***. Nos versos 10 a 12, lemos: *"Replicou-lhe Jesus: Se conheceras o dom de Deus e quem é o que te pede: dá-me de beber, tu lhe pedirias, e ele te daria água viva. Respondeu-lhe ela: Senhor, tu não tens com que a tirar, e o poço é fundo; onde, pois, tens a água viva? És tu, porventura, maior do que Jacó, o nosso pai, que nos deu o poço, do qual ele mesmo bebeu, e, bem assim, seus filhos, e seu gado"?*

Curiosidades são atiçadas com **colocações inesperadas**. Jesus pergunta à mulher: "você sabe com quem você está falando"? Mas ele não dá resposta a isso, deixa a resposta "no ar". Essa situação, de falar o inesperado e de controlar o que está sendo transmitido, sem apresentar logo o resultado, é algo que temos que exercitar e procurar conscientemente em nossa prática do ensino. Quantas vezes os professores acham que precisam dizer tudo, no menor espaço de tempo possível, sem deixar nenhuma pedra revirada. Mas onde fica o suspense, que aguça a curiosidade? É essa situação, exatamente, que fornece um lastro de interesse para a continuidade da comunicação. A curiosidade é também atiçada por **colocações inusitadas**. Jesus acaba de pedir água, mas, em essência diz: "Sabe que eu posso lhe dar água"? Imagine como isso deve ter impressionado aquela mulher. Será que não podemos surpreender nossos alunos da mesma forma? A curiosidade é, em adição, atiçada com **colocações intrigantes**. Jesus provoca uma abstração do simples para o complexo. Até agora têm falado sobre a substância da água, aquela que mataria a sede imediata. Mas Jesus passa do imanente para o transcendente e indica que ele tem "água viva". Qualificando a "água" ele intriga ainda mais aquela mulher.

Mas vejam o que acontece quando a curiosidade é atiçada. Qual é a resposta da mulher? Previsivelmente, a **resposta** dela se materializa em forma de perguntas e indagações! "Como vais tirar a água"? "Onde está esse poço"? "És maior do que Jacó"? Pense bem, esse não é o sonho de todo professor: alunos que estão tão interessados que fazem perguntas! E como isso foi conseguido? Para que a nossa prática educacional seja bem sucedida e se quisermos gerar motivação, espelhando-nos em Jesus, devemos dar importância a esse fator e atiçar a curiosidade dos nossos alunos.

Carência – No passo seguinte, vemos que Jesus *identifica* a carência de descanso e satisfação que existia naquela mulher. Os versos 13-15 relatam: *"Afirmou-lhe Jesus: Quem beber desta água tornará a ter sede; aquele, porém, que beber da água que eu lhe der nunca mais terá sede; pelo contrário, a água que eu lhe der será nele uma fonte a jorrar para a vida eterna. Disse-lhe a mulher: Senhor, dá-me dessa água para que eu não mais tenha sede, nem precise vir aqui buscá-la".* Jesus está bem consciente de que todos possuem carências últimas de vida, que transcendem as necessidades imediatas. Assim, ele se dedica a identificá-las e acena com algo que pode preenchê-las: "a água que eu tenho – que eu lhe der" e que está disponível ("quem beber"). O que Jesus está fazendo é elevando os olhos da aluna acima do "aqui e agora". Ele volta o olhar dela para questões eternas ("uma fonte a jorrar para a vida eterna").

Mais uma vez, esse apelo gera uma **resposta**: "dá-me dessa água"! A aluna expressa o desejo de ser satisfeita. Quer resolver situações de maneira permanente e não apenas no aspecto temporal. Se queremos educar eficazmente, como Jesus, precisamos apontar aos nossos alunos que a vida tem uma dimensão e significado maior. Essa dimensão transcende a visão imediata. Os seus olhos devem estar postos no futuro e a introdução desse aspecto, no processo de aprendizado, não é acidental ou incidental; é um componente essencial. Em adição, fazer os nossos alunos levantar os olhos simplesmente do "aqui e agora", do imediatismo, significa fazê-los perceber que existem muito mais coisas que ainda não sabem; que serão necessárias a eles para conseguir firmar os seus passos, na vida, e atingir as suas metas.

Consciência – Nos impressiona que Jesus não foge das implicações morais da vida da sua aluna, como vemos nos versos 16-18. *"Disse-lhe Jesus: Vai, chama teu* *marido e vem cá; ao que lhe respondeu a mulher: Não tenho marido. Replicou-lhe Jesus: Bem disseste, não tenho marido; porque cinco maridos já tiveste, e esse que agora tens não é teu marido; isto disseste com verdade".* Jesus utiliza de uma colocação retórica e a manda "chamar" o marido. Mas ele sabia que ela não tinha uma vida normal. A sua vida era irregular, não somente pelo número de companheiros que havia tido (5), mas até pela vida atual, na qual se achava envolvida fora do que seria próprio e correto ("não é teu marido"). Mas o que nos chama atenção, também, é que na medida em que ele está pressionando a sua consciência, ele o faz sem acusações e até achando um ponto positivo na honestidade da mulher ("Bem disseste"). A verdade é que a **resposta** da mulher reflete honestidade, e é essa honestidade e transparência que Jesus elogia. Mas no processo de ensino e aprendizado, não podemos ignorar o contexto moral no qual os alunos estão inseridos. Para ensinar eficazmente como Jesus não podemos deixar de pautar a obrigação que todos têm para com Deus e para com os seus semelhantes. Isto abrange todo o ensino, encaminhando o aluno a tirar conclusões responsáveis e a assumir atitudes éticas, partindo do que aprende na sua própria vida, mas também observando as considerações morais ao seu redor. Também observará, sob este prisma, a história, a ciência, a literatura, etc. A sua consciência deve ser atiçada para questões tais como a cola nas provas, *bullying*, injustiças, desrespeitos – sempre examinando qual o seu papel nessas questões.

Conteúdo – (Conhecimento) Agora Jesus passa a dar corpo ao ensino. É verdade que tudo o que ocorreu até agora foi ensino, mas temos muito mais uma abordagem metodológica do que conteúdo. Mas Jesus sabe que a metodologia não se sustenta em pé por si só. Ela é necessária à apreensão do conteúdo, mas é veículo ao mesmo. Vejamos os versos 19-26. *"Senhor, disse-lhe a mulher, vejo que tu és profeta. Nossos pais adoravam neste monte; vós, entretanto, dizeis que em Jerusalém é o lugar onde se deve adorar. Disse-lhe Jesus: Mulher, podes crer-me que a hora vem, quando nem neste monte, nem em Jerusalém adorareis o Pai. Vós adorais o que não conheceis; nós adoramos o que conhecemos, porque a salvação vem dos judeus. Mas vem a hora e já chegou, em que os verdadeiros adoradores adorarão o Pai em espírito e em verdade; porque são estes que o Pai procura para seus adoradores.*

Deus é espírito; e importa que os seus adoradores o adorem em espírito e em verdade. Eu sei, respondeu a mulher, que há de vir o Messias, chamado Cristo; quando ele vier, nos anunciará todas as coisas. Disse-lhe Jesus: Eu o sou, eu que falo contigo".

O importante é que a própria aluna **quer** conteúdo. Vivemos em uma era onde conteúdo é quase uma palavra pejorativa nos círculos pedagógicos. Com frequência ouvimos alguém falando mal de uma instituição, dizendo: "aquela escola é *conteudista*"! Mas Jesus sabe que a transmissão do conhecimento é a peça essencial do processo. Se o entendimento não se internalizar, não se construir, o aprendizado falhou. Neste estágio da comunicação professor-aluna, a interatividade é total. A aluna passa a dizer: "acho que é assim", expressando a sua compreensão das questões; o professor rebate, "não! É desse modo"! Note que o professor Jesus não tem medo da objetividade; de distinguir o **certo** do **errado**. Ele não tem melindres em corrigir o que precisa ser corrigido e direcionar o que precisa ser direcionado. Ele não vê isso como uma violação das liberdades da aluna. Pelo contrário, ele sabe que o conhecimento verdadeiro é que irá libertá-la. Assim, ele dá importância à verdade e a transmite ("Deus é Espírito..."; "Ele deseja ser adorado de uma maneira específica – em Espírito e **em verdade**").

A **resposta** da aluna é formada de indagações honestas. Ela realmente quer aprender e diz mais ou menos assim: "eu compreendo o que está sendo ensinado, mas nós pensamos de forma diferente. Está certo"? Não podemos esquecer a intensidade do antagonismo entre Judeus e Samaritanos, que já foi apontado. Mas notem que Jesus, que já cruzou as barreiras e chegou ao nível da aluna, agora não compromete a verdade e não se preocupa em ser politicamente correto. Seu compromisso é com o conteúdo correto e ele não hesita em indicar, a uma samaritana, que "a salvação vem dos judeus"! Imaginem, afirmar isso a alguém de Samaria! Mas era o que precisava ser elucidado. Todo o trecho é rico em conteúdo e doutrina. No final, o conteúdo mais importante para ela é a identificação do Messias. Então ele prega-se a si mesmo: "Eu sou, eu que falo contigo".

Para que a nossa prática pedagógica seja eficaz, como a de Jesus, temos que dar importância à verdade; precisamos também ter a compreensão correta da necessidade de se ter conteúdo, de transmitir conhecimento adequado e necessário; precisamos ser fonte de direcionamento; necessitamos abandonar o relativismo e o subjetivismo e transmitirmos segurança aos nossos alunos, com o nosso saber.

O aprendizado eficaz foi demonstrado na vida daquela aluna, nos frutos gerados por ela. No verso 39, lemos que muitos "...creram... em virtude do testemunho da mulher, que anunciara...". A **aluna**, agora, **passa a ensinar** e essa é a grande marca do aprendizado eficaz. Lembremo-nos desses *cinco aspectos da didática de Cristo* (João 4.7-26):

1. CONFIANÇA – É necessário ganhá-la.
2. CURIOSIDADE – É preciso despertá-la.
3. CARÊNCIA – É importante identificá-la.
4. CONSCIÊNCIA – É imprescindível confrontá-la.
5. CONTEÚDO/CONHECIMENTO – É essencial objetivamente transmiti-lo.

Aplicar a didática de Jesus é observar a atuação do Mestre; é aplicar a sua metodologia; é emular o seu cuidado com a verdade objetiva; é ser incisivo e claro quanto aos fatos da vida, e não subjetivo e relativo; é objetivar tocar vidas ao ponto de transformá-las em uma torrente multiplicadora que impacta e igualmente transforma dezenas de outras vidas. Ensinar como Jesus é aceitar as suas palavras e fazê-las nossas, também.

O CONTRASTE – CAPÍTULO 25

LIMITES – POR QUE TÊ-LOS?

Não, não e não!!! Essa foi a chamada aos leitores, com letras vermelhas garrafais, colocada numa capa da revista semanal brasileira de maior circulação. Com menos de quatro meses de intervalo, dois artigos dessa revista – um de capa – foram escritos com inúmeros depoimentos de especialistas, sobre a necessidade de imposição de limites, não somente na educação de filhos, da parte dos pais, como na sociedade como um todo.[1] Num dos textos, salienta-se que um dos livros mais vendidos internacionalmente tem como título: *"Dizer Não – impor limites é importante para você e para seu filho"*.[2] Numa era em que temos nos acostumado a ler a defesa total da ausência de limites, essa ênfase chega a surpreender. Será que descobrimos uma nova metodologia de educação e controle?

O reencontro deste princípio, conforme os artigos, "é o assunto do momento entre especialistas em educação no mundo inteiro". Pais bem-intencionados estão descobrindo que não basta apenas ensinar, amar, explicar e orientar. É preciso **"dizer não"**.

---

1 Revista *Veja*. Artigo: *Não, Não e Não!!!!* Por, Alice Granato, na edição de 16-06-1999; e *A Boa linha dura*, de autoria de Thais Oyama, na edição de 13-10-1999. Este capítulo 25 foi desenvolvido e atualizado a partir da introdução ao livro: *A Lei de Deus Hoje*, do autor (São Paulo: Ed. Os Puritanos, 2000).
2 Asha Philips, *Dizer Não – Impor limites é importante para você e para seu filho* (São Paulo: Ed. Campus-Elsevier, 2000).

Nas últimas três décadas, muitas escolas encontraram-se na situação de serem obrigadas a criar "serviços especiais para atendimento de alunos com problemas de disciplina e falta de parâmetros de comportamento". Instituições de ensino que se consideravam "modernas" e "liberais" por terem abolido as regras e as exigências, que acreditavam ser antieducativas e repressoras, observam agora que os alunos não estão "cooperando". Deixados a seguirem a sua própria vontade, tornam-se adultos sem as habilidades acadêmicas, artísticas e sociais que as escolas pretendem lhes proporcionar num ambiente livre, amoroso e descontraído. Muitos nem chegam a se formar e os que recebem o diploma, frequentemente, são mais iletrados e mais inseguros emocionalmente do que seus pais.

A consequência dessa verificação prática está sendo o retorno dos conceitos de *"infração"* e *"punição"* e as tão desdenhadas e abominadas *"proibições"*.

- **Não** cabule as aulas.
- **Não** fume nas dependências escolares.
- **Não** fique ouvindo seu *iPod* nas aulas.
- **Não** desrespeite o professor.
- **Não** chegue à classe sem ter feito o dever.
- **Não** use roupas que estão "fora dos parâmetros estabelecidos"...

Nesse sentido, coloca um dos artigos, os pais são orientados a reforçar as proibições escolares e a criarem os seus próprios limites:

- **Não** fique acordado a noite toda.
- **Não** quero saber de você participando de tal atividade em tal lugar...
- **Não** fique grudado na Internet por ... horas em seguida.
- **Não** infernize a vida dos seus familiares com o volume da sua música, com seu desrespeito, com sua falta de higiene...

Surpreendentemente, discute-se agora *"quando"* e *"como"* se deve usar a palavra **"não"**, e não *se* ela deve fazer parte do vocabulário educativo—tanto no lar quanto na escola. Isso se aplica igualmente a muitas outras palavras que na era atual já estavam descartadas, abominadas e vituperadas. Esses artigos enfatizam que proibições, orientações e incentivos novamente devem conviver lado a lado—complementando-se. Um dos especialistas citados diz, "É preciso ser sempre muito claro e até **intransigente** quanto às **regras** e **condutas** que devem ser seguidas".

Mais recentemente, a psicóloga Rosely Sayão, escritora, colunista e palestrante muito requisitada, sempre presente em programas radiofônicos, foi o alvo de uma reportagem. O tema e título da reportagem? Uma afirmação constante que ela vem propagando: "Pais, sejam firmes"! Diz Rosely: "com criança pequena, temos que dar ordem e não estabelecer tratos".[3]

Não, não e não!!! Será que já não ouvimos isto antes? Há milênios atrás, houve um outro pai, o Pai Supremo, que resumiu a sua vontade para o comportamento dos seus filhos com uma "imposição de limites" bem clara.

Não, não e não!!! **Não** terás outros deuses diante de mim... **Não** matarás.... Não adulterarás.... **Não** furtarás... **Não** dirás falso testemunho... **Não** .... Refiro-me aos Dez Mandamentos, dados a Moisés e ao povo de Deus e repetidos em muitas ocasiões e em diversas maneiras durante os séculos seguintes.

Na esfera pessoal, a natureza humana pecaminosa nunca aceitou de bom grado esses limites. Na esfera social, as sociedades constituídas sempre apresentaram tendências de irem desviando os seus limites éticos e de controle desses referenciais traçados por Deus. Mas os ataques aos limites talvez nunca tenham sido tão intensos quanto neste século XXI, quando o humanismo desenfreado encampou as grandes correntes filosóficas e políticas, e a cultura popular foi sendo liderada cada vez mais para longe desses princípios estabelecidos na Palavra de Deus.

Um filósofo e psicólogo contemporâneo disse: "... a noção de que existe uma verdade absoluta gravada nos céus eternos, como ensinaram a muitos de nós, não é apenas uma falsidade, mas também uma ameaça ao desenvolvimento humano".[4] Na

---

3 Daniel Bergamasco, autor da citada reportagem, em *VEJA – SP*, 27.06.2012, 34-44.
4 Herbert Arthur Tonne, *The Human Dilemma: Finding the Meaning in Life* (o Dilema humano: encontrar significado na vida) citado por David A. Noebel, *Understanding the Times* (Colorado Springs: ACSI, 1992), 395.

realidade, esse conceito, esse afastamento de Deus e de seus princípios é **a verdadeira ameaça** ao desenvolvimento harmônico das pessoas e da sociedade.

O mundo cristão deveria ser o guardião das verdades divinas, proclamando ao mundo e às sociedades decadentes os limites e a justiça de Deus, no entanto, vem sucumbindo a formas de pensar que minam a visão bíblica da Lei de Deus. A fé cristã já se encontrava sob grandes ataques internos desde o século XVIII, com o surgimento do liberalismo, gerado nos grandes centros acadêmicos cristãos da Europa. Com um racionalismo questionador da veracidade da Revelação Divina, na Bíblia, o liberalismo procurava, em essência, criar uma teologia e uma prática religiosa na qual o sobrenatural, nas Escrituras e na mensagem, fosse secundário ou, até, totalmente desnecessário. Esse ataque precedeu desvios, talvez até mais sérios – pela sua sutileza – encontrados mais tarde dentro do campo conservador. O novo ataque começou no final do século XIX e no século XX, gerando também desprezo pela Lei de Deus. Tivemos a formação de várias correntes teológicas que foram se distanciando da teologia reformada e da sua ênfase na unidade do plano soberano de Deus, contida no Antigo e no Novo Testamento. Isso ocorreu no seio dos que eram, supostamente, "teologicamente conservadores".

Talvez muitos evangélicos contemporâneos não se apercebam disso, mas entre as correntes teológicas que passaram a fragmentar erroneamente a Palavra de Deus, destaca-se o dispensacionalismo.[5] Esse método teológico foi, desde o início, marcado pela sua rejeição do conceito de uma Igreja formada pelo Povo de Deus redimido, em todas as eras, pela sua distinção de vários "processos" de salvação, ao longo da história, e pela sua divisão confusa entre lei e graça, retirando a validade da Lei de Deus ao presente e colocando os crentes sob diretrizes totalmente subjetivas e fluidas. A bem da verdade, nem todos dessa corrente desprezam a lei de Deus. Por exemplo, o Rev. John MacArthur, dispensacionalista em sua escatologia, defende a teologia da

---

[5] Corrente teológica desenvolvida a partir dos conceitos de John Nelson Darby (1800-1882) e do seu trabalho, no Reino Unido, com os Plymouth Brethren (*Os Irmãos*). O dispensacionalismo foi popularizado pela *Bíblia de Scofield* em todo o mundo, que ensina a divisão da história da humanidade em etapas distintas e bem delineadas (geralmente, sete), nas quais Deus administra de forma diferenciada o plano de salvação e o seu relacionamento com o seu povo.

reforma, e afirma o seguinte: *"a Graça não elimina a lei moral de Deus"*.[6] No entanto, é seguro afirmar que o dispensacionalismo veio a servir de base e alicerce a grande parte do evangelicalismo em todo o século XX, até os dias de hoje.

Nesse campo fértil a inovações teológicas, desenvolveu-se também o movimento carismático. Abraçando o subjetivismo e o misticismo em sua teologia, rejeitando as âncoras e limites criados por Deus, os evangélicos foram, portanto, presa fácil dos pensamentos humanistas contemporâneos. Juntamente com os filósofos, psicólogos, pedagogos e outros especialistas da última metade do Século XX, muitos cristãos também sentiram-se traumatizados com o suposto "negativismo" da Lei Moral de Deus.

Num mundo pós-moderno e pluralista, dizia-se, ninguém mais tinha o direito de impor certas diretrizes. Os "parâmetros de comportamento" se tornaram relativos. "A sua verdade pode não ser a minha verdade". "O que é certo para você, não é necessariamente certo para mim". "A vida é minha, você não tem o direito de mandar em mim". Muitos assumiram a postura, não declarada, de que Deus devia estar ainda *"meio por fora"* na época em que registrou a Sua Lei. Talvez ele ainda estivesse aprendendo a lidar da maneira certa com seus filhos. Foi firmando-se o conceito de que Jesus, por outro lado, já sabia explicar bem melhor o que Deus tinha em mente e que seus ensinamentos até contradiziam os do Antigo Testamento. Não teríamos, portanto, muito mesmo que recorrer ao Antigo Testamento, pois estávamos na dispensação da graça e do amor. Conforme anunciava uma célebre canção dos Beatles – *tudo que você precisa é o amor*... E os evangélicos, desprezando as bases dos limites divinos e a visão global da justiça de Deus, passaram a ecoar somente essa mensagem.

Essa passou a ser a tônica do ensinamento nos anos 1960 e 70. Muitos afirmaram que amor e só amor, era a formula infalível para que uma criança crescesse feliz e emocionalmente estável. Parecia encaixar direitinho com os ensinamentos de Jesus. E lá fomos nós, reescrevendo o "espírito" da lei moral de Deus e tirando os "negativos". Falamos de "direitos humanos" e "respeito", mas passamos mais tempo ensinando

---

6 John MacArthur, *"Gazing into the Perfect Law"*, artigo disponível em: http://www.erictyoung.com/2010/09/10/gazing-into-the-perfect-law-%E2%80%94john-macarthur/, acessado em 06.08.2012.

como assegurá-los para si mesmo do que como ser instrumento deles. Os outros é que tinham as obrigações, nós é que tínhamos os direitos.

Os crentes ficaram tão empolgados com os conceitos dos especialistas do mundo que também pararam de dizer "**não**" aos filhos. As escolas, igualmente, passaram a evitar dizer "não" aos seus alunos. Parece que isso indica um certo medo de serem denominados "caretas", "intolerantes", "repressores", "ditatoriais"... A única coisa que ficou proibida foi "proibir". Era proibido dizer não. A tarefa dos pais e da escola foi transformada em apenas orientar, esclarecer e **amar**. O resultado seria garantido. No entanto, logo começamos a desconfiar que era "**quase** garantido". Depois vimos que havia-se perdido a base tanto do comportamento e da ética pessoal, como dos limites impostos por Deus à sociedade.

Os crentes, agora, são envergonhados quando descrentes chegam a conclusões que eles já deviam saber há muito e deviam estar proclamando em alto e bom som: ***Não, não e não!!!*** Mas, juntamente com a vergonha, devem ter a percepção de que os descrentes tateiam, no escuro, pressionados pelas repetidas falhas de suas filosofias. Não possuem a base para suas conclusões. Por exemplo, outro artigo, de uma revista internacional de grande importância, intitulado *"Distinguindo o Certo do Errado"*, comentando a onda de assassinatos infantis e juvenis nas escolas norte americanas, diz que "os administradores das instituições e os pais, em todos os lugares, estão discutindo como fazer com que uma criança saiba, em sua mente e sinta em seu coração que a mentira, o roubo, a cola, o ferir alguém e – especialmente – o assassinato, são ações moralmente erradas".[7] Mas **o que é realmente errado**? Como os descrentes vão poder definir o *moralmente errado*? É aquilo que é aceitável socialmente? É aquilo que me faz feliz? O artigo fala de consciência, culpa, vergonha, desenvolvimento moral, raciocínio moral, mas todos esses temas só fazem sentido quando relacionados com a Lei Moral de Deus.

Não, não e não!!! Não significa desprezo ao amor, mas a compreensão correta de que o amor significa a aplicação desses limites e o respeito por Deus e pelo

---

7 Revista *Newsweek*. Artigo: *"Learning Right from Wrong"*, por Sharon Begley e Claudia Kalb, edição de 13 de março de 2000, 30-33.

próximo. Depois da sua última ceia, Jesus teve uma conversa muito especial com seus discípulos, registrada em grandes detalhes no evangelho de João, o "apóstolo do amor". O relato de João (capítulos 13-17) se encerra com a oração sacerdotal de Jesus na qual ele orou não apenas pelos discípulos que estavam presentes, mas também por aqueles que viriam a crer nele – entre os quais se encontram, esperamos, aqueles que agora leem este texto. Como vamos ver, a compreensão dos limites significa a maior demonstração possível de amor. Se amamos, cumprimos mandamentos (João 14.15).

No Evangelho de João, 17.17-26, lemos, "*Santifica-os na verdade, a tua palavra é a verdade... a fim de que todos sejam um...: a fim de que sejam aperfeiçoados na unidade...; a fim de que o amor com que me amaste esteja neles e eu neles esteja... para que o mundo creia que tu me enviaste...*" O nosso Senhor Jesus pede por aperfeiçoamento na união e a presença visível do amor. União e amor. Esse é o sonho de todos os seres humanos. Esse sonho é preenchido somente pela mão poderosa de Deus, quando ele nos resgata da lama do pecado e nos dá uma nova vida e nova visão através de Cristo Jesus.

Os limites das Escrituras devem ser conhecidos e proclamados pelos crentes, pelos educadores cristãos, pelas escolas cristãs. Não podemos mais ignorar a Lei Moral de Deus, sob pena de enterrarmos nossa vida, de orientarmos mal os que ensinamos e de fragmentarmos mais a nossa sociedade. Ser sal da terra e luz do mundo envolve não somente o viver corretamente, mas a convicção extraída da bíblia de que a Lei Moral de Deus é **para nós, para a nossa era, para HOJE**. Essa deve ser a convicção da educação escolar cristã.

O CONTRASTE – CAPÍTULO 26

VOZES CORRENTES CONTRA O CONSTRUTIVISMO. A PERTINÊNCIA DO MÉTODO FÔNICO DE ALFABETIZAÇÃO.

O cristianismo tem tudo a ver com alfabetização, pois Deus revelou-se a si mesmo pela Palavra e fez registrar seus feitos e atos, na história, seu plano e interatividade com a criatura, em um livro precioso, a Bíblia. O apreço do cristianismo pelas Escrituras Sagradas tem resultado na ênfase ao ensino, entendimento e interpretação da leitura ao longo de toda história.[1] A busca pela melhor e mais rápida metodologia de alfabetização deve estar no cerne dos interesses do educador cristão. O construtivismo tem conturbado essa área tão fundamental do saber. Especialmente porque postula o subjetivismo, em vez de uma educação objetiva; defende uma desejável ausência de direcionamento, em vez de diretrizes claras; e apresenta parâmetros educacionais confusos e em exacerbada autonomia, a criancinhas que ainda iniciam sua jornada na escola e que clamam por simplicidade e limites definidos. No entanto, parece que nem tudo está perdido. Existem evidências de que algumas coisas estão mudando e o contraste está se estabelecendo.

O jornal A Folha de São Paulo, em sua edição de 6 de março de 2006, trouxe uma reportagem de página inteira,[2] com um debate pedagógico da mais alta relevân-

---

1 Como já indicamos, até hoje a fórmula de batismo da Igreja Presbiteriana do Brasil contém a obtenção da promessa dos pais de que ensinarão seus filhos a ler, para que possam compreender a Palavra de Deus.
2 Folha de São Paulo, 06.03.2006, contracapa do primeiro caderno.

cia. De um lado, o Dr. Fernando Capovilla. Do outro lado, a Dra. Telma Weisz. O tema do debate: **o método fônico x construtivismo**.

Digo que o debate foi muito relevante, pois foi a primeira vez, no Brasil, em que um grande órgão de comunicação apresentava uma importante voz dissonante, no circuito pedagógico, contra o construtivismo, mais especificamente, na abordagem construtivista quanto a alfabetização. O Dr. Fernando Capovilla, defensor do método fônico, é uma das maiores autoridades em alfabetização e Linguagem de Sinais Brasileira, e tem um currículo impressionante.[3] A Dra. Telma Weisz, defendia o construtivismo e, igualmente, possui um sólido currículo, ainda que não tão vasto como o do Dr. Capovilla.[4]

O método fônico afirma que se deve ensinar a criança a decodificar e codificar, de forma gradual, grafemas (letras) e fonemas (sons). Ou seja, ela recebe instruções explícitas e sistemáticas de consciência fonológica. **Simplificando: no método fônico, ensinam-se as letras e seus sons e, depois, as palavras.**[5] Essa instrução direta é totalmente oposta à visão construtivista, que postula uma metodologia na qual são criadas condições para que a criança expresse da forma que lhe for peculiar, a compreensão de palavras complexas. O construtivismo rejeita completamente o método fônico, pois ele implica na transmissão de conhecimento e, de acordo com a Dra. Telma Weisz, "ensinar é criar condições e situações para a aprendizagem" e a ideia de que ensinar é "transmitir informações" é coisa de "antigamente".[6] Alguns construtivistas

---

3 Professor da USP, Ph.D. em psicologia; livre docente em Neuropsicologia e chefe do laboratório de Neuropsicolinguística Cognitiva Experimental da USP; pesquisador Nível 1 do CNPq; coordenador nacional de alfabetização e inclusão da Capes e Seesp-MEC; autor de 50 livros e softwares, além de 400 artigos científicos sobre desenvolvimento e distúrbios de linguagem oral, escrita e de sinais. Entre os seus livros, temos – *Alfabetização: Método Fônico* (está na 4ª edição) e *Alfabetização Fônica* (está na 2ª edição)

4 Doutorado em Psicologia Escolar e do Desenvolvimento Humano pela USP. Além da docência e autoria de vários livros, foi consultora da Secretaria de Educação do Estado de São Paulo e do MEC, para projeto de formação de professores. Em uma entrevista com ela sobre "alfabetização inicial" a Revista Nova Escola a chamou de "a mais respeitada especialista em alfabetização do país" (http://revistaescola.abril.com.br/lingua-portuguesa/alfabetizacao-inicial/aposte-alto-capacidade-alunos-429248.shtml?page=0 , acessado em 30.07.2012).

5 Tem alguma semelhança com o antigo método tradicional de ensinar sílabas (nas cartilhas), mas é diferente e é considerado um avanço sobre o **método silábico** (que, mesmo assim, era muito melhor do que o subjetivismo nocivo adotado pelo construtivismo, que só retardou a alfabetização de milhões)

6 *Revista Nova Escola*, Loc.cit.

O CONTRASTE | *Vozes correntes contra o Construtivismo.*
A pertinência do método fônico de alfabetização

referem-se, pejorativamente, à aplicação do método fônico como um retorno a programas "cartilhescos".[7]

Muitos países do primeiro mundo, principalmente a partir da década de 1990, recomeçaram[8] a aplicar o método fônico, depois de realizarem vários estudos comparativos, com avanços significativos em seus níveis educacionais[9] e na rapidez de alfabetização. A abordagem construtivista à alfabetização é, também, chamada de "método global".[10]

Voltando ao debate já referido, nas páginas da Folha de São Paulo, apesar do eixo ter sido o método fônico, vários dados reveladores contra o construtivismo se sobressaíram. Leiam esses dados contundentes, trazidos por Capovilla:

> Entre 1995 e 1997, quando o mundo civilizado condenava o construtivismo como lesa-juventude, o Brasil, na contramão, o entronizava nos PCNs em alfabetização...
>
> O *establishment* construtivista dominou com mãos de ferro as principais publicações distribuídas ao professorado à custa do erário para impor a sua doutrina construtivista...
>
> ... dos 35 milhões de crianças no ensino fundamental, a cada ano, **o construtivismo reprova** ou expulsa mais de 7 milhões. Contabilizados 25 anos, o tamanho do lesa-humanidade assombra!

---

7 Afirmação de Sílvia Colello, professora de pedagogia da USP, citada no artigo *"Método Fônico avança na alfabetização"* (Hélio Schwartsman, Folha de São Paulo, 27.10.2009), disponível em: http://www.faceq.edu.br/doc/A%20Eficacia%20do%20Metodo%20Fonico%20no%20Processo%20de%20A.pdf.
8 Alguns o aplicavam até a década de 1970, quando os especialistas se deslumbraram com métodos supostamente mais modernos, mas choques de realidade vêm promovendo um retorno ao método fônico, em diversos países.
9 O impressionante é que onde se fala o português, que é uma linguagem fonética, o método fônico foi desprezado, enquanto que países de linguagens não fonéticas passaram a adotá-lo, com ótimos resultados.
10 Alessandra G. S. Capovilla e Fernando Capovilla, *Método Fônico*, 6-8, livro disponível em *"pdf"* em, http://scholar.google.com.br/scholar_url?hl=pt-BR&q=http://files.dinaprofessora.webnode.com.br/200000005-2363c245db/m%25C3%25A9todo%2520fonico%2520Capovilla.PDF&sa=X&scisig=AAGBfm0M_39ObugqyjuKSXJq-0-NiEyYHw&oi=scholarr&ei=pw4XUIWoGonm6gGAnYHABg&sqi=2&ved=0CFIQg, acessado em 30.07.2012.

A Telma Weisz, por sua vez, defende o construtivismo:

> Para estas crianças [carentes], a escrita é um encadeamento de sinais gráficos aleatórios e elas precisam trabalhar e pensar bastante sobre este objeto sociocultural para chegar a compreender a relação entre letras e sons dentro de um sistema alfabético. Fazer os alunos compreenderem o *beabá* sempre foi fácil para as escolas da elite, mas isso não basta. É preciso produzir leitores competentes. É isso que as escolas particulares buscam na metodologia construtivista. **E é isso que queremos para todos**, e não apenas para a classe dominante.

Mas Capovilla não vai deixar que esse viés ideológico e as pseudo-intenções sociais da Telma obscureçam o ponto focal que está em discussão:

> Escolas particulares construtivistas não têm motivo de empáfia, pois, embora posem de imensamente melhores que as construtivistas públicas, empalidecem quando comparadas às públicas **não construtivistas** do planeta. Afinal, dos 5.000 brasileiros declarados incompetentes pela Unesco e OCDE,[11] parte era dessas particulares. Elas não servem de modelo para a pública.

Esse debate e mais vozes contra o construtivismo vêm se levantando em outros importantes *órgãos* da imprensa. Em um artigo na seção "Ponto de Vista", na Revista Veja, Cláudio de Moura Castro retoma o tema.[12] Contra o construtivismo e na defesa pelo método fônico, ele afirma:

> Nem uma só pesquisa confiável mostrou vantagens para o método global... Quanto mais fraco o aluno, mais o método fônico traz vantagens.

---

11   OCDE = Organização para Cooperação e Desenvolvimento Econômico. Congrega 34 países.
12   *"A Guerra dos Alfabetizadores"*, 12.03.2008.

O CONTRASTE | *Vozes correntes contra o Construtivismo.*
A pertinência do método fônico de alfabetização

Tais resultados puseram uma pá de cal na controvérsia. Todos os países de Primeiro Mundo que haviam abandonado os métodos fônicos voltaram a adotá-los. Faz pouco o ministro francês Gilles de Robien proibiu o [método] global. As pesquisas mostram vantagens sistemáticas para o fônico.

A mesma revista já vinha ecoando o contraditório, apontando a pertinência do método fônico. Em reportagem de várias páginas,[13] ela traz as seguintes colocações:

> VEJA ouviu especialistas que têm como objeto de estudo os vários métodos de ensino. Eles concordam que o modelo fônico é, em geral, mais eficiente do que o construtivista. Os educadores observam que, no caso brasileiro, a aplicação do construtivismo é ainda mais difícil, uma vez que pressupõe que cada criança dite o ritmo do próprio aprendizado...
> O péssimo desempenho do Brasil nas avaliações nacionais e estrangeiras que medem a capacidade de leitura e de escrita dos estudantes levou o Ministério da Educação (MEC) a questionar oficialmente a eficiência do modelo de alfabetização mais aplicado no país: **construtivismo**, teoria sobre o aprendizado criada pelo suíço Jean Piaget na década de 20 e implantada por escolas brasileiras nos anos 80.

Desde então matérias têm aparecido, de tempos em tempos, contra o construtivismo, criticando o cenário pedagógico atual, dando mostra de que já não há uma situação tão monolítica como aquela encontrada há algumas décadas no Brasil. O mesmo Cláudio de Moura Castro escreveu um ensaio com o título "*Construtivismo e Destrutivismo*",[14] no qual afirma: "O construtivismo é uma hipótese teórica atraente... mas nos seus desdobramentos espúrios,

---

13 "*Querem mudar o 'á-bê-cê*'", 26.04.2006.
14 Revista *VEJA*, 21.04.2010, 24.

vira uma cruzada religiosa, claramente nefasta ao ensino". No mesmo veículo, Marcelo Bortoloti é o autor de outra reportagem com o título "Salto no Escuro", no qual destaca: "Seis de cada dez crianças brasileiras estudam segundo os dogmas do construtivismo, um sistema adotado por países com os piores indicadores de ensino do mundo".[15]

Ainda que o MEC não esteja oficialmente questionando o *status quo* pedagógico do país, há uma movimentação nessa direção. O método fônico vem sendo defendido até em trabalhos de graduação, em cursos de pedagogia (TGIs),[16] demonstrando que existem, sim, professores em nossas Instituições de Ensino Superior que estão recobrando a lucidez. Pesquisas sobre o tema, na Internet, revelarão vários artigos contra o construtivismo e pelo método fônico. Esse contraste é extremamente salutar, está em expansão e pode se tornar viral. Nossa esperança é que possamos testemunhar mudanças significativas no panorama educacional do nosso país, até com o respaldo da academia, que tem estado até agora pedagogicamente entrevada nesse aspecto.

---

15 Revista *VEJA*, 22.05.2010, 118-122.
16 Por exemplo, observem esse trabalho, de 2009: *"Método Fônico: A eficácia do método fônico no processo de alfabetização"*. Autoras: Brenda Aparecida de Silva Miranda, Graciele Lima Barros e Suayhane Tupyharo Lins da Silva, disponível em:
http://www.abrelivros.org.br/index.php?option=com_content&view=article&id=3460:metodo--fonico-avanca-na-alfabetizacao&catid=1:noticias&Itemid=2

O CONTRASTE – CAPÍTULO 27

A MISSÃO DA ESCOLA CRISTÃ E DO EDUCADOR ESCOLAR CRISTÃO.

Se somos educadores cristãos ou fazemos parte de uma instituição cristã de ensino, por certo temos convicção dos nossos caminhos. Seguramente não desconhecemos a nobreza do chamado para sermos educadores. As escolas cristãs têm, obviamente, **algo em comum**: não são instituições de ensino destituídas de uma identidade maior, não são escolas cujo propósito é o sucesso comercial; e, como educadores cristãos, não estamos envolvidos com o ensino e administração escolar porque não tivemos outras alternativas de carreira. Nossas escolas cristãs são corretamente designadas de **instituições de ensino confessionais**! Pela graça e misericórdia de Deus, as escolas cristãs não são instituições ilegais ou "fechadas",[1] em nosso país, mas são abrigadas pela própria legislação educacional vigente.[2]

O que une e caracteriza as escolas cristãs não é uma confessionalidade ou alinhamento ideológico qualquer, pois estamos falando da **Confessionalidade Evangélica** – que reflete os princípios, valores, diretrizes e verdades contidas nas

---

1 Em alguns países, instituições confessionais são permitidas somente para comunidades "fechadas" sem qualquer interação, integração ou possibilidade de influência na sociedade na qual estão inseridas. Em outros países, elas são simplesmente proibidas – ou estatizadas (transmitindo a visão do estado, como é o caso nos países islâmicos).

2 Art. 20 da Lei de Diretrizes e Bases (LDB)

Escrituras Sagradas do Antigo e do Novo Testamento. **E isso faz toda a diferença!** Não somente temos uma missão maior, mas espera-se que *acreditemos* nessa missão e que estejamos envolvidos na promoção de uma **educação diferenciada**, alinhada com nossa fé.

Faz, portanto, todo o sentido que examinemos a *Missão da Escola e do Educador* à luz da identidade maior da Confessionalidade; que relembremos o que *realmente* isso significa, que penetremos na nossa prática diária, nos nossos procedimentos e conteúdos – bem como na nossa atitude – para que possamos vislumbrar em tudo isso o reflexo da Confessionalidade professada.

Faz maior sentido ainda, quando examinamos os dados e as estatísticas relacionadas com a educação do nosso país e vemos o desnível internacional em que nos encontramos: últimos lugares no PISA?! Média nacional do ENEM abaixo de 50%?! Uma situação verdadeiramente vergonhosa! Testemunhamos um clamor gerado pelos descaminhos e falta de rumo seguro, pela substituição de conteúdos sólidos por ideologias questionáveis, pelos desvios de investimentos que poderiam ser canalizados para a educação do nosso povo. Necessitamos mudar essa situação, precisamos fazer e trazer diferença a essa equação! Quero ressaltar quatro características de nossa missão e lançar alguns desafios:

1. A nossa Missão passa pelo *resgate* da nossa *identidade* confessional:

Creio que esse **exame da Missão** pode começar com uma pergunta que cada um de nós terá de responder, pessoalmente, a si mesmo – *Em que sentido a educação que ministro é diferenciada?* Ou seja, como é que a confessionalidade, a fé evangélica, está refletida no dia a dia da minha escola, ou da minha classe específica? Será que somos chamados, como Escolas Confessionais, apenas a ter uma educação de qualidade? É isso que nos distingue? Será que abrigar princípios cristãos, de tal forma que o comportamento dos alunos seja mais ordeiro, fará a diferença? Talvez o que nos torna diferentes é uma disciplina mais coerente, ou o tratamento mais amoroso dos alunos; ou até, a ausência de injustiças no trato e respeito pessoal – com uma visão social correta e inclusivista? Todas essas coisas são importantes, mas o que, realmente, nos torna diferente? Como sermos diferentes? Como termos uma *identidade* que gere mudanças na sociedade em que estamos inseridos?

Como Escolas Confessionais, não devemos estar satisfeitos com apenas *um* ou *outro* desses aspectos. Inicialmente devemos, sim, ter qualidade, disciplina, princípios e valores universais em nossa postura e em nossa administração; e muito, **mas muito amor mesmo**, catalisando nossas atividades em um contexto de justiça que norteie nossas interações. Mas se paramos aí a nossa missão está incompleta; ficará faltando alguma coisa: qual a avaliação que fazemos do conteúdo que ministramos em nossas salas de aula? Ousamos adentrar *essa terra protegida a unhas e dentes pelos especialistas*? Temos coragem de mexer nas vacas sagradas dos pedagogos?

Tenho certeza que se arguidos, qualquer um de nós poderia apresentar uma defesa magistral de sua fé cristã. Poderíamos falar horas a fio de sua relevância e pertinência. A apresentaremos até como o remédio aos males de nossa sociedade. Mas como vamos fazer valer esse discurso em nossas escolas – além da pulverização usual que encontramos de versos, princípios e valores?

A prática da verdadeira educação sob o prisma cristão, evangélico, transcende a utilização de ações e frases cristãs. Por mais apropriadas e bem intencionadas que estas sejam, nunca conseguirão preencher a plenitude de nossa missão. Essa missão é gigantesca; é extraordinária; é imensa; parece quase impossível – mas é simultaneamente gloriosa! É poderosa! É gratificante! E é, sobretudo, divina!

Não podemos, como escolas evangélicas, cristãs, confessionais, ter o mesmo conteúdo, o mesmo ensino que as escolas seculares vizinhas – por melhores e mais academicamente reconhecidas que essas sejam. Excelência de ensino é parte inegociável de nossa confessionalidade, mas o "x" da questão é *como* estamos apresentando as verdades do universo a ser descoberto às mentes em formação que nos foram confiadas.

Não estou falando aqui de proselitismo ou de evangelismo explícito ou disfarçado. Estou me referindo a uma questão de mera honestidade intelectual. Se cremos no Deus Soberano do Universo, no trabalho do Santo Espírito aplicando a obra divina e na redenção trazida e efetivada na pessoa de Jesus Cristo, como tratar esses conceitos nas salas de aula? Como evitar a dicotomia entre o secular e o sagrado? Como apresentar todas as áreas de conhecimento em suas relações com o Criador e Redentor nosso? Como parar de sonegar as verdades divinas aos nossos alunos, livrando-nos da auréola da suposta objetividade das mentes sem Deus, que nos impingem livros didáticos e conteúdos que projetam um universo irreal, no qual Deus não existe; onde os processos são meramente naturais; onde não existe relação de causa e efeito na esfera moral ou intelectual; onde a natureza deve ser olhada como se fosse autônoma e não procedente deste Deus pessoal.

Nossa missão é, portanto, como escolas e educadores confessionais, *transmitir uma visão de mundo e de vida com honestidade intelectual – em todas as áreas de conhecimento – centrada em Deus*. Temos que abraçar uma **cosmovisão** confessional, bíblica da realidade.

Qualquer instituição confessional, sistema ou instrução que fique aquém dessa visão unificada do universo, centrada em Deus, estará induzindo a uma compreensão irreal da vida. **Universidades** tornam-se **diversidades**, no pior sentido; educação básica *integral* torna-se *instrução parcial* e distorcida às mentes em crescimento. Dentro de pouco tempo, se não cuidarmos, mesmos as instituições confessionais cristãs passarão a abrir mão de seus valores e princípios fundamentados nas Escrituras e absorverão a ausência de valores e descaminhos da sociedade sem Deus, como já ocorreu no passado.

Devemos ter a coragem e ousadia nesse resgate de nossa identidade confessional. Devemos restaurar clareza à nossa missão. Não podemos ser mais uma escola, apenas; mais uma associação apenas; **mas** escolas e instituições de ensino diferenciadas que se unam *no retorno* à centralidade da fé cristã em nossa esfera de atuação.

A boa notícia é que podemos, sim, ver o universo do ponto de vista de Deus, através da revelação objetiva encontrada nas Escrituras. Compreender essa cosmovisão e abrigá-la em nossa prática pedagógica é a nossa missão maior. No capítulo 22, já demonstramos como o Salmo 19 apresenta uma visão unificada de vida, e como ele tem tudo a ver com a compreensão do mundo que deveria estar presente e permear o ensino de nossas escolas cristãs.

2. A nossa Missão passa pelo reconhecimento das *implicações* no abraçar dessa Cosmovisão Bíblica:

A liderança e os educadores de uma escola confessional não podem estar contentes apenas em adotar e apresentar um conjunto de valores e práticas cristãs, ou até a inclusão (que existe e é praticada em escolas particulares normais e até nas escolas públicas) como a expressão final da confessionalidade na instituição. Como temos reafirmado, o nosso papel vai muito além, pois *o negócio* da Escola é a *formação de mentes,* pelo desenvolvimento do conhecimento e internalização do entendimento. Tanto as cabeças como o saber não podem crescer divorciados da verdade maior que é a existência do Criador e *da percepção dele como fonte de toda a sabedoria que é possibilitada às pessoas.*

O alerta bíblico de que não devemos estar enganados com *vãs filosofias*[3], não é apenas indicativo de uma postura pessoal, mas deve ressoar no ambiente da escola, começando pela liderança. Esta deve relacionar a fé cristã com o que é ensinado e deixar que a realidade de Deus, e os registros de como Ele age na história, permeie todas as áreas do conhecimento.

Tendo consciência das implicações da confessionalidade, como educadores, devemos sempre *ouvir* e *aferir* as metodologias, proposições e filosofias – que são propagadas nos círculos pedagógicos – com discernimento de visão cristã; convictos das verdades imutáveis reveladas na Palavra de Deus. Isso significa que não há lugar para uma empolgação simplória e absorção acrítica de tudo que é proclamado pelas últimas "autoridades de plantão".

Por exemplo, temos que verificar que, se nossa confessionalidade expressa que a fé cristã é baseada em **absolutos**; na exclusividade e singularidade da fé cristã; na existência de um só mediador entre Deus e os homens – **não podemos** acatar um discurso que expresse *a veracidade de todas as religiões*; que afirme que o ensino que temos na Bíblia foi aplicável apenas a um determinado contexto, no passado. A escola confessional reafirma, sim, a *existência de absolutos*; tem em Deus a sua grande âncora metafísica; tem em Jesus a grande esperança e redenção da humanidade e no Espírito Santo a fonte da comunicação transcendental com o Criador.

---

3 Colossenses 1.8

Sempre me intriga ouvir palestras de profissionais de extrema competência didática, postulando os seus próprios absolutos e procurando transmitir, sim, a sua própria visão do conhecimento, enquanto que, simultaneamente, afirmam que absolutos não existem e que conhecimento não se transmite. É impressionante a empolgação com que apresentam e se dedicam à tarefa de redefinir conceitos que não precisam de redefinição. Uma escola confessional *pode* e *deve* ensinar que existem várias formas de qualificação às verdades apresentadas, mas ai daquelas que não ensinarem a simples verdade de que 4+3=7.[4] Ai daquelas que, não se preocupando com o esclarecimento em termos simples e inteligíveis, utilizando de elucubrações e linguagens pseudo-filosóficas, confundirem, em vez de esclarecerem as cabeças e mentes que são colocadas sob sua guarda e responsabilidade para o recebimento de instrução verdadeira. Nossos alunos precisam de encaminhamento, de um ambiente propício ao desenvolvimento do conhecimento, para que entendam o relacionamento deste com as verdades e os valores da vida e *não serem expostos a confusão e sofismas.*

3. A nossa Missão passa pelo reconhecimento de que deve haver *lealdade da liderança e de educadores* aos princípios confessionais da instituição;

Sei que este é um ponto polêmico. Não somente é difícil à compreensão, mas, sobretudo, a sua *implantação*. No entanto é necessário *que ele faça parte de nossa agenda de discussão*, sob pena de comprometermos o cumprimento de nossa Missão.

Creio que é imprescindível que pelo menos os que lideram uma escola confessional tenham, no mínimo, um **alinhamento pessoal** e a **aceitação tácita da confessionalidade da instituição**. O apóstolo e mestre, Paulo, falando em uma passagem na qual ele utiliza a metáfora de um instrumento musical, para ilustrar a necessidade de direcionamento seguro que deve reinar na igreja, indica a necessidade de que os sons musicais certos sejam emitidos pela liderança. Creio que a ilustração é

---

[4] Assisti a uma palestra de famoso pedagogo que se esforçava exatamente para provar a relativização de tudo, demonstrando que a simples equação matemática, 4+3=7, não era tão veraz assim, pois estava sujeita a diversos resultados (obviamente, forçados, ou subjetivamente interpretados).

aplicável às nossas escolas: *"pois também se a trombeta dar som incerto, quem se preparará para a batalha?"*[5]

O mesmo princípio se aplica à liderança da Escola Confessional. Se não há convencimento das verdades expressas na confessionalidade; se as convicções diferirem daquelas que formalmente são apresentadas como a base e construção das atividades, como a instituição poderá ser adequada e respeitosamente liderada? Os rumos serão contraditórios, pois falta o alicerce de fé, requerido na própria etimologia do termo - *confessional*.

Nesse sentido, temos de examinar não somente nossas próprias pessoas e nosso próprio papel, mas o das lideranças que se encontram nas cadeias hierárquicas menores da organização. Temos sido **excessivamente otimistas**, às vezes **descuidados**, com frequência, **negligentes** nessa área. **Achamos que podemos conviver com a incoerência religiosa-filosófica das lideranças enquanto que suplicamos as bênçãos de Deus para os rumos da instituição.**

4. A nossa Missão passa por uma ávida busca da excelência e da competência, **como marcas de nossa confessionalidade:**

De nada adiantarão todos os nossos esforços se não formos competentes na tarefa que temos à nossa frente e nos negócios colocados sob nossa responsabilidade. É possível *confessionalidade, **sem** competência* – isso não nos serve. É possível *competência **sem** confessionalidade* – essa pode ser mais destrutiva de vidas do que construtiva. *Confessionalidade **com** competência* é o nosso grande desafio. Atingir esse ponto é papel imprescindível da liderança da escola confessional.

Nossas instituições e seus educadores nunca poderão se escudar na confessionalidade, para se esquivar da excelência e da competência. Temos um ensinamento na Palavra de Deus que diz: *"Tudo que te vier à mão para fazer, faze-o conforme as tuas forças"*.[6] Certamente, ao aplicarmos este princípio em nossas escolas, estaremos igualmente transmitindo e ensinando a todos aqueles que fazem parte da nossa comu-

---

5 1 Coríntios 14.8
6 Eclesiastes 9.10

nidade – alunos, pais, professores e auxiliares – que excelência e competência é algo profundamente enraizado na fé cristã que professamos.

Ao estudarmos a questão da inclusão dos necessitados e diferenciados, por várias causas, verificamos que essa inclusão é simplesmente uma extensão do nosso dever maior, como cristãos. É a crença e o amor ao próximo levada a sério em nossa prática institucional. Caminhemos mais alguns passos, nesse "levar a sério" a nossa fé! Ampliemos a confessionalidade sem medo ou hesitação!

Outro trecho da Escritura descreve o Povo de Deus e o testemunho que ele emitiria no meio de uma sociedade que não reconhecia a Deus e que fugia dos seus padrões de comportamento: *"Eis que vos tenho ensinado estatutos e juízos, como me mandou o Senhor meu Deus... Guardai-os, pois, e cumpri-os porque isto será a vossa sabedoria e o vosso entendimento perante os olhos dos povos, que ouvindo todos estes estatutos dirão: **certamente, este grande povo é gente sábia e entendida"*.[7]

Os educadores de uma Escola Confessional, desempenhando adequadamente e competentemente o seu papel, gerarão exatamente isso – **um povo que será reconhecido como sábio e entendido, e que por isto é grande**!

Esse é o nosso desafio, essa é a nossa missão gloriosa: como Escolas e Educadores! Que Deus sustente a nossa mão e nos leve, em nossa jornada, até o porto seguro, com nossas luzes continuadamente a brilhar, na escuridão deste mundo!

---

7 Deuteronômio 4.5-6

O CONTRASTE – CAPÍTULO 28

CULTURA E FÉ CRISTÃ.

Educação escolar cristã implica na formação de cultura aos educandos e no ensino da apreciação da cultura local e global. No entanto, antes de trabalharmos o entrelaçamento de cultura com a educação escolar cristã,[1] necessitamos abordar o conceito de cultura aos cristãos, especialmente à luz de alguns conflitos de compreensão que surgem, gerando, por vezes, uma verdadeira dissociação dela com a fé e uma dicotomia cognitiva e comportamental entre o que se crê e o que se pratica.

A palavra CULTURA, em si vem do latim e significa "trabalhar o solo" ou "cultivar". No seu sentido mais amplo, representa o resultado da aplicação do conhecimento humano no desenvolvimento de obras e atividades *que possuem mérito e qualidade*, bem como o envolvimento de outras pessoas na apreciação e apreensão dessas. Gostaríamos de discutir um dilema frequente: aquele que coloca a fé cristã em antagonismo com a cultura, levando o crente a um isolamento social ou a uma aceitação indiscriminada de todos os aspectos da sociedade em que vive.

Muitos oponentes da fé cristã têm afirmado que o cristianismo é antagônico à cultura. Por exemplo, o famoso matemático e filósofo Bertrand Russel

---

1 O que faremos no capítulo seguinte (29).

(1872-1970), autor do livro "Por que não sou um cristão", apresenta o cristianismo como sendo um atraso à humanidade e contraproducente à cultura da raça humana. Disse ele em um artigo: "até onde alcança a minha memória não existe uma palavra nos Evangelhos que exalte a inteligência".[2] Nesse mesmo texto ele indica sua dependência do pensamento de Lucrécio (Lucretius Carus – m. 50 a.C.), e o cita: "a religião é uma doença nascida do medo e uma fonte de misérias incontáveis à raça humana".

A maioria das pessoas não tem essa hostilidade ao cristianismo, mas mesmo os cristãos são um pouco confusos no que diz respeito ao relacionamento de sua fé com a cultura. O cristianismo deveria criar sua própria cultura? Os caminhos da cultura e do cristianismo são paralelos; e se são, deve o cristão aceitar normalmente as manifestações culturais da humanidade? Ou, talvez, deve guardar distância dessas? Ou, possivelmente, interagir de forma criteriosa com ela – mas por qual critério? São indagações honestas que refletem o legítimo desejo de sermos **avaliadores** e não apenas **consumidores** da cultura.

A realidade é que o cristianismo tem mais do que **duas** reações com relação à cultura. A questão não é somente de **isolamento e rejeição**, ou de **aceitação acrítica** das manifestações culturais. Sempre que se estuda esse assunto, obrigatoriamente iremos esbarrar no livro do Richard Niebuhr (1894-1962), *Cristo e Cultura*.[3] Helmut Richard Niebuhr foi um teólogo de raízes luteranas, que exerceu cátedra em Yale, quando escreveu este famoso livro.[4] Em essência, ele apresenta cinco posições possíveis, ou clássicas, dos cristãos, em sua reação à cultura. Resumidamente, temos:

---

2 Bertrand Russel, *"Has Religion Made Useful Contributions to Civilization"?*, artigo escrito em 1930, disponível em: http://www.positiveatheism.org/hist/russell2.htm, acessado em 31.07.2012.
3 *Cristo e Cultura* (São Paulo: Paz e Terra, 1967), 293 páginas. Este livro, em português está esgotado, mas o seu texto está disponível em diversos sites, na Internet, como em:
http://www.4shared.com/office/qv3nj_JW/H_Richard_Nieburh_-_Cristo_e_C.html. Nos estados Unidos, no cinquentenário deste livro (2001), foi publicada uma edição comemorativa, com novo prefácio e apresentação, e um ensaio introdutório do próprio autor. Este é o tipo de obra que gera "livros sobre o livro".
4 Richard foi também pastor da *Evangelical and Reformed Church*, em Saint Louis, Estados Unidos, da denominação *United Church of Christ* (uma junção, em 1957, de igrejas reformadas e congregacionais). Seu irmão mais novo, Reinhold (1892-1971) foi também um conhecido teólogo neo-ortodoxo.

1. Cristo **contra** a cultura. Essa seria a posição daqueles que consideram que o seguir a Cristo implica em uma rejeição de qualquer apreciação da cultura. A dissociação do mundo é algo necessário ao cristão, em função da rebelião desse contra Deus. Resumindo em uma palavra, seria – *isolamento*.

2. Cristo **da** cultura. Seria a compreensão daqueles que acham que o cristianismo e a cultura se fundem, apesar de suas diferenças. Seus proponentes afirmariam tanto a Cristo e a fé cristã, como a cultura, e negam que exista qualquer oposição entre os dois campos. Resumindo em uma palavra, seria – *capitulação*.

3. Cristo **sobre** a cultura. É praticamente um desenvolvimento da posição anterior, ou uma síntese das duas anteriores. A cultura encontraria eco e resposta na "revelação cristã" e a igreja forneceria o meio ambiente para o desenvolvimento da cultura. No entanto a fé, gravitando na esfera espiritual, tem pouca ou nenhuma intersecção real com a cultura da terra. Resumindo em uma palavra, seria – *espiritualização*.

4. Cristo **e** a cultura em **paradoxo**. Seus proponentes afirmam que existe uma tensão constante entre fé e cultura, que nunca será resolvida entre os cristãos e o mundo. A igreja é abordada pelo mundo e vice-versa. Cada cristão é um súdito dos dois campos, dos dois reinos, mas só existe um rei – Cristo. É a posição que postula sempre a existência de um "sentimento de culpa" pelo envolvimento dos cristãos com a cultura. Resumidamente, seria – *tensão constante*.

5. Cristo o **transformador** da cultura. Essa seria a posição dos que desejam ver a cultura transformada por cristo e pelos cristãos. É a posição do Niebuhr e ele aponta que muitos a veem pejorativamente, como um tipo anacrônico de ética puritana, mas ele não defende a imposição da cultura cristã, mas a ação do cristianismo como purificadora da cultura. Resumindo em uma palavra, seria – *resgate*.

Uma das críticas feitas à classificação de Niebuhr vem de D. A. Carson, teólogo contemporâneo, que visitou o Brasil em 2009. Em seu livro *Christ and Culture Revisited*,[5] Carson critica as classificações de Niebuhr, como sendo "reducionistas",

---

5 *Christ and Culture Revisited* (Grand Rapids: Eerdmans, 2008), 243 páginas.

indicando que o importante "é fidelidade bíblica quando fazemos escolhas". Por mais que essa fidelidade seja o objetivo, no entanto, classificações de posturas (de Niebuhr ou de outros) podem ser boa ferramenta didática para a compreensão das várias reações a um aparente impasse – como é o chamado conflito entre fé e cultura. Nesse sentido, consideramos de grande perspicácia as três posições apontadas por J. Gresham Machen (1881-1937), famoso teólogo presbiteriano do século passado.[6] Machen escreveu em 1913, antecedendo, portanto, o livro de Niebuhr, um extenso artigo chamado "Cristianismo e Cultura",[7] no qual apresenta três posições presentes no seio do cristianismo com relação à cultura.

1. A subordinação da crença aos modismos da cultura. Machen identifica essa posição como uma situação de rendição, a qual, no cômputo final, resulta na *destruição do cristianismo*. Ele escreve, em seu já citado artigo:

> Esta solução está sendo favorecida realmente, apesar de inconscientemente (até certo ponto), por uma grande e influente parte da Igreja contemporânea. A eliminação do supernatural do cristianismo - tão comum hoje – na realidade torna o cristianismo meramente natural. O cristianismo tornou-se um produto humano, uma mera parte da cultura humana... Subordinando o cristianismo à cultura, estamos efetivamente destruindo o cristianismo, e aquilo que continua existindo sob o antigo nome é uma falsificação.

2. A cultura olhada com desconfiança. Na exposição de Machen, em seu artigo, ele indica que essa posição, ultimamente, resultará na *rejeição e destruição da cultura*:

---

[6] Machen estudou e ensinou em Princeton. Lutou e escreveu contra a onda do liberalismo teológico que atingia as igrejas nos Estados Unidos, inclusive a própria igreja presbiteriana daquele país. Sua resistência e fidelidade cristã culminaram com a sua saída da Igreja Presbiteriana do Norte (PCUSA). Com vários companheiros, fundou o Westminster Theological Seminary (1929) e a Orthodox Presbyterian Church (1936). Seus livros principais são: *Cristianismo e Liberalismo* (1923), *The Virgin Birth of Christ* (1930), *The Origin of Paul's Religion* (1921) e *What is Faith* (1925). Apenas o primeiro está disponível em português (Ed. Puritanos, 2001). Escreveu também uma gramática da língua grega.

[7] J. Gresham Machen, *"Christianity and Culture"*, in Princeton Theological Review, No. 11, 1913.

... argumenta-se que a cultura deste mundo deve ser pelo menos algo indiferente ao cristão. .... muitas pessoas piedosas na igreja hoje estão adotando esta solução na essência e no espírito... Admitem que o cristão deve ter uma parte na cultura humana. Mas elas consideram tal atividade como um mal necessário... Tais pessoas nunca podem participar das artes e ciências com algo que se pareça com entusiasmo - elas consideram tal entusiasmo uma falta de lealdade ao evangelho. Tal posição não é lógica, nem bíblica.

3. A conquista da cultura. Para Machen essa seria a alternativa viável ao cristão. Ele identifica essa posição como sendo a consagração da cultura – o seu cultivo. E ele tem três observações muito pertinentes sobre esse relacionamento entre fé e cultura:

- Em vez de destruir as artes e ciências ou ser indiferentes a estas, vamos cultivá-las com tanto entusiasmo quanto fazem os verdadeiros humanistas; mas, ao mesmo tempo, consagrá-las ao serviço do nosso Deus.
- Em vez de sufocar os prazeres provenientes da aquisição do conhecimento ou da apreciação do que é belo, vamos aceitar esses prazeres como presentes do nosso Pai celestial.
- Em vez de (a) obliterar a distinção entre o Reino e o mundo, ou, por outro lado (b) retirar-se do mundo para um tipo de monasticismo intelectual modernizado, vamos (c) **sair com alegria e entusiasmo para sujeitar o mundo a Deus.**

Notamos como Machen apresenta a fé cristã como sendo não somente compatível com a cultura, mas a única forma de resgatá-la e de apreciá-la no contexto do Deus soberano, criador de todos e da cultura, também. Nessa visão não podemos nem estabelecer uma delimitação difusa entre o Reino de Deus e o mundo, nem também termos uma resposta de isolamento, monástica, que não é característica da verdadeira fé cristã.

Mas muitos cristãos continuam perguntando, intrigados: **cultura não é "coisa do mundo"?** Temos nos acostumado a identificar **o mundo** como sendo uma expressão que indica apenas algo material que podemos ver e tocar. Este tipo de compreensão coloca as coisas materiais como sendo a esfera de domínio de Satanás. Mas a Palavra de Deus nos instrui qual o verdadeiro conceito do "mundo". Em Gálatas 5.19-22 temos bem clara a antítese que deve ser alvo de nossa preocupação – qual a diferença **entre o mundo** e o **Reino de Deus**?

1. O *Mundo* está descrito nos versículos 19-21. Ele é o domínio daquilo que se constitui nas obras da carne.

2. O *Reino de Deus* está nos versículos 22 a 26 e se constitui no Fruto do Espírito.

A separação que existe entre o bem e o mal é ético-religiosa, não é uma questão de matéria *versus* espírito. As coisas que constituem o bem são concretas, e são também espirituais. Por outro lado, as coisas que constituem o mal **também** são de natureza espiritual (Efésios 6.12), isto é, não estão identificadas **apenas** com coisas e questões materiais.

Em outra passagem, 1 Timóteo 4:3-4, Paulo fala contra os que proíbem "*... o casamento, e ordenando a abstinência de alimentos que Deus criou para serem recebidos com ações de graças pelos que são fiéis e que conhecem bem a verdade;* **pois todas as coisas criadas por Deus são boas, e nada deve ser rejeitado** *se é recebido com ações de graças*". Isto esclarece que a verdadeira religião não é ascética. Ascetismo é a separação artificial entre o mundo material (físico), supostamente inferior, e o mundo espiritual (metafísico), supostamente superior. Como já vimos em Gálatas 5, não podemos identificar maldade com matéria e bondade com espírito. Tudo procede de Deus. Tanto as coisas materiais como as espirituais são desvirtuadas pelo pecado e pelo diabo, subvertendo a ordem da criação. A ideia de que matéria é algo ruim é um conceito do monasticismo católico, dos escritos de Tomás de Aquino e do pensamento das religiões orientais, como por exemplo o budismo, o shintoismo e o hare krishna, mas não é uma visão bíblica da realidade.

A verdade é que criamos, no entendimento de muitos cristãos, uma **dissociação artificial** entre o sagrado e o profano. Falhamos em reconhecer que todas as coisas provêm de Deus. Estamos em uma criação caída, sob o pecado, mas cabe a nós, servos fiéis, exercermos o domínio que nos foi outorgado por Deus, para a sua glória. Isso quer dizer procurarmos adquirir o melhor conhecimento e desenvolver a apreciação pelas coisas belas da criação e aquelas que Deus permitiu às pessoas desenvolverem. Ao mesmo tempo, devemos ter discernimento cristão para rejeitar as distorções malignas da cultura verdadeira.

Cultura e o domínio da Criação. O homem é a coroa da criação, feito de uma forma toda especial à imagem e semelhança de Deus (Gênesis 1.27). Tanto o homem quanto a mulher foram criação especial de Deus. Este tema é retomado e explicado em mais detalhes no capítulo 3 de Gênesis.

A maioria dos teólogos fiéis identifica a questão da "imagem de Deus" com o fato de que o homem foi criado com a possibilidade de refletir certos aspectos das características de Deus (os chamados *atributos comunicáveis*), como, por exemplo: conhecimento, justiça, santidade, amor. Algumas características da divindade nunca foram compartilhadas ao homem e a esses chamamos de *atributos incomunicáveis*, por exemplo, a eternidade, a absoluta perfeição e a imensidão de Deus. Em outras palavras, a imagem de Deus nas pessoas faz com que elas sejam **criaturas morais**. Esta imagem foi afetada pela Queda, pelo pecado, mas permanece como um diferencial da humanidade e será restaurada *em sua plenitude* na nossa glorificação (Romanos 8.29; 2 Coríntios 3.18).[8] Sobre este assunto, João Calvino disse: "a imagem de Deus se estende a tudo aquilo que, na natureza do homem, excede o que existe nos animais".[9] A permanência de aspectos essenciais da imagem de Deus no ser humano, mesmo **depois** da queda, é comprovada, em adição, pela referência em

---

[8] *"Porquanto aos que de antemão conheceu, também os predestinou **para serem conformes à imagem** de seu Filho, a fim de que ele seja o primogênito entre muitos irmãos" e "E todos nós, que com a face descoberta contemplamos a glória do Senhor, **segundo a sua imagem estamos sendo transformados** com glória cada vez maior, a qual vem do Senhor, que é o Espírito".*

[9] *Institutas*, I, 15.

Gênesis 9.6, quando Deus apresenta a *imagem de Deus nas pessoas*, como sendo a razão principal, pela qual elas devem ter a sua integridade física respeitada e suas vidas preservadas, condenando de forma contundente o homicídio (e tudo isso antes da dádiva da Lei Civil de Israel).

O ser humano, com estas características, é, portanto, o recebedor capaz da delegação de **domínio** sobre a Criação recebida logo no início da história, em Gênesis 1.28. Os versos 28 a 30 apresentam os primeiros mandamentos dados ao homem. Eles estabelecem a situação de primazia, comando e administração da criação, recebida diretamente de Deus. O homem não é um acidente na criação. Ele foi especialmente nela colocado, para servir a Deus, e a criação subsiste como base para que as pessoas, nela, sirvam a Deus em seu propósito maior.

O primeiro capítulo de Gênesis encerra-se com a declaração de adequação da criação, só que desta vez, em seu fecho, o texto sagrado apresenta um qualificativo a mais e registra que **tudo** quanto Deus fizera "era **muito** bom"! E, como vimos, Gênesis 1.28 nos ensina que Deus criou o homem e o comandou a "dominar a terra e a sujeitá-la". Por esta razão colocou os outros seres viventes ao seu serviço e sob sua administração. Este mesmo comissionamento foi repetido em Gênesis 9.1-3, depois da queda e depois do Dilúvio, mostrando que não foi apenas uma expressão da vontade prescritiva de Deus, pré-queda, que não tem mais validade em nossos dias, mas que a delegação subsiste. Esse exercício do domínio é impossível sem o conhecimento de todas as áreas do saber, logo isso tem tudo a ver com a *cultura da humanidade*:

1. Significa que Deus dá legitimidade a todas as áreas do conhecimento e das atividades humanas (exceto, é óbvio, aquelas que representam envolvimento em práticas contrárias à Lei Moral de Deus) e que comanda as pessoas a desenvolverem o conhecimento verdadeiro sobre a sua criação. Todo o estudo das questões e matérias, à luz da Palavra de Deus, está dentro da legítima atuação do servo de Deus. Senão, como vamos "dominar a criação"?

2. Em adição, Paulo, escrevendo em 1 Coríntios 10.31,[10] nos indica como deve ser este envolvimento. Tudo que fazemos na vida, até as coisas mais mecânicas e instintivas, como o comer e o beber, deve ser feito com a plena conscientização da glorificação a Deus.

Esta era a visão de vida dos reformadores. Para eles o cristianismo **era vida** e não apenas uma filosofia idealista compartimentalizada. Temos de ter cuidado para não apresentarmos a fé cristã ao mundo como sendo um conceito distanciado que não interage com o dia-a-dia das pessoas.

A graça comum. Outro conceito importante, neste exame da fé cristã e cultura, é a doutrina da graça comum. A Bíblia nos ensina que mesmo as pessoas que não reconhecem a Deus tanto são por ele abençoadas, como são possibilitadas por ele a realizar obras de mérito e valor. Essa é a graça comum e difere da graça especial ou *salvífica* – que leva indivíduos à salvação. Um exemplo da graça comum está em Gênesis 4.21-22 onde lemos sobre realizações e marcos dos integrantes dos descendentes de Caim; aqueles que se situavam longe do segmento da humanidade que era temente a Deus. Entre eles temos Jubal, que foi "o pai de todos os que tocam harpa e flauta" – certamente uma manifestação artística da cultura verdadeira, na área da musicalidade. Outro foi Tubalcaim, "artífice de todo instrumento cortante, de bronze e de ferro" – mais cultura, na área da tecnologia e metalurgia. Daniel 1.4 faz referência à "cultura e linguagem dos caldeus", que deveria ser ensinada aos jovens hebreus. E esses jovens assimilaram e se envolveram com essa cultura, ensinada no palácio real, sem comprometer a sua fé em Deus. O verso 17, diz que a esses jovens "Deus deu o conhecimento e a inteligência em toda a cultura e sabedoria". Ainda que procedesse dos caldeus, a fonte era Deus, que ministrava o conhecimento através de sua graça comum. O versículo 20 registra que "em toda matéria de sabedoria e de inteligência sobre que o rei lhes fez perguntas" achou esses jovens "dez vezes mais doutos do que

---

10 *"Portanto, quer comais, quer bebais ou façais outra coisa qualquer, fazei tudo para a glória de Deus".*

todos os magos e encantadores que haviam em seu reino". Certamente o padrão pelo o qual o rei Nabucodonosor os aferia, era a cultura dos Caldeus.

A graça comum faz com que reconheçamos, como expressa Paulo em 1 Timóteo 4.3-4, que "todas as coisas criadas por Deus são boas" e ele faz essa afirmação no contexto de uma repreensão a pessoas que multiplicavam proibições, como se fossem expressões legítimas de religiosidade. Paulo ensina: "nada deve ser rejeitado se é recebido com ações de graças" – com o reconhecimento de que Deus é o doador, sem segundas intenções, com pureza de coração.

A ação abrangente da graça comum de Deus é que restringe, também, o pecado na humanidade e faz com que cultura de mérito e qualidade possa surgir nos mais diversos lugares e situações. O filósofo Herman Dooyeweerd (1894-1977) declara que "Deus, em Cristo mantém a estrutura de sua criação pela graça temporal preservadora".[11] Em seu preciso entendimento bíblico dessa questão, ele especifica que a graça comum de Deus é que "retém a completa *demonização* do mundo" e, como resultado, podemos observar em todas as partes "centelhas da glória de Deus, de sua bondade, verdade, justiça e beleza", até nas "culturas idólatras".[12]

Cultura e beleza foram utilizadas por Deus no Tabernáculo e no Templo. O Deus verdadeiro, o Deus dos cristãos, interage com a cultura, com a produção cultural da humanidade. Os cristãos não poderiam ter atitude diferente desta. Temos vários exemplos disso:

O Tabernáculo: Em Êxodo 25.1-9, temos uma descrição de diversos tipos de matérias primas, trabalhos e artes utilizados sob o direcionamento e prescrição direta de Deus. Isso não somente legitima as diferentes profissões como também

---

11 Herman Dooyeweerd, *"Het dilemma voor het christelijk wijsgeerig denken en het critisch karakter van de Wijsbegeerte der Wetsidee"*, in *Philosophia Reformata* 1 (1936), 16, tradução do holandês para o inglês por Dr. J. Glenn Frieses, em: http://www.members.shaw.ca/jgfriesen/Definitions/Commongrace.html, acessado em 31.07.2012.

12 Herman Dooyeweerd, *Vernieuwing en Bezinning*, (Zutphen: J.B. Van Den Brink & Co., 1963), 36 e 39, disponível na Internet em:
http://www.reformationalpublishingproject.com/pdf_books/Scanned_Books_PDF/VernieuwingenBezinning.pdf, *acessado em 31.07.2012.* Tradução do holandês para o inglês por Dr. J. Glenn Frieses, em: http://www.members.shaw.ca/jgfriesen/Definitions/Commongrace.html, acessado em 31.07.2012.

a arte e cultura contida em cada um dos artefatos descritos. Um artigo de uma autora cristã nos chama a atenção para o fato que

> "Deus permitiu que os israelitas recebessem joias e roupas do povo do Egito e aceitou com agrado a contribuição voluntária de uma parte dessas para serem transformadas em utensílios e enfeites para o tabernáculo, o lugar em que ele seria adorado. Moisés transmitiu a mensagem, **Tomais, do que tendes, uma oferta** *para o Senhor; cada um, de coração disposto, voluntariamente a trará por oferta ao Senhor:* **ouro, prata, bronze, estofo azul, púrpura, carmesim, linho fino, pelos..., peles..., pedras de ônix e pedras de engaste...** *(Ex 35.5-9).* Êxodo 35 a 39 descreve a beleza desse tabernáculo e os detalhes das vestes dos sacerdotes, tudo do melhor e do mais bonito. Ouro, linho, pedras preciosas, anéis, argolas, coroa... Quando os israelitas tiraram o espólio do povo de Canaã, na medida em que Deus permitiu, ele nunca deu ordens para que deixassem de lado as joias e roupas bonitas que estariam entre as riquezas que poderiam levar, nem que as aproveitassem de outra maneira".[13] Portanto, nas diretrizes bíblicas sobre a construção do tabernáculo vemos a aprovação divina de várias expressões de cultura e, o que é interessante, a apreciação de objetos de mérito procedentes de descrentes.

O **Templo**: Em 1 Reis 6.7[14] lemos sobre planejamento, arquitetura, engenharia. Em 1 Reis 7.14,[15] sobre metalurgia e o trabalho específico em cobre, pelas mãos de um artífice cheio de conhecimento. Sabemos que estas atividades não podiam ser

---

13 Elizabeth Zekveld Portela, *"O Adorno da Mulher Cristã: Proibição ou Privilégio"*, in *Fides Reformata*, 3/2 (1998).
14 *"E edificava-se a casa com pedras lavradas na pedreira; de maneira que nem martelo, nem machado, nem qualquer outro instrumento de ferro se ouviu na casa enquanto estava sendo edificada".*
15 *"Era ele filho de uma viúva, da tribo de Naftali, e fora seu pai um homem de Tiro, que trabalhava em bronze; ele era cheio de sabedoria, de entendimento e de ciência para fazer toda sorte de obras de bronze. Este veio ter com o rei Salomão, e executou todas as suas obras".*

executadas sem conhecimento e cultura. Academicamente falando, era necessário o saber das ciências exatas: matemática, física, química, além de habilidades artísticas reconhecidamente superiores. O Templo, que foi erguido como um símbolo (1 Reis 8.27) e um testemunho (1 Reis 8.41) é um selo de aprovação da parte de Deus na apreciação daquilo que o homem pode produzir de belo e no conhecimento básico das diversas profissões, quando isso é encaminhado para a Sua glória.

Os novos céus e a nova terra - A Nova Jerusalém – Apocalipse 21.10-27. Esse trecho é descritivo da morada futura do Povo de Deus. Para essa descrição primorosa e detalhada da beleza da Nova Jerusalém, o autor utiliza comparações e metáforas (a palavra "como" está bem presente) para a nossa compreensão. Ele apresenta coisas que percebemos que são precisas, bem construídas, belas. Aquilo que consideraríamos parte de uma cultura de excelência:

- Construções magníficas – muros, portas, perímetro espetacular.
- Pedras preciosas, metais preciosos.
- Glorificação da cultura que reflete a Glória de Deus
- Não há templo – Deus habita no meio da glória e beleza

O envolvimento em todas as profissões e áreas de conhecimento não desvia o cristão do seu propósito nesta terra. Ele é conclamado a uma formação cultural que reflita excelência e um nível superior que honre ao Deus que lhe dá o intelecto e os dons. Mas a criação não é só matéria estruturada e fundamentada cientificamente com propósitos utilitários; ela também subsiste em beleza e harmonização estética. Por isso, a apreciação do que é belo e de mérito na criação é também um envolvimento legítimo. É esse Deus da precisão e da beleza, central à Educação Escolar Cristã, que proclamamos, é sobre esse Deus que pregamos a reconciliação através de Cristo Jesus, no poder do Espírito Santo.

Resolvida a suposta tensão entre fá e cultura, estamos prontos para examinar, no próximo capítulo, como a escola cristã deve interagir com a cultura e promover a cultura de qualidade, ou a sua apreciação, que deveria caracterizar os cristãos.

O CONTRASTE – CAPÍTULO 29

DESENVOLVENDO CULTURA DE QUALIDADE PELA EDUCAÇÃO ESCOLAR CRISTÃ

Definir o significado básico de "cultura", não é tão complicado. Já vimos, no capítulo anterior que a palavra significa "trabalhar o solo" ou "cultivar" e que, numa visão mais ampla, cultura é mais do que isso. Representa o resultado da aplicação do conhecimento humano no desenvolvimento de obras e atividades *que possuem mérito e qualidade*, bem como o envolvimento de outras pessoas na apreciação e apreensão dessas. Falar em mérito e qualidade implica na existência de um padrão ou objetivo a ser alcançado pela produção cultural da humanidade. É nossa convicção que a Educação Escolar Cristã, por ser forjada no reconhecimento do Autor do Universo, por acreditar na existência da verdade objetiva, por adotar padrões de excelência, tem um papel fundamental no desenvolvimento de uma cultura de qualidade.

Como Educadores Cristãos devem interagir com a verdadeira cultura? Como desenvolver essa cultura de qualidade? Como sermos "sal da terra" em todos os sentidos – no profético, moral e cultural? Como *discernir a má cultura* e, como educadores, promovermos aquela que é boa – a que agrada e exalta a Deus e nos dignifica como pessoas criadas à sua imagem e semelhança?

O desafio: Um dos grandes problemas que confrontamos, como educadores cristãos, é que a visão da sociedade secular tende a classificar como "cultura" **tudo** o que caracteriza uma sociedade, considerando essas formas de expressão como moralmente neutras. Ou seja, tudo que um povo produz é considerado "cultura", seja ela erudita ou popular. Não existe o certo ou o errado, quando se trata de cultura, é apenas uma questão de usos e costumes.

Essa compreensão não é bíblica. O crente tem que ter sempre o discernimento moral para separar formas comportamentais que não condizem com a Palavra de Deus, independentemente se elas são classificadas como "cultura", popular ou não. Infelizmente, muitos líderes e educadores evangélicos têm também aceito esse conceito e procuram uma adaptabilidade total da fé cristã. Qualquer tentativa de correção de aspectos culturais é rotulada de "ocidentalização do evangelho", ou violência cultural. Chega-se ao ponto de se dizer que temos de ter "teologias regionais", ou seja – uma teologia sul-americana, outra africana, e assim por diante – como se os princípios descritivos revelados de Deus não tivessem uma fonte única e imutável – a sua Palavra.

Nesse sentido, a Educação Escolar Cristã é conclamada, por aqueles que não compreendem o aspecto purificador cultural da Palavra de Deus, a assimilar a cultura da terra, retraindo-se de qualquer direcionamento transformador. A busca da qualidade cultural é combatida, em prol da espontaneidade e da preservação de peculiaridades questionáveis inerentes à nossa sociedade.

Não podemos, entretanto, simplesmente aceitar uma civilização como ela é sem termos a visão clara do que ela tem contrário à palavra de Deus. O apóstolo Paulo, o maior "missionário transcultural", não hesitou em fazer observações que, nos dias de hoje seriam consideradas "politicamente incorretas" sobre os habitantes da Ilha de Creta – cultura na qual estava inserido o jovem pastor Tito, que era também o instrutor e educador dos fiéis. Paulo, citando um próprio poeta daquele povo (Epimênides) diz no primeiro capítulo da sua carta a Tito 1:

> Porque existem muitos insubordinados, palradores frívolos, e enganadores, especialmente os da circuncisão. É preciso fazê-los calar, porque andam pervertendo casas inteiras, ensinando o que não devem, por torpe ganância. Foi mesmo dentre eles, um seu profeta que

disse: Cretenses, sempre mentirosos, feras terríveis, ventres preguiçosos. Tal testemunho é exato. Portanto repreende-os severamente, para que sejam sadios na fé. (vs. 10-13)

Paulo reconhece, portanto, que existiam comportamentos genéricos que caracterizavam aquela cultura e vários desses eram **desvios** do comportamento que Deus espera dos seus servos. Tito, em seus esforços para edificar aquela igreja, tinha de reconhecer que muito dessa "cultura" havia sido trazida para dentro (1.5). Ele tinha de rejeitá-la e "repreender severamente" (v. 13) e "com toda autoridade" (2.15) os que refletiam tal comportamento cultural típico dos cretenses dentro da igreja.

Nossa responsabilidade de transmitir e viver adequadamente o evangelho em qualquer cultura, não nos libera de estarmos alerta aos aspectos antibíblicos exibidos na formação dos povos. Por exemplo, por mais cultural que seja e por mais que faça parte de nossa formação, do ponto de vista bíblico nada existe de recomendável para o famoso "jeitinho brasileiro".

Um livro cristão, escrito sobre cultura,[1] registra, concordando, a opinião de E. A. Nida, que um cordão para cobrir o corpo de uma mulher é uma questão cultural, dentro da visão indígena, nada tendo de imoral (p.31). Mas será que "cultura" é algo tão supremo e destituído de valor moral, assim? Não foi o próprio Deus que vestiu o homem caído em pecado (Gênesis 3.21)? Não seria a exiguidade de roupas dos índios, junto com seus costumes de explorar as mulheres no trabalho e até de assassinar as primeiras crianças, quando são do sexo feminino, uma evidência de uma sociedade distanciada dos princípios de Deus, carente do evangelho salvador de Cristo? Será que os educadores cristãos, ou missionários, trabalhando no seio daquela sociedade, terão de preservar todos os seus aspectos – porque se constituem em "cultura", ou deverão procurar reformá-la e transformá-la e imprimir qualidade, à luz da Palavra?

Qual deve ser a nossa percepção cultural, como educadores cristãos, no meio da nossa sociedade? Vamos aceitar também *a dança do tchan*, a da *boca da garrafa*, ou o *funk*, de algumas décadas atrás, e outras vertentes mais contemporâneas, como

---

[1] Ricardo Gondim, É Proibido Proibir (São Paulo: Mundo Cristão, 1998), 31.

expressões culturais inocentes, ou vamos reconhecê-las como a banalização da imoralidade que representam, como uma exposição indevida de crianças e adolescentes à sexualidade fora dos parâmetros bíblicos?

Se nem tudo que um povo expressa é verdadeiramente cultura, por outro lado, **existe a cultura verdadeira**. O resultado do conhecimento aplicado no caldeirão das peculiaridades e diversidades operadas por Deus em todos os povos. O campo da Educação Escolar Cristã é exatamente relacionar os conhecimentos de Deus com as verdades da criação, no meio dessas expressões peculiares do nosso povo, gerando excelência e qualidade acadêmica, mérito social e uma ética comportamental que honre ao Deus verdadeiro – fonte de todo conhecimento.

Não vamos realizar isso, entretanto, se nos retrairmos e não viermos a interagir com a nossa cultura, com o nosso tempo. Enquanto muitos crentes não exercitam discernimento e aceitam tudo que é classificado como "cultura" sem se preocupar com a adequação moral e bíblica do que é apresentado, outros têm a compreensão que qualquer coisa produzida fora da esfera cristã, sendo do campo "secular" não deveria ser apreciada.

Existe uma abordagem equilibrada desta questão e a Palavra de Deus tem muito a nos ensinar. O Salmo 24 nos diz, "Do Senhor é a terra e a sua plenitude, o mundo e aqueles que nele habitam." A verdade é que a visão bíblica **não faz** uma separação entre o secular e o sagrado. Todas as coisas pertencem a Deus. O Diabo tem atuado temporariamente na terra, mas ele é um usurpador. Ele não é o rei por direito. Sabemos que um dos sinais da vitória final de Jesus Cristo é que Deus o exalta, "... *para que ao nome de Jesus se dobre todo joelho dos que estão nos céus, e na terra, e debaixo da terra*" (Filipenses 2.13). As demandas de Deus caem sobre todos os homens, crentes e descrentes. Seus mandamentos são válidos em todas as ocasiões e situações. Deus é a fonte de tudo que verdadeiramente tem valor e de todo o desenvolvimento veraz do conhecimento humano.

A Educação Escolar Cristã tem de reexaminar todas as expressões culturais e trazê-las à luz da Bíblia. Já vimos a tendência de definir tão abrangentemente o conceito de cultura, que todas as formas comportamentais são aceitas como valiosas. Essa mesma tendência se estende a outras áreas de realizações humanas, como, por exemplo, às artes plásticas e à música. Somos ensinados, por algumas pessoas, que tudo que provêm espontaneamente de um povo deve ser aceito e até trazido para a igreja. É tudo uma questão de estilo, nos dizem. Será que é mesmo assim (Filipenses 4.8-9)?

Até os descrentes estão começando a abrir os olhos para um julgamento mais adequado do que é considerado "arte" e "cultura". O caderno regional de uma revista semanal de circulação nacional[2] publicou um ensaio no qual o articulista descrevia a sua visita à Bienal de São Paulo, feita em companhia de um amigo, conhecedor de "arte". Em frente a uma tela branca, o seu amigo erudito exclamava, entusiasmado: "É um marco"! Intrigado com várias outras obras estranhas que recebiam a admiração do amigo, entre elas uma pedra cheia de chicletes pregados nela, ele indicou que não estava entendendo nada. O amigo entendido "explicou" ao apreciador perplexo: "A arte não lida com a beleza, mas com transgressão".

Certamente esse não é o critério de Deus. Por mais difícil que seja discernirmos os critérios de julgamento, nossa apreciação da cultura e das artes nunca pode desprezar a pergunta: "mas isso possui realmente qualidade e mérito?" Deus, na criação, avaliou o que fez, passo a passo, e viu que era "bom", ou seja – a criação possuía valor intrínseco. Semelhantemente ele escolheu formas de artes que eram "belas" para os locais de adoração. Vamos, portanto, ser apreciadores da cultura real (popular ou erudita), mas daquela que tem mérito e qualidade.

A cultura de qualidade forjada pela Educação Cristã resulta em grande testemunho, como temos em **Deuteronômio 4.5-6:**

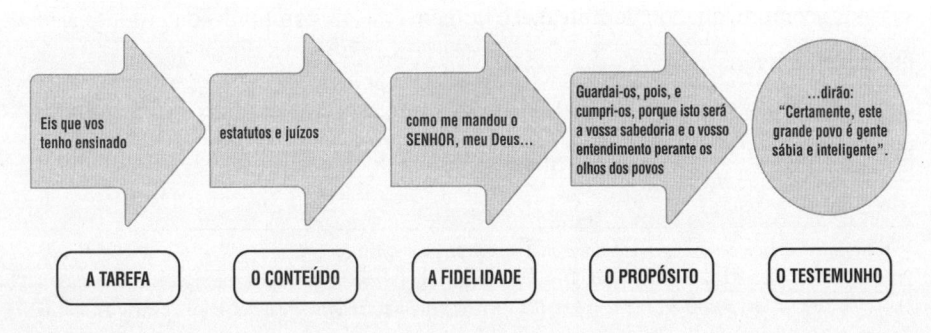

Eis que vos tenho ensinado	estatutos e juízos	como me mandou o SENHOR, meu Deus...	Guardai-os, pois, e cumpri-os, porque isto será a vossa sabedoria e o vosso entendimento perante os olhos dos povos	...dirão: "Certamente, este grande povo é gente sábia e inteligente".
A TAREFA	O CONTEÚDO	A FIDELIDADE	O PROPÓSITO	O TESTEMUNHO

---

2 Crônica de Walcyr Carrasco, em *Veja - SP* (Vejinha), 02.12.1998, 122.

O exercício da verdadeira Educação Escolar Cristã forjará cidadãos que caminharão eticamente e socialmente, instruídos no reconhecimento do Deus criador. O objetivo é a transformação da mente, sem medo de demonstrar discernimento e um comportamento diferenciado, que honra a Deus, em um mundo que não age assim "E não vos conformeis com este século, mas transformai-vos pela renovação da vossa mente, para que experimenteis qual seja a boa, agradável e perfeita vontade de Deus" (Romanos 12.2).

Esse caminhar, no dia-a-dia – não é caminhar com *mediocridade,* mas com *qualidade*. A verdadeira Educação Escolar Cristã nos conscientiza que somos **cidadãos dos céus**,[3] mas unidos, colocados no mundo para transformar vidas e a sociedade em que vivemos.[4] A Educação Escolar Cristã apresenta Cristo como sendo a plenitude de Deus[5] para todas as culturas e tudo deve ser feito para a glória de Deus.

Muitas perguntas ainda podem estar presentes em nossas mentes e deveríamos nos esforçar para responder, biblicamente, a cada uma delas: Será que temos absorvido aspectos da nossa sociedade como "cultura" sendo que estes, na realidade, contrariam preceitos da Palavra de Deus? Que devemos dizer da "cultura de negócios" encontrada em nossa sociedade, aquela, que leva vantagem em tudo, será que ela agrada a Deus? Como Educadores Cristãos, estamos nos destacando pelo nosso testemunho de contraste, ou pelo envolvimento inconsequente com as manifestações "culturais" de nossa sociedade? Como professores e mestres será que temos nos isolado indevidamente e falhado em reconhecer as bênçãos de Deus, providenciadas por sua graça comum, quando permite que o homem escreva, componha ou produza algo que é belo e agradável?

E as nossas escolas? Estarão elas absorvendo aspectos de uma cultura que contraria a Palavra de Deus. Ou será que têm reagido de forma extremada, proibindo o

---

3 João 14.2: *"Na casa de meu Pai há muitas moradas... vou preparar-vos lugar".*
4 João 17.14-23, especialmente os versos 15 – *"Não peço que os tires do mundo, e sim que os guardes do mal"*, e o 21 – *"a fim de que todos sejam um; e como és tu, ó Pai, em mim e eu em ti, também sejam eles em nós; para que o mundo creia que tu me enviaste".*
5 Colossenses 1.9-28, especialmente os versos 17 e 19 – *"Ele é antes de todas as coisas. Nele tudo subsiste"*... *"aprouve a Deus que, nele, residisse toda a plenitude".* O verso 27 diz que Cristo, em nós, é *"a esperança da glória".*

que Deus não proíbe? Qual deve ser o papel da escola e também da igreja na transformação da cultura de um povo? Recentemente temos visto muitos artistas que se declaram convertidos, mas que não discernem nenhuma maldade ou imoralidade na forma de expressão que marcou suas carreiras, por exemplo: uma dançarina, meio cantora, famosa por suas músicas entremeadas de grunhidos e suspiros, pelas roupas sumárias que usa e por sua dança erótica de segundas implicações, continua a se apresentar e divulgar essa forma de "cultura" ao mesmo tempo em que se identifica com a igreja evangélica. Será que isso está certo e agrada a Deus? Oramos para que ele possa nos conceder o discernimento necessário a vivermos vidas cristãs autênticas, como Educadores Cristãos, forjando cultura de qualidade, que O honre em todos os aspectos de nossas vidas.[6]

---

6 Leituras adicionais recomendadas, sobre *cultura*: (1) Michael Horton, O Cristão e a Cultura (S. Paulo: Editora Cultura Cristã, 1998). (2) Don Richardson, *O Fator Melquisedeque* (S. Paulo: Edições Vida Nova, 1986). (3) John Fisher, *What in the World Are we Doing?* (Ann Arbor: Vine Books, 1996).

O CONTRASTE – CAPÍTULO 30

ATRAVESSANDO AS CRISES COM FIDELIDADE, NA EDUCAÇÃO ESCOLAR CRISTÃ[1]

Sede fortes e corajosos, não temais, nem vos assusteis por causa do rei da Assíria, nem por causa de toda a multidão que está com ele; porque um há conosco maior do que o que está com ele. Com ele está o braço de carne, mas conosco, o SENHOR, nosso Deus, para nos ajudar e para guerrear nossas guerras (2 Crônicas 32.7-8).

A tarefa de realizar educação escolar cristã não é fácil. Convencidos da veracidade e realidade das verdades de Deus e de seu relacionamento com todas as áreas de conhecimento, frequentemente vemos que a aplicação de uma cosmovisão cristã vai em curso contrário ao nosso treinamento prévio. Passamos, então a trilhar passos dolorosos e a vencer obstáculos de alto grau de dificuldade. Temos, por exemplo, que revisar e formular a documentação da escola, para que seja transparente e coerente com o ensino cristão; temos que retrabalhar o currículo, e desenvolver materiais que sirvam de base ao entendimento cristão da realidade. Temos que selecionar e equipar pessoas que entendam e aceitem a filosofia educacional cristã... Estas, e muitas outras situações semelhantes, mostram que cada passo é um enorme desafio a ser vencido.

---

1 Originalmente, uma palestra apresentada na abertura do 7º. Congresso da ACSI (Associação Internacional de Escolas Cristãs), São Paulo, maio de 2008.

Mas, possivelmente, nenhuma batalha é maior do que a de realizar educação escolar cristã em um *contexto hostil*. Tais situações podem ser raras em países de extensa base cristã, ou quando a escola já nasce como extensão de uma igreja, para atender as suas famílias, como é comum nos Estados Unidos da América. No entanto, hostilidade à fé cristã e às implicações dela representa a grande realidade de milhares de escolas em países nos quais os verdadeiramente cristãos se encontram em evidente minoria. Refiro-me, portanto, às situações onde, institucionalmente, as decisões e vários passos já foram tomados para o estabelecimento da educação cristã, em uma escola, mas os seus alunos, em grande maioria, procedem de famílias que não são cristãs. São escolas que já estão em andamento, nas quais a mudança da filosofia educacional (de consideravelmente secularizada para uma tentativa de educação escolar cristã) atinge o corpo docente e administrativo, encontrando em muitos desses a ausência de convencimento e comprometimento com os novos rumos. Na maioria desses casos boa parcela dos colaboradores desconhece experimentalmente a fé cristã e não consegue se aperceber das consequências filosóficas e pedagógicas do cristianismo. Os pais, não convencidos que os caminhos propostos visam, realmente, o bem dos seus filhos, ou, por vezes, insatisfeitos com uma orientação religiosa que difere da que praticam, podem demonstrar considerável hostilidade contra a escola e seus administradores. A situação se agrava quando pessoas que integram a própria escola, por não terem realmente acatado a proposta educacional cristã, fazem coro com esses pais, alimentam os medos e apreensões deles; e tomam atitudes e posicionamentos destrutivos a um processo que deveria ser harmônico e transparente. Verdadeiramente, realizar educação escolar cristã nesse contexto de hostilidade, é mais do que passos e obstáculos difíceis a serem vencidos. Representa uma verdadeira crise, na qual não parece existir saída visível ou vitória viável.

Como educadores cristãos, quer estejamos lutando com as dificuldades inerentes ao processo da educação escolar cristã, quer estejamos no meio de uma crise formidável, podemos aprender muito com a vida de Ezequias (740-687).[1] Ele foi o

---

1 De acordo com a cronologia bíblica de William F. Albright, que data o início do reinado de Ezequias em 715 a.C.

12º Rei de Judá após a divisão dos Reinos. Bem jovem quando começou o seu reinado, com apenas 25 anos, foi muito elogiado nas Escrituras: *"Confiou no Senhor Deus de Israel de maneira que depois dele não houve seu semelhante entre todos os reis de Judá, nem entre os que foram antes dele"* (2 Reis 18.5). Ezequias foi um rei tão importante e um personagem tão singular, que a Bíblia registra bastante detalhes sobre a sua vida, tanto nos livros históricos como no livro do profeta Isaías, em 11 capítulos, ao todo.[2] Dessa rica história, podemos destacar e nos identificar com os seguintes pontos:.

1. **Ezequias procurou começar restaurando a *cosmovisão* correta, naquela terra.** Esta foi a primeira ação que ele fez (no primeiro ano, no primeiro mês): restabeleceu a visão e o conhecimento do Deus verdadeiro; reconstruiu tudo que dizia respeito à adoração ao Deus Soberano e destruiu tudo o que havia sido introduzido sutilmente ao longo das décadas de abandono. A Bíblia diz que ele "reparou" as portas da Casa do Senhor (2 Crônicas 29.3), que estavam cerradas e quebradas. Trabalhando no meio do Povo de Deus, ele se preocupa com o fato de que a falsa religiosidade está marcando a vida e a visão da sua nação, e apressa-se em restaurar os alicerces verdadeiros e essenciais. Nosso trabalho de restauração, na educação escolar cristã, é bem semelhante – por vezes as bases religiosas estão totalmente ausentes; muitas vezes as portas da confessionalidade estão cerradas; por vezes elas estão lá, mas precisam ser consertadas. Ezequias fez exatamente isso, realizando até apliques de ouro nas portas – consciente do simbolismo do templo. Nós, também, temos que contextualizar e entrelaçar a cosmovisão cristã com os eixos de conhecimentos que desejamos expor e tratar. Deveríamos ser tão decididos como Ezequias, quando tratamos das coisas de Deus: *"Agora estou resolvido a fazer aliança com o SENHOR"* (2 Crônicas 29.10)

2. **Ezequias trafegou com facilidade pelas diversas áreas de conhecimento.** A sua religiosidade, ou confessionalidade; a sua cosmovisão teocêntrica, era apenas a base para as atividades que constituíam sua obri-

---

2 2 Reis 18 a 20; 2 Crônicas 29 a 32; Isaías 36 a 39.

gação, como governante. Quando lemos a descrição do que ele realizou, vemos que ele era:

a. *Financista* – organizou financeiramente o reino - (2 Crônicas 32.27)

b. *Incentivador da agro-pecuária* – incentivou a cultura de cereais, a criação de rebanhos - (2 Crônicas 32.28 e 29)

c. *Estudioso da logística de abastecimento* – preocupou-se com o suprimento, construindo armazéns e estrebarias - (2 Crônicas 32.28)

d. *Urbanista* – diz o texto que ele "edificou também cidades" - (2 Crônicas 32.29)

e. *Engenheiro civil* – canalizou mananciais, aquedutos - (2 Crônicas 32.30)

Certamente é difícil conjugar todas essas habilidades e conhecimentos em uma só pessoa, mas com certeza as áreas de conhecimento constituem o campo de atividades dos Educadores Cristãos.

3. **Ezequias, fiel e abençoado, era um homem falível.** A Bíblia não coloca em dúvida a fidelidade de Ezequias. No entanto, em função da prosperidade e da paz que Deus lhe havia concedido foi acometido por um tolo orgulho. Em uma ocasião ele *"se humilhou, por se ter exaltado o seu coração"* (2 Crônicas 32.26). Somos relembrados a não nos empolgarmos com a paz ou a prosperidade temporária, mas a nos mantermos humildes e próximos a Deus.

4. **Ezequias sofreu uma profunda crise que quase o impediu de realizar o que pretendia!** Ele foi atacado e sitiado por Senaqueribe, rei dos Assírios, com um formidável exército – eles eram extremamente poderosos e vinham sendo bem sucedidos em todas as suas batalhas e conquistas. Os invasores ameaçaram de aniquilação o reino de Ezequias; eles insultaram repetidamente o Deus verdadeiro e rejeitaram tudo o que esse Deus representava, na vida e nas ações de Ezequias e do Povo de Deus – 2 Crônicas 32.18: *"Clamaram os servos em alta voz em judaico contra o povo de Jerusalém, que estava sobre o muro, para os atemorizar e os perturbar, para tomarem a cidade"*.

A situação realmente era de desespero e não parecia haver saída – o reinado seria destruído (2 Crônicas 32.1 a 21; 2 Reis 18.13 a 19.37).

5. **Ezequias avaliou a crise, tomou decisões intempestivas e precipitadas,** mas, no fim, clamou a Deus e **recebeu livramento**. Quando lemos a narrativa, vemos que Ezequias fraquejou perante o exército inimigo. Humilhou-se indevidamente perante os emissários de Senaqueribe ("errei" – 2 Reis 18.14). Ezequias, também, pagou para não ser atacado (2 Reis 18.15). De nada adiantou todo esse esforço próprio – tanto ele como o povo recebeu mais insultos e mais provocações. Desiludido e sentindo-se arrasado, ele clamou ao Senhor e buscou a Isaías – juntos oraram e a palavra de livramento veio por intermédio do profeta. Sem perda de uma só vida do Povo de Deus, 185 mil pereceram no exército dos Assírios, pela ação do "Anjo do Senhor".

Analisando a vida de Ezequias e esses destaques podemos derivar três lições para as nossas vidas, como educadores cristãos:

1. Às vezes a crise vem *apesar* da nossa fidelidade!

Sabe quando veio a crise? Percebe quando ocorreu a pressão externa, na vida de Ezequias, com Senaqueribe trazendo os seus exércitos, atacando vidas e tudo que havia sido reconstruído? O texto bíblico diz: *"depois destas coisas"* (da restauração da religião verdadeira), *"dessa fidelidade"* (2 Crônicas 32.1). Chamo a atenção para esse ponto: Muitas vezes nossa atividade, como no caso de Ezequias, é atacada **apesar da nossa fidelidade!** Deus tem os seus propósitos – nós não os entendemos. Certamente, o ataque sofrido por Ezequias serviu para o conservar perto de Deus, a médio prazo; bem como para mostrar que o livramento viria de Deus.

Quantas vezes nos desencorajamos. Temos a convicção de trilhar os caminhos de Deus. Sabemos que agrada a Deus apresentar a verdade da sua existência e as maravilhas de sua criação na medida em que penetramos nos caminhos do saber. Sabemos que nossos alunos estarão mais bem preparados para a vida se não tiverem as realidades espirituais sonegadas do seu aprendizado. Mas quando achamos que tudo vai bem, somos sitiados por pais irados e excitados; pedagogos eriçados; agentes governamentais atiçados. Não desesperemos – Deus sabe o que faz.

2. Às vezes reagimos à crise capitulando!

Ezequias teve esse tipo de reação inicial. Quando Senaqueribe o sitiou, quando os mensageiros foram enviados para insultar o rei, o povo, o Deus de Israel, Ezequias balançou e fraquejou.

- Ezequias disse aos invasores: "errei" – quando não havia errado (2 Reis 18.14);
- Ezequias disse que pagaria para ser deixado em paz (2 Reis 18.15)
- Ezequias começou a destruir o que havia construído para apaziguar a ameaça (2 Reis 18.16) – *"arrancou das portas do Templo o ouro"*.

Muitas vezes fraquejamos e somos tentados a fazer a mesma coisa. Por vezes tentamos "retirar o ouro" das portas restauradas. Nossos ataques, com freqüência são desse tipo: O trabalho de vocês está "religioso" demais! Vocês estão fazendo proselitismo! Retirem a confessionalidade das portas! Sejam iguais aos demais!

É incrível como os auxiliares de Ezequias tentaram negociar com os invasores até a forma de protesto, insultos e comunicação. Em 2 Reis 18.26 nós vemos eles pedindo aos emissários – "Rogamos-te que fales em aramaico... Não fales aos ouvidos do povo". A tentativa era a de resolver a coisa quietamente, de não espalhar pânico, mas isso não estava nos planos de Deus. Aí é que eles fizeram mais barulho. Rabsaque, emissário de Senaqueribe, *"clamou em alta voz, em judaico"* (2 Reis 18.28). O propósito era exatamente esse – quebrar a moral de quem estava nas muralhas. Mandaram e-mails para todo o mundo, quanto mais barulho melhor. Divulgaram insultos e críticas por todos os meios possíveis. Deus permitiu tudo isso, Ele tinha suas razões. Não nos rendamos às pressões. Não resolveremos a situação com essa atitude. A capitulação não resolveu a situação de Ezequias e não resolverá a nossa crise. Lembremos-nos da fidelidade devida a Deus.

3. O livramento vem poderosamente de Deus!

Finalmente, Ezequias reconhece a sua dependência de Deus. Humanamente falando, não há saída. Ele chama Isaías. Ele ora, junto com Isaías (2 Crônicas 32.20). Ele entrega a situação a Deus. O que acontece? Deus faz a oposição literalmente *"sumir do mapa"*. Mesmo depois de todas as ameaças, mesmo depois de toda intimidação, mesmo depois de toda divulgação de inverdades – das repetições destinadas a fundamentar o que não podia ser fundamentado, de explicar o inexplicável. Mesmo depois de todo ataque à fé, ao Deus de Ezequias, à sua confessionalidade. A vitória vem pelas mãos de Deus, na maneira de Deus, no tempo de Deus.

Muitas outras coisas podem ser aprendidas da vida de Ezequias. Os versos finais do relato mostram que ele, repentinamente, se encontra no fim da vida – mas Deus lhe concedeu mais alguns anos para que terminasse a obra, ou para que visse a obra, que era efetuada por outros servos e servas de Deus, realizada. Vimos também como Ezequias se orgulhou, sendo falível, mas Deus o humilhou e depois lhe abençoou.

Precisamos aprender muito sobre educação e como melhor realizar os passos necessários a gerar excelência e coerência em nossa prática educacional. Mas aprendamos, essencialmente, a termos convicções inabaláveis, quando elas são firmadas no alicerce da Palavra de Deus; a depender de Deus em nossas vidas; a não desanimar, a correr para Deus e esperar dele a vitória. Se ele quiser, ela nos será concedida e de forma inquestionável a nós e ao mundo que nos observa.

PARTE 3

A PROPOSTA

APROFUNDANDO A ALTERNATIVA, CONSTRUINDO
UMA PEDAGOGIA REDENTIVA

A PROPOSTA – CAPÍTULO 31

EDUCAÇÃO E FÉ ANDAM EM SENTIDOS OPOSTOS?

"O objeto da educação é a verdade; a transmissão da verdade".
GORDON CLARK[1]

Existe uma noção contemporânea que educação e fé andam em sentidos opostos e antagônicos. No entanto, a verdadeira educação sempre andou de mãos dadas com a fé e na trilha da devoção a Deus. Mais especificamente, a fé cristã sempre foi berço de erudição e de incentivo à investigação do universo, trazendo ao bojo do conhecimento o senso de propósito, no trinômio – origem, meio e fim. Inúmeros autores têm registrado essa convergência e interdependência, da educação e ciência com a fé,[2] mostrando como o cristianismo, seguindo o alicerce colocado pelo judaísmo, está na raiz das escolas e academias, ao longo da história da humanidade. Não somente isso, mas também vários relacionam o grande número de cientistas que não só desconheciam qualquer incompatibilidade de sua fé cristã com a ciência, mas eram exatamente movidos pela fé **a fazer** ciência.[3] Como afirmou, pertinentemente, Francis Schaeffer (1912-1984):

---

1 Gordon H. Clark. *Christian Philosophy of Education*. Jefferson, MD: The Trinity Foundation, 1988, 95.
2 Vide Nancy R. Pearcy & Charles B. Taxton. *A Alma da Ciência – Fé Cristã e Filosofia Natural*. São Paulo: Editora Cultura Cristã, 2005.
3 Dinesh D'Souza. *What's so great about Christianity*. Washington: Regnery Publishing, Inc., 2007. Este livro traz uma relação parcial, mas impressionante de cientistas que deram forma à ciência moderna (p. 97). Nesse livro, D'Souza, pesquisador social da Stanford University, constrói uma argumentação fortíssima para a pertinência do Cristianismo, como fonte libertadora do saber, indicando como a civilização embarca na contra-mão do progresso e de sua sustentabilidade, quando despreza suas premissas e contribuições.

os primeiros cientistas modernos alimentavam a convicção, em primeiro lugar, de que Deus proporcionou o conhecimento ao homem através da Bíblia – conhecimentos acerca do próprio Criador e também acerca do universo e da história.[4]

O desprezo a esse entendimento, pela academia, de reconhecimento da pertinência da fé cristã, transcende a gravidade de ser apenas um crime histórico. A ideia de independência total dos parâmetros da fé, conjugada à falácia da existência de uma objetividade bruta que descarta a fé, traslada-se aos conceitos educacionais e ao próprio processo educacional. Essa situação tem gerado metodologias e práticas que representam um verdadeiro crime de lesa-humanidade. Não somente a ciência ateísta, mas essencialmente, a **pedagogia ateísta** gera sérios desvios de percepções da vida, com consequências morais, destituindo gerações inteiras de senso de propósito, engodando-as a uma constante inversão de prioridades em suas decisões. Não é de espantar que nos últimos cem anos, quando a fé foi progressivamente alijada do contexto educacional, temos visto o império do hedonismo, da violência, da indisciplina, em paralelo, a queda do nível acadêmico das gerações mais jovens e mais afetadas por esse abandono de princípios.

Escolas cristãs e educadores cristãos trafegam nesse estágio de dissolução da fé com extrema dificuldade e anseiam por propostas que tragam de volta coerência e coesão ao processo educacional, no qual se envolveram por vocação. Queremos examinar aspectos importantes desse dilema, aferir onde a *inteligentsia* pedagógica está errando ou acertando, e propor, preliminarmente, alguns caminhos que restaurem, ou redimam a nossa combalida prática pedagógica.

---

4 Francis Schaeffer. *A Morte da Razão: a desintegração da vida e da cultura moderna*. São Paulo: Casa Editora Presbiteriana (Editora Cultura Cristã), 2002. 45.

A PROPOSTA – CAPÍTULO 32

CONFLITOS INERENTES À PRÁTICA DA EDUCAÇÃO EM ESCOLAS CRISTÃS

Escolas cristãs encontram várias dificuldades na medida em que procuram ser coerentes com a sua confessionalidade. Não nos referimos às dificuldades de gestão, mas a dificuldades conceituais. Podem ser acusadas de não serem objetivamente acadêmicas. Às vezes, a acusação é a de não concederem oportunidades iguais a todos os credos. Em sua maioria, possuem um corpo docente treinado em conceitos divergentes da filosofia professada. Por último, pedagogos de renome, em cada congresso educacional, ou nos livros que escrevem, emitem pronunciamentos conclusivos, que vão de encontro à prática educacional pretendida, ou ao entendimento que os cristãos têm sobre Deus, as pessoas e o universo. Essas dificuldades apontam para a necessidade de um lastro e diretriz que poderá ser suprida por uma pedagogia específica, conceitual e metodológica, às escolas cristãs.

a. O mito da neutralidade acadêmica.

A grande falácia de nossa era é a afirmação da neutralidade da pedagogia, no que diz respeito a sua abstração da fé. Nesse sentido, a educação estaria centralizada no próprio homem, como ensina um autor:

A educação, enquanto fenômeno, se apresenta como uma comunicação entre pessoas livres em graus diferentes de maturação humana, numa situação histórica determinada. Por isso se define como papel das instituições educacionais: "ordenar e sistematizar as relações homem-meio para criar as condições ótimas de desenvolvimento das novas gerações, cuja ação e participação permita a continuidade e a sobrevivência da cultura e, em última instância, do próprio homem". Portanto, o sentido da educação, a sua finalidade, é o próprio homem, quer dizer, a sua promoção.[1]

Esse conceito horizontalizado, sem a dimensão vertical do relacionamento de tudo e de todos com Deus, está no cerne do problema educacional. Ele apresenta uma parte da realidade como sendo o todo dela. Pretendemos educar pessoas para a vida, mas ignoramos as realidades transcendentais do universo. Relegamos ao esquecimento o que dá coerência às áreas de conhecimento; o que dá sentido à existência humana; o que dá propósito e senso de julgamento à cultura. Apontando essa lacuna, Gordon Clark escreve que no campo secular,

> ... as escolas não são, obviamente, cristãs. Mas, com semelhante obviedade, não são neutras. As Escrituras dizem que o temor do Senhor é o princípio da sabedoria – parte essencial do conhecimento; mas as escolas, omitindo todas as referências a Deus, passam aos alunos a noção de que o conhecimento se obtém sem qualquer relacionamento com Deus. Elas ensinam, na realidade, que Deus não tem qualquer controle sobre a história; que não existe qualquer planejamento nos eventos operados por Deus; e que Deus não preordenou qualquer acontecimento... As escolas não são, nunca foram, nunca poderão ser neutras.

---

1 Dermeval Saviani. *Educação: do senso comum à consciência filosófica*. São Paulo: Cortez Editora, 1982, 51. A citação entre aspas, dentro do texto de Saviani, é de: Carlos Luís Gonçalves. *Transmissão da Cultura*. São Paulo: PUC – manuscrito não publicado, 1971.

A PROPOSTA | *Conflitos inerentes à prática da educação nas escolas cristãs*

> O sistema escolar que ignora a Deus, ensina seus alunos a ignorarem a Deus. Isso não é neutralidade, é a pior forma de antagonismo, porque julga que Deus não é importante; ele é irrelevante à raça humana. Isso é ateísmo.[2]

Nem a academia e as escolas são neutras, nem as pessoas são neutras em sua moralidade. Todos nascem com inclinação para transgredir. O meio ambiente tem influência na formação das pessoas, mas não pode receber o crédito integral aos desvios sociais que os cristãos conhecem e identificam como pecado e transgressão da lei de Deus. A escola cristã não pode ignorar o pecado original, nem as distorções causadas por ele na produção acadêmica das pessoas.

b. Temos de conceder tempo igual a todas as cosmovisões?

Muitos conflitos experimentados por instituições cristãs de ensino têm a sua origem em algumas pessoas que até professam a fé cristã, mas que têm uma visão diferente do que seria **Educação** Cristã. Elas demonstram relutância em abraçar as verdades de Deus e entrelaçá-las às demais verdades. Ainda que proclamem conscientização da ausência da neutralidade na educação, fraquejam em suas convicções cristãs e são acometidas de um falso senso de justiça e de concessão de "direitos iguais" a todos os credos. Enxergam a pluralidade não como sendo uma característica inexorável da sociedade em sua plenitude, mas como de existência necessária e até impositiva **dentro** da própria escola cristã. Com o propósito de abstrair a religião do ensino, advogam, às vezes sem se aperceber, a manutenção da distorção de visão de vida, e dos desvios da verdade, encontradas em quaisquer outras escolas. Na realidade, terminam caindo na falácia de defender o mito já comentado da neutralidade acadêmica.

Críticas, por vezes virulentas, surgem desse tipo de oposição. Escolas e educadores cristãos experimentam conflitos e inquietações, que chegam com mais peso e maior poder letal, por procederem de um campo que se julgava aliado. É verdade que tais críticos, na falta de argumentos próprios, estão apenas emulando o pensa-

---

[2] Gordon H. Clark. *Op. cit.*, 73. Minha tradução.

mento secular, mas, no cômputo final, essas vozes negam às escolas cristãs o **direito**[3] de apresentar suas convicções e uma visão unificada de vida, centrada na realidade do Criador. Com frequência a crítica é a de que a escola está virando igreja, e as sua aulas, uma Escola Dominical, pelas conotações "religiosas" do ensino. No entanto, a verdadeira escola cristã reconhece a soberania das esferas[4] e sabe separar entre o lar, a igreja e a escola – entrelaçando a cosmovisão cristã ao ensino, mas não transformando a instrução acadêmica em aulas de religião. A crítica objetiva uma situação de divórcio entre a fé e a ciência, e a escola é acusada de estar "...apologizando a fé num contexto científico e acadêmico".[5] A escola cristã é levada a pensar que está na contramão do progresso e é chamada de intolerante. A apresentação dos alicerces da fé, do ser de Deus, ao lado das demais verdades da criação de Deus, é rotulada de obscurantismo. Nem sempre é fácil lidar com esse tipo de oposição, pois vem recheada de palavras piedosas, encobrindo, muitas vezes, uma arrogância e uma dissociação lógica latente.

---

3   Esse direito é assegurado pela Lei de Diretrizes e Bases da Educação Nacional (LDB – Lei No 9.394, de 20 de dezembro de 1996), em seu Art. 20, o qual dá reconhecimento legal à existência das escolas confessionais.

4   *Soberania das Esferas* é uma expressão encontrada na obra do filósofo holandês Herman Dooyeweerd (1894-1977). Seu tratado, extenso e muito técnico, não disponível em português, é chamado "*Uma Nova Crítica do Pensamento Teórico*" (4 vls.). Simplificadamente, podemos dizer que Dooyeweerd, construindo sobre os conceitos de João Calvino (1509-1564) e Abraham Kuyper (1837-1920), ensina que cada instituição criada por Deus (a família, a escola, o estado), possui uma esfera específica de autoridade. Isso não significa que sejam autônomas. Cada uma deve responder a Deus, o doador desta autoridade. Mas quer dizer que não devem usurpar ou interferir na autoridade da outra esfera. Cada uma dessas esferas, autoridades em si, são responsáveis por suas missões e ações, na providência divina. No caso da escola cristã, ela deve entender que não usurpa a autoridade da família, nem da igreja. Muito menos substitui essas outras esferas. A esfera da escola, e nisso ela tem autoridade, é ministrar conhecimento, sendo responsável, perante Deus, de ministrar esse conhecimento reconhecendo-o em todas as áreas do saber.

5   Essa citação faz parte de um caso real de correspondências trocadas entre dois ministros presbiterianos em dezembro de 2008. De um lado, o crítico protestava contra a implantação de materiais didáticos de orientação cristã. Entre outras coisas, disse: "*...não se faz educação, ... impondo a quem quer que seja nossas convicções religiosas*"; na sequencia, acusa a escola cristã de "*... um obscurantismo tremendo... para nós que lutamos tanto pela liberdade de consciência e tolerância*". Contrapondo-se a esse argumento, o outro ministro defendeu o direito e propriedade das escolas cristãs apresentarem as áreas de conhecimento no contexto de uma cosmovisão cristã, e escreveu o seguinte: "*É evidente... que [você] aceita a dicotomia entre fé e realidade, crença e historicidade, cristianismo e ciência... a noção de Deus como criador, a encarnação, o nascimento virginal, a ressurreição dos mortos, e as demais doutrinas cristãs, têm repercussão direta na maneira como nós olhamos, nos entendemos e nos relacionamos com o mundo ao nosso redor. Essas coisas nos dão uma base firme para fazer ciência, pesquisar nosso mundo e usar suas leis na tecnologia. Você dá a impressão de que a ciência e os cientistas são neutros. Acreditar nisso é obscurantismo. Ninguém é neutro. Se a educação não for enviesada pelos valores cristãos, será pelos valores secularizados, marxistas, humanísticos, agnósticos, ou por quaisquer outros*".

A convicção do educador cristão e da escola cristã, de que possuem a verdade e de que devem expressá-la, com toda habilidade e diplomacia, mas sem apologias, resultará, muitas vezes, no alijamento a uma zona de desconforto e questionamento no seio da comunidade acadêmica. Sobre essa situação, o filósofo Rousas J. Rushdoony (1916-2001) traz as seguintes palavras de alerta;

> ... um cristão em um contexto acadêmico enfrenta um ataque bastante peculiar. Por crer em uma verdade que é obrigatória para todos os homens, se constitui em inimigo da liberdade acadêmica. E ao mesmo tempo, devido a não estar aberto à igualdade do bem e do mal, da verdade e do erro, não comprometerá a verdade da fé. Converte-se assim em alvo do imperialismo acadêmico e institucional. E por não permitir que o reduzam ao nível comum do pragmatismo e da conveniência, é alvo das atividades que visam intimidá-lo.[6]

No entanto, a pressão sobre o educador cristão para que ele venha a capitular e descartar a verdade deve ser resistida.

c. A disparidade entre a formação e a prática educacional, nos professores cristãos.

Na busca pela excelência de ensino – marca de uma abordagem cristã ao processo educacional, não se pode prescindir do treinamento e da formação acadêmica em nível superior. É necessário o domínio das melhores técnicas de comunicação, o exame das diferentes correntes educacionais, a submersão em pesquisas e a obtenção da proficiência conjugada ao esmero e à dedicação ao ensino. No entanto, *a prática* da Educação Cristã esbarra, com frequência, na formação recebida por seus professores nas faculdades, pois as metodologias e conceitos de ensino aos quais foram submetidos chegam eivados de uma filoso-

---

6 Rousas J. Rushdoony. *The Philosophy of the Christian Curriculum*. Valecito, CA: Ross House Books, 1985, 72. Tradução de Márcio Santana Sobrinho.

fia própria. Apresentam postulados que contrariam não somente a filosofia da fé cristã, mas até mesmo o bom senso comum.

Durante os anos de aprendizado os professores recebem noções bem específicas sobre o *psiquê* das pessoas – qual a constituição metafísica do ser humano, o que motiva e estimula o aprender, como as ideias de certo e errado são "construídas" em cada um, qual o senso de propósito que direciona as vidas dos alunos, se é que existe, qual a melhor metodologia que, levando em conta todos esses aspectos, conseguirá despertar a assimilação de conhecimento. A ciência e teoria da educação, que chamamos de pedagogia,[7] compreende esse conjunto de fatores: das premissas filosóficas à metodologia educacional.

Pontos de tensão e de conflito surgem exatamente porque as premissas e métodos, que são ensinados e defendidos, contêm proposições sobre a natureza humana, sobre o conceito de conhecimento, o processo de ensino e aprendizado e o propósito de vida, que contrariam as proposições encontradas na Escritura. Educadores cristãos, convencidos, que a Bíblia é revelação divina, e que contém verdades absolutas, são, repentinamente, sugados por assertivas divergentes à suas convicções.

Além disso, muitos, que professam a fé cristã, nunca se preocuparam em estudar a fundo o tratamento dado, na Bíblia, aos conceitos de conhecimento, à metodologia de transmissão e assimilação aludida nela, às implicações de como verdades absolutas impactam a mente e às teorias pós-modernas. Aqueles que procuram levar a integridade intelectual a serio são impelidos a fazer uma triagem das técnicas e métodos que têm aplicado – aferindo-os pelos padrões e ensinamentos da Escritura. Essa é uma tarefa inglória, árdua e injusta para os que precisam aplicar o seu tempo nas salas de aula. Os professores não deveriam ter de se envolver em um repensar metafísico e epistemológico da estrutura cognitiva tanto dos alunos como

---

7 Etimologicamente, **pedagogia**, que procede do grego, antes do latim, significa "a ciência de liderar a criança", ainda que a ideia de "liderar" esteja por demais distanciada dos conceitos contemporâneos da área. O **Dicionário Aurélio** define assim o termo: "teoria e ciência da educação e do ensino; estudo dos ideais de educação, **segundo uma determinada concepção de vida**, e dos meios (processos e técnicas) mais eficientes para efetivar esses ideais". É interessante que a ideia de ensinar "segundo uma determinada concepção de vida", que se enquadra no conceito da Educação Cristã, se faz presente na própria definição da pedagogia.

deles próprios, que sirva de trilho aos conhecimentos que necessitam ser veiculados no contexto educacional cristão. Mas a necessidade desse repensar é um clamor que não pode ser ignorado.

d. A falácia dos postulados conclusivos dos pedagogos

Educadores cristãos ficam confusos com a assertividade encontrada nos tratados pedagógicos, bem como na auréola científica e de pesquisas que parecem respaldar o que se escreve nessa área. Há sempre pesquisas imperfeitas ou insuficientes apontando para conclusões que, na verdade, mostram-se insustentáveis a longo prazo, ou à luz de outras verdades. Por exemplo, a pesquisa do ícone da pedagogia moderna, Piaget, alicerce da academia educacional. Scott Miller, autoridade na área de metodologia e pesquisa, da Universidade da Flórida, diz o seguinte: "Piaget raramente fornece informação precisa sobre o tamanho da amostragem ou a composição de suas pesquisas... A falha de Piaget em descrever a amostragem dos seus estudos, é apenas um dos pecados de registros científicos que ele rotineiramente cometia".[8]

A realidade é que existe pouca ou nenhuma base para postulados apresentados contemporaneamente no circuito pedagógico.[9] Tomemos como exemplo, o que pontifica um proeminente autor e palestrante, refletindo a noção contemporânea de que o professor é elemento quase passivo nas salas de aulas, e que os alunos conhecem mais os seus próprios rumos e prioridades, do que os seus mestres. Ele está apontando as frequentes indagações dos alunos no estudo da ciência, que constantemente perguntam *"para que serve?"*, e diz: "... o professor deve ser honesto e dizer para o seu aluno – 'não serve para nada'".[10] Mas por que o professor deveria ter esse tipo de resposta? Por que a oportunidade não deveria ser utilizada para traçar as conexões e a

---

8 Scott A. Miller. *Developmental Research Methods*. Thousand Oaks, CA: SAGE, 2007, 235. Minha tradução.
9 É relevante que até o famoso "Método Paulo Freire" de alfabetização de adultos, segundo reportagem da Rádio Câmara, com o Prof. Afonso Celso Scocuglia, foi desenvolvido e os seus postulados estabelecidos, após uma experiência em uma sala de aula com 5 alunos, dos quais 2 desistiram e apenas 3 foram alfabetizados. Texto disponível no site: http://www.camara.gov.br/internet/radiocamara/default.asp?selecao=MAT&Materia=50033, acessado em 28.02.2009.
10 Yves De La Taille, *in*, *Nos Labirintos da Moral*. Mário Sérgio Cortella e De La Taille. Campinas, SP: Papirus, 2005. 83.

utilidade do ensino? Podemos imaginar o conflito gerado na mente e prática de um professor que procura seguir os ditames dessa autoridade. Na prática, esse tipo de assertiva, remove do professor todo o estímulo na busca de uma correlação e relevância ao seu ensino, bem como de uma transmissão ativa dessa relevância. Ele é instado, sob a pressão de uma pretensa honestidade, e mediante a supremacia ditatorial do aluno, a passivamente declarar a irrelevância do que se aprende.

No entanto, e de maior gravidade, muitas das afirmações categóricas procedentes da academia pedagógica não se comprovam na vida dos professores e na prática da sala de aula. Quanto mais a capacidade espontânea cognitiva, de organização e de disciplina dos alunos é afirmada; quanto mais o papel do professor é diminuído ao posto de um mero "facilitador" da educação; quanto mais as escolas "soltam as rédeas" do processo educacional; mais o professor, pressionado pelas evidências gritantes das salas de aula, se vê no papel de organizador e sistematizador dos seus pupilos; mais ele se vê na necessidade de direcionar; mais as escolas se vêm na obrigação de traçar limites para evitar o caos iminente.

Com efeito, no campo pedagógico, talvez acima de qualquer outro, meras teorias e expressões de desejo têm sido elevadas à categoria de leis inexoráveis. Na pedagogia, nada é observável imediatamente, mas são necessárias, por vezes, gerações inteiras para a comprovação ou rejeição de uma teoria e metodologia. Há um distanciamento entre causa e efeito. E isso contribui para a multiplicação dessas certezas perigosas, no campo da educação, e para a confusão e dilema reinantes nas vidas dos educadores que levam a sério a sua missão e profissão.

e. A necessidade de uma *Pedagogia Redentiva* para resolver os impasses

Para que os professores, especialmente aqueles mais atingidos, convencidos da veracidade e dos postulados da fé cristã, tenham menos conflitos internos, é necessário que haja uma convergência e canalização de esforços, da parte de pedagogos pesquisadores – de similar persuasão – para que essas questões educacionais básicas sejam bem trabalhadas e resolvidas. É necessário que desenvolvamos um denominador mínimo comum às escolas cristãs. Referimo-nos à formação de um eixo conceitual, metodológico e prático que concentre os diversos aspectos relacionados com Educação Escolar Cristã, que vêm sendo levantados por diversos autores de renome, principalmente nas últimas duas décadas.[11]

O desenvolvimento de uma pedagogia de educação escolar cristã que seja totalmente coerente ao entendimento da revelação bíblica, que abrigue excelência acadêmica como um catalisador presente em todas as áreas, que una as áreas de conhecimento sem dissociações artificiais e que tenha um senso de propósito intenso, de tal forma a produzir vidas transformadas, é o que precisamos ter por objetivo. Acreditamos ser apropriado cunhar essa pedagogia como uma *pedagogia redentiva*, a qual será detalhada no capítulo 35.

---

11 Vide a bibliografia selecionada sobre Educação Escolar Cristã, publicada no apêndice deste livro, contendo várias obras publicadas, bem como várias teses e monografias ainda não publicadas; estas últimas, especialmente, dos acervos de trabalhos apresentados como parte dos requerimentos a cursos de mestrado e doutorado realizados pelo Centro Presbiteriano de Pós Graduação Andrew Jumper (Mackenzie, São Paulo).

A PROPOSTA – CAPÍTULO 33

A NECESSIDADE DE RELEVÂNCIA E PROPÓSITO ÀS VISÕES PEDAGÓGICAS CORRENTES

Certamente não existe carência de propostas pedagógicas no campo educacional. Elas se multiplicam, sob os mais variados nomes, mas será que representam, na realidade, algo novo e útil? Possuem coerência filosófica e realidade empírica? São relevantes e apresentam um rumo? Ou apenas confundem educadores e destilam um niilismo, ou uma projeção utópica e irreal, que as tornam inadequadas, como um "pacote pronto", às escolas cristãs? Examinemos alguns exemplos proeminentes.

a. As "pedagogias" de Paulo Freire

Nas últimas décadas, os qualificativos à palavra pedagogia, em vez de identificarem na realidade um conjunto de conceitos e métodos educativos, passaram a especificar posturas ou críticas sociológicas, refletindo a ideologia ou o interesse dos seus autores. Diferentes abordagens que têm sido propostas por pedagogos foram, por certo, inspiradas pelo conhecidíssimo educador Paulo Freire (1921-1997). O seu livro inicial foi **Educação como prática da liberdade** (1967).[1] Após esse livro, ele foi pródigo no desenvolvimento dessas "pedagogias". Na sequencia Freire

---

1 Paulo Freire. *Educação como prática da Liberdade*. Rio de Janeiro: Paz e Terra, 1983. 160 pgs.

escreveu **Pedagogia do oprimido** (escrito em 1968, publicado em 1970), enquanto esteve no Chile e que está traduzido para mais de 40 idiomas;[2] **Pedagogia da esperança** (1992);[3] **Pedagogia da autonomia** (1997)[4] e as compilações de artigos e palestras publicadas após sua morte, por sua filha, chamadas de **Pedagogia da Indignação** (2000)[5] e **Pedagogia da Tolerância** (2005).[6] Freire é também conhecido como autor do "Método Paulo Freire" de alfabetização de adultos. Este consiste na utilização de vocábulos conhecidos do grupo a ser alfabetizado, como ponto de partida, para, a seguir, subdividi-los em partículas menores que serviriam de base à alfabetização.[7]

Na *Pedagogia do Oprimido*, Freire faz quase um registro autobiográfico, relacionando o que chama de anseios democráticos, o desenvolvimento de uma mente democrática, mas que reflete, na realidade, uma visão de uma sociedade oprimida tanto pelas forças econômicas, como pelo exercício da autoridade das chamadas "esferas dominantes". Ele traça paralelos com a sua transição de criança a adolescente, extrapolando consequências de um relacionamento com os pais, baseado no castigo, para a esfera da sociedade. Nesse trabalho de Freire temos mais um libelo social, do que uma fórmula pedagógica que dê relevância ao processo educacional. Freire não está errado ao apontar injustiças ou abusos de autoridade, que levam à opressão. No entanto, as repostas, presas a uma visão anacrônica de estruturas político-econômicas que faliram no leste europeu e em outras experiências sociais do mundo, têm como base uma cosmovisão equivocada, na qual o fator pecado não existe. Existem injustiças, existem

---

2 Paulo Freire. *Pedagogia do Oprimido*. Rio de Janeiro: Paz e Terra, 1987. 184 pgs. Este livro já vai na 38ª edição.
3 Paulo Freire. *Pedagogia da Esperança: um reencontro com a pedagogia do oprimido*. Rio de Janeiro: Paz e Terra, 1992. 245 pgs.
4 Paulo Freire. *Pedagogia da Autonomia*. São Paulo: Paz e Terra, 1996, 2000 – 16ª Ed. 165 pgs. Este livro já vai na 37ª edição.
5 Paulo Freire. *Pedagogia da Indignação* – compilação de Ana Maria Araújo Freire. São Paulo: UNESP, 2000. 134 pgs.
6 Paulo Freire, *Pedagogia da Tolerância* – compilação de Ana Maria Araújo Freire. São Paulo: UNESP, 2005. 329 pgs.
7 Esse método teve aplicação limitada, pelo próprio autor, em Pernambuco, antes de seu exílio no Chile. Vide no capítulo 32. d, nesta seção, as observações sobre "postulados nos circuitos pedagógicos" e Nota de Rodapé Nº. 9, naquela página.

violências, mas as pessoas são basicamente boas. A boa percepção, por falta de um alicerce filosófico veraz, leva a anseios e constatações, mas não a respostas eficazes.

Na *Pedagogia da Esperança*, Freire retoma o tema, fazendo extensa referência à sua obra anterior, e aponta que no meio de disfunções sociais é necessária a existência da esperança. O papel da educação seria fornecer essa esperança, indicando as possibilidades da história. Os educadores "progressistas" enfrentarão as barreiras, oligarquias e "situações limites" para imprimir essa esperança de um mundo melhor. Apesar de palavras de esperança, a pedagogia contemporânea acaba removendo a esperança, pois essa nunca cruza a linha da incerteza e anseio, para a da expectativa de uma certeza de redenção. Baseando a esperança numa confiança irrestrita na humanidade, desconhecendo que as disfunções são mais profundas e só podem ser lidadas e trabalhadas em um contexto no qual Deus seja reconhecido e se faça presente (como o fez, na pessoa de Jesus Cristo), a pedagogia contemporânea falha em dar as respostas que procura. Esperança redentiva é fé; *"é a certeza das coisas que se esperam, a convicção de fatos que se não veem"*.[8] É mais do que meros sonhos de alívio das necessidades materiais presentes.

Na *Pedagogia da Autonomia*, Freire dá continuidade às suas análises, desta feita procurando dar lições pontuais aos professores, para que aprimorem a sua prática de ensino dentro do relacionamento professor-aluno-escola. Muitos desses conselhos são de grande valia. Outros apontam, ainda, uma dependência muito grande em conceitos correntes totalmente humanistas, nos quais a dimensão do divino está conspicuamente ausente. Trabalhando apenas na parte inferior da realidade, esquecendo-se do transcendente, suas conclusões são consequentemente imprecisas e imperfeitas. Francis Schaeffer aponta o perigo:

> ... em todos os casos em que o "inferior" se tornou autônomo, não importa que nome tenha se dado a isso, não demorou muito para que o "inferior" engolisse o "superior". Não apenas Deus desapareceu, mas também a liberdade e o próprio homem também sumiram.[9]

---

8 Hebreus 11.1
9 Francis Shaeffer. *A Morte da Razão: a desintegração da vida e da cultura moderna*. São Paulo: Casa Editora Presbiteriana (Editora Cultura Cristã), 2002, 95.

Ainda assim, nesse livro, vemos até um Freire mais maduro, talvez sem tanta convicção de suas lealdades político-sociais do passado. No entanto, ele insiste em indicar que o caminho para o sucesso na educação é a libertação da heteronomia. Essa rejeição teórica da lei (vamos ver, na frente que ela é mais teórica do que prática) confunde ainda mais a já abalada mente de nossos professores. Em *Pedagogia da Autonomia*, Freire diz:

> Se trabalho com crianças, devo estar atento à difícil passagem ou caminhada da heteronomia para a autonomia, atento à responsabilidade de minha presença que tanto pode ser auxiliadora, como pode virar perturbadora da busca inquieta dos educandos... primordialmente a minha postura tem de ser a de respeito à pessoa que queira mudar ou que recuse mudar.[10]

Freire não tem alternativa a não ser apegar-se a um antropocentrismo radical e isso está explícito nessa obra:

> ... jamais abandonei a minha preocupação primeira, que sempre me acompanhou, desde os começos de minha experiência educativa: a preocupação com a natureza humana a que devo a minha lealdade sempre proclamada. Antes mesmo de ler Marx já fazia minhas as suas palavras; já fundava a minha radicalidade na defesa dos legítimos interesses humanos... Prefiro ser criticado como idealista e sonhador inveterado por continuar, sem relutar, a apostar no ser humano.[11]

A *Pedagogia da Autonomia* é uma catarse pessoal, onde Freire reflete a sua cosmovisão e, baseado nela, oferece diversos conselhos práticos aos professores. Muitos têm se escudado em Freire, até como modelo pedagógico às escolas cristãs. No entan-

---

10 Paulo Freire. *Pedagogia da Autonomia*. São Paulo: Paz e Terra, 1996, 2000 – 16ª Ed., 78 e 79.
11 Paulo Freire. *Ibid.*, 145 e 136.

to, ele está longe de ter um plano mestre, coerente, de diretrizes que sirvam à educação cristã. Após a leitura de suas obras continuamos carentes de uma relevância maior ao processo educativo – que transcenda a míope visão cadente do homem-deus e que não se perca em lamúrias sociológicas, sem ofertar respostas reais aos problemas constatados.

b. As múltiplas "pedagogias" da atualidade

Mais na trilha do que na "tradição" do trabalho de Paulo Freire as "pedagogias" se multiplicam e muitos têm publicado suas próprias "pedagogias". Vejamos alguns desses exemplos de escritos por uma variedade de pedagogos.

- Ruy Cézar do Espírito Santo: **Pedagogia da Transgressão**;[12]
- Edna Maria Silva Godinha: **Pedagogia da Alternância**;[13]
- O prolífero Gabriel Chalita, com suas **Pedagogia da Amizade** e **Pedagogia do Amor**;[14]
- Claudemiro Godoy: **Pedagogia da Resistência**;[15]
- Nelson Carvalho Marcelino: **Pedagogia da Animação**;[16]

Todas essas tentativas de sistematização de pensamentos e ideologias específicas, via pedagogias, apresentam a necessidade de um propósito maior nos sistemas de ensino. Identificam-se carências, mas as soluções apontadas têm pouco a ver com a essência do processo educacional, ou são dispersivas e contraditórias. Os alunos e professores se empolgam com a retórica, mas são jogados em um abismo metodológico. Na ausência de uma construção filosófica coerente, resta o pontificar. E, como

---

12 Ruy Cezar Espírito Santo. *Pedagogia da Transgressão*: um caminho para o auto conhecimento. Brasília: Papirus, 1995.
13 Edna Maria Silva Godinha. *Pedagogia da Alternância: uma proposta diferenciada*. Manuscrito ainda não publicado, disponível em: http://www.webartigos.com/articles/3845/1/pedagogia-da-alternancia/pagina1.html, acessado em 23.02.2009.
14 Gabriel Chalita. *Pedagogia da Amizade* e *Pedagogia do Amor*. São Paulo: Gente, 2003 e 2008.
15 Claudemiro Godoy. *Pedagogia da Resistência*. Brasília: Papirus, 2007.
16 Nelson Carvalho Marcelino. *Pedagogia da Animação*. Brasília: Papirus, 2003.

já vimos, a nossa era é pródiga em pontificadores que entram e saem de moda: sete passos para isso, dez para aquilo, três para aquilo outro, e assim perpetuam a babel de ideias no campo educacional, sem respostas relevantes ao educador.

c. Edgar Morin: Uma complexidade muito complexa!

Edgar Morin (1921 -) introduziu o conceito de complexidade no mundo pedagógico. Ele definiu o termo como sendo "o tecido de acontecimentos, ações, interações, retroações, determinações, acasos, que constituem o nosso mundo fenomenal".[17] Essa é uma contribuição fenomenal contra atomizações simplistas que permeavam o mundo do saber. Com isso ele mostrava que tanto a tarefa de ensinar, como a metodologia ligada ao ensino, são muito mais intrincadas do que aparentavam ser.

Mas será que ele não leva longe demais o conceito? Continuando sua meditação sobre o tema ele diz que: "... a complexidade apresenta-se com os traços inquietantes da confusão, do inextricável, da desordem, da ambiguidade, da incerteza".[18] É verdade que ele aponta o trabalho do educador como sendo o de restaurar a ordem: "Daí a necessidade, para o conhecimento, de pôr em ordem nos fenômenos ao rejeitar a desordem, de afastar o incerto, isto é, de selecionar os elementos de ordem e de certeza, de retirar a ambiguidade, de clarificar, de distinguir, de hierarquizar".[19] Mas será que complexidade significa caos? Há esperança, ânimo e resposta para o educador, perante o quadro traçado por Morin? Afinal ele diz que: "a complexidade surge como dificuldade, como incerteza e não como uma clareza e como resposta".[20]

Vemos que, em vez de reconhecer a fonte do conhecimento e aquele que "une todas as coisas",[21] e gerada uma percepção sem propósito de que há união, mas provocadora de desagregação. Caímos de volta na falácia de que no caos se produz progresso e organização. Olhando a maravilhosa capacidade humana de reorganização – exata-

---

17 Edgar Morin. *Introdução ao Pensamento Complexo*. Lisboa: Instituto Piaget, 3ª Ed., 2001, 20.
18 *loc. cit.*
19 *loc. cit.*
20 Edgar Morin. *O Desafio da Complexidade, in Ciência com Consciência*. São Paulo: Editora Bertrand Brasil, 1996. Texto disponível em http://www.cac.ufpe.br/vidvirt/memo/texto5.htm acessado, em 20.01.2009.
21 Colossenses 1.17-20

mente pela unidade de pensamento que a caracteriza, esquecemos de computar o alto pedágio cobrado pela destruição, pelas crises, pela desorganização, e quase glorificamos esse caos como essencial ao processo educacional.

Numa primeira leitura, parece que o caminhar pedagógico de Morin está na direção correta. No entanto, por *alijar o transcendente*, a filosofia da fé cristã, em vez de meramente *identificar* a complexidade, passa, no entanto, a ser *gerador* de mais complexidade. Essa possante constatação, principalmente na mão de discípulos desavisados, cria dificuldades no que deveria ser facilitado; complica o que deveria ser simplificado; esquece o básico, no ensino, e promove formulações teóricas inatingíveis. Por isso alguns críticos, como Cláudio de Moura Castro, têm apontado correntes pedagógicas contemporâneas como sendo responsáveis por um subjetivismo sem propósito no campo educacional, que tem deseducado, em vez de educar.[22]

Essa visão de desespero e não redentiva, da complexidade, leva ao humanismo desenfreado, ainda nas palavras de Morin: "mas se devemos abandonar a visão que faz o homem o centro do mundo, devemos salvaguardar a nossa visão humanista, que nos ensina que é necessário salvar a humanidade e civilizar a terra".[23] Morin vai longe demais porque não parte da filosofia da fé cristã. Ele não encontra coesão na complexidade e fica somente com a constatação, postulando quase um *agnosticismo pedagógico*. O educador e a escola cristã, entretanto, podem apreciar a complexidade e ver que ela reflete uma complexidade ainda maior – a do Deus Criador; mas é esse mesmo Deus que dá *unidade* ao conhecimento e a visão de vida, convergindo todas as coisas em Cristo Jesus.

Obviamente existem várias outras[24] abordagens e teorias pedagógicas muito importantes no cenário pedagógico nacional e mundial. Apontamos aqui apenas uma

---

22 Cláudio de Moura Castro. *"Autópsia de um Fiasco"*. Revista *VEJA*. Ed. 1990, de 10.01.2007.
23 Edgar Morin. *Política de Civilização e Problema Mundial*. Revista da FAMECOM, Vol. 5, 1966, 20.
24 Para uma crítica minha ao *construtivismo*, confrontando essa teoria com as evidências e princípios da fé cristã, vide o ensaio original: PORTELA, F. Solano. *O que estão ensinando aos nossos filhos? Uma avaliação preliminar de Jean Piaget e do Construtivismo*. Fides Reformata. Vol. V, n. 1. Janeiro-Junho, 2000, 78-80; ou, F. Solano Portela. Construtivismo no Cenário Brasileiro, in, *Fundamentos Bíblicos e Filosóficos da Educação Cristã*. São Paulo: ACSI, 2004, 68-91, ou, ainda a expansão desses pensamentos nos 16 primeiros capítulos deste livro, na primeira seção: "O Cenário".

amostragem dessas, indicando algumas dissociações entre as que foram tratadas, com a filosofia da fé cristã. Procuramos, igualmente, mostrar a necessidade que apresentam de trazer relevância, esperança real e propósito (e não frustração) à tarefa e metodologia do educador e da escola cristã.

A PROPOSTA – CAPÍTULO 34

PONTOS DE CONTATO DE PREMISSAS EDUCACIONAIS CRISTÃS COM ALGUNS CONCEITOS PEDAGÓGICOS DA ATUALIDADE.

No desenvolvimento de uma proposta educacional à escola cristã devemos procurar os pontos de contato com as diversas pedagogias ou conceitos sobre o processo de aprendizado. Mesmo que encontremos pontos de dissonância em autores que rejeitam a fé cristã, isso não deveria impedir o exame criterioso de seus trabalhos.

a. A possibilidade de diálogo

A grande pergunta é: *como é possível manter diálogo ou aproveitar conceitos pedagógicos de uma comunidade acadêmica que constrói sua produção e prática partindo de premissas tão antagônicas à fé cristã?* Com efeito, pelo menos **cinco** grandes premissas pedagógicas são abraçadas indiscriminadamente por um número expressivo de autoridades dos campos filosóficos, psicológicos e pedagógicos. Essas são totalmente contrárias à crença cristã e à revelação da Escritura. O que espanta é que essas premissas são pedras fundamentais, na academia, via de regra não são questionadas e formam o alicerce dos cursos, livros e palestras que gravitam no circuito pedagógico. Apresentamos o quadro abaixo, relacionando essas premissas e, ao lado, o fundamento bíblico que é ignorado, mas que deveria ser considerado:

	Premissas pedagógicas atuais	**O contraste do fundamento bíblico**
1	A aparição da vida e da própria raça humana por um processo natural e aleatório.	A Bíblia apresenta o universo e a vida como sendo criação de Deus, e a humanidade como sendo criação especial dele, à sua imagem e semelhança, com inerente dignidade, a partir de um casal, em um registro histórico descritivo e não meramente poético: Gênesis 1 e 2; Marcos 10.6.
2	A neutralidade moral das pessoas.	A Bíblia afirma a realidade da universalidade do pecado: Isaías 64.6; Romanos 3.23.
3	A possibilidade do homem de gerar respostas e estruturas morais por si mesmo.	A Bíblia afirma que as posturais morais assumidas pelo homem são, por si, um reflexo da existência e transcendência do Deus Santo e Justo. Ela ensina que o envolvimento consciente no reconhecimento e adoração desse Deus, bem como nas ações morais pessoais, é algo possibilitado por intervenção divina; pela redenção efetivada por Cristo Jesus àqueles que ouvem o seu chamado e são atraídos e sustentados pelo Espírito Santo de Deus: Romanos 2.14-15; 1 Pedro 1.16; Joel 2.32; Efésios 2.8-10.
4	A intransmissibilidade do conhecimento.	A Bíblia apresenta o conhecimento como sendo transmissível, de Deus – fonte de todo o conhecimento, às pessoas; e de pessoa a pessoa: Provérbios 1.1-7; 9.10; Jeremias 3.15; João 1.1 e 14; 2 Timóteo 2.2.
5	A ausência de propósito maior para o homem, a não ser sua própria felicidade, ou, em um patamar mais altruísta, o bem da própria humanidade.	A Bíblia afirma que o fim principal das pessoas é glorificar a Deus, e desfrutar desse enquadramento e propósito criativo, por toda a eternidade: 1 Coríntios 10.31; Salmo 73.24-28.

A PROPOSTA | *Pontos de contato de premissas educacionais cristãs com alguns conceitos pedagógicos da atualidade*

Francis Schaeffer criticou com profundidade e pertinência a postura do homem moderno, por ter alijado Deus do seu pensamento. Mas é ele próprio que nos aponta a possibilidade de pontos de contato, de utilização dos *insights* presentes na academia em nossa pedagogia, da efetivação do diálogo e da construção de pontes de entendimento. Ele diz:

> ... na realidade, ninguém é capaz de conviver de forma coerente com os pressupostos não cristãos e, consequentemente, por ser confrontado com o mundo real e consigo mesmo, na prática sempre será possível encontrar algum meio para conversar. Ninguém poderá manter-se onde está, suspenso entre o mundo real e as conclusões lógicas de suas pressuposições.[1]

Nesse sentido, é necessário que conservemos a nossa independência tanto para fazer uma avaliação crítica de correntes pedagógicas, como para reconhecer pontos de afinidade com estas. Temos de ter a percepção de aferir quando, incoerentemente com suas premissas, mentes brilhantes chegam ao ponto de admitir e asseverar verdades que convergem com as nossas convicções e alicerces filosóficos. Vejamos alguns desses pontos.

b. Contato com a questão da complexidade, transversalidade e transdisciplinaridade.

O conceito da complexidade, já apresentado na seção anterior, reflete também uma constatação e reconhecimento de que as pessoas não são absolutas em si, e abriga a ideia do entrelaçamento das diferentes áreas de conhecimento. Sobre as pessoas como fim, em si próprias, afirma Morin:

> ...somos uma pequena parte da sociedade que não pode situar-se do ponto de vista dominador para julgar a sociedade. É uma lição de

---

1 Francis Schaeffer. *O Deus que Intervém: o abandono da verdade e as trágicas consequências para a nossa cultura*. São Paulo: Casa Editora Presbiteriana (Editora Cultura Cristã), 2002, 193.

prudência de método e de modéstia que nos dá essa concepção de pensamento.²

Essa visão se harmoniza com o fato de que não somos origem e fim em nós mesmos, mas procedemos do Deus incompreensível – ele é juiz e doador da vida e do conhecimento. A compreensão de suas verdades nos coloca, como criaturas, em um lugar digno, mas de subordinação ao Criador. O mundo criado por Deus é complexo, mesmo, ainda que habite em sistematização e harmonia, refletindo a complexa ordem de Deus (Salmo 19). Assim, como cristãos, podemos apreciar a apresentação da complexidade por Morin. Contrário à forma estanque com que se apresentavam os assuntos e matérias, no campo do conhecimento, ele mostra que as coisas são muito mais complexas do que aparentam. Nós sabemos que não somente o ser humano é "maravilhosamente feito",³ mas toda a criação é altamente complexa.

Na cosmovisão cristã, a ideia da complexidade, e, com muito mais propriedade, os conceitos afins de **transversalidade**[4] e **interdisciplinaridade**,[5] têm amplo abrigo. Afinal, todo conhecimento deriva de Deus e Cristo é o ponto convergente de todo raciocínio – o LOGOS. Os assuntos têm relacionamento entre si; os temas transversais fazem todo sentido em uma visão de mundo que tem Deus no centro. Em 1960 Francis Schaeffer já apontava:

---

2 Edgar Morin. *Política de Civilização e Problema Mundial*. Revista da FAMECOM, Vol. 5, 1966. 13.
3 Salmo 139.14-17.
4 A *transversalidade* – tratamento de temas que tocam várias áreas do conhecimento e que não são apresentados como matérias estanques – aparece hoje como um princípio inovador nos sistemas de ensino de vários países. Contudo, a ideia não é tão nova. Ela remonta aos ideais pedagógicos do início do século, quando se falava em ensino global e do qual trataram famosos educadores, entre eles, os franceses Ovídio Decroly (1871-1932) e Celestin Freinet (1896-1966); os norte-americanos John Dewey (1852-1952) e William Kilpatrick (1871-1965); e os soviéticos Pier Blonsky (1884-1941) e Nadja Krupskaia (1869-1939). Vide artigo em http://www.inclusao.com.br/projeto_textos_48.htm , acessado em 27.02.2009.
5 A *interdisciplinaridade* enfatiza a dependência das áreas de conhecimento entre si. A proeminência desse conceito na pedagogia moderna é um atestado à unidade de conhecimento. Cristãos, acostumados a compartimentalizar suas convicções e expressões religiosas aos cultos, devem ser encorajados a desfrutar dessa unidade metafísica, entrelaçando com naturalidade o conhecimento, as profissões e a vida em geral com a pessoa de Deus e as suas realidades.

A PROPOSTA | *Pontos de contato de premissas educacionais cristãs com alguns conceitos pedagógicos da atualidade*

Hoje temos um ponto fraco no nosso sistema educacional, na falha em entender a associação natural entre as disciplinas. Tendemos a estudar todas as disciplinas isoladamente, como linhas paralelas que jamais se tocam.[6]

Mas é o próprio Schaeffer que apresenta a solução, à qual tem chegado a pedagogia contemporânea: "Educação Verdadeira significa pensamento pela associação de várias disciplinas, e não apenas ser altamente qualificado em determinado campo, como um técnico deve ser".[7]

c. Contato com a questão da individualidade (singularidade)

Individualidade é uma das premissas principais da educação montessoriana,[8] mas está presente na maioria dos sistemas contemporâneos. Com essa ênfase os educadores procuram concentrar o processo de ensino não de forma massificada – como se um série ou sala de aula fosse homogênea, mas tendo em vista o indivíduo, suas peculiaridades e seu contexto. No artigo/entrevista: "Montessori: na individualidade, a construção do todo", a educadora Sonia Alvarenga afirma:

> Não podemos encarar todos da mesma maneira. Não podemos esperar que todos atinjam os mesmos objetivos no mesmo tempo. Temos de levar em conta a individualidade, o tempo de cada um, as diferenças que existem. E isto é um dos aspectos na dinâmica de uma escola montessoriana.[9]

---

6 Francis Schaeffer. *A Morte da Razão: a desintegração da vida e da cultura moderna*. São Paulo: Casa Editora Presbiteriana (Editora Cultura Cristã), 2002, 24.
7 Francis Schaeffer. *O Deus que Intervém: o abandono da verdade e as trágicas conseqüências para a nossa cultura*. São Paulo: Casa Editora Presbiteriana (Editora Cultura Cristã), 2002, 30.
8 Maria Montessori (1870-1952) foi a famosa médica italiana, que iniciou seus trabalhos educacionais com excepcionais, trasladando os princípios e prática para a educação básica, como um todo. Muitas escolas empregam o seu método e levam o seu nome.
9 Sonia Alvarenga. *Montessori: na individualidade, a construção do todo*. Texto disponível em: http://integral.objectis.net/Montessori acessado em 27.02.09.

Morin avança mais esse conceito e diz: "... há algo mais que... a diferença de indivíduo para indivíduo, é o fato que cada indivíduo é um sujeito".[10]

O ponto que devemos constatar, aqui, é que a diferença e a dignidade inerente a cada pessoa tem sido reconhecida na pedagogia contemporânea. Esse reconhecimento vem até como uma contradição pois os teóricos da educação, em paralelo, nos últimos cinquenta anos embarcaram em uma anacrônica onda coletivista, essência do marxismo – onde a sociedade suplanta os direitos e a essência do indivíduo. Entretanto, a questão da individualidade está no cerne da filosofia da fé cristã e da cosmovisão da escola cristã e esse é um importante ponto de contato, ainda que e educação cristã deva preferir o termo ***singularidade*** (que expressa, condições únicas a cada ser) a ***individualidade*** (que pode dar a ideia de ausência de altruismo, de egoismo).

Deus nos criou únicos, singulares. O relacionamento que o Criador mantém com suas criaturas é primordialmente individual. É verdade que existe o sentido corporativo de "povo de Deus", e que a singularidade e relacionamento individual nunca é prerrogativa para uma visão dissociada das responsabilidades coletivas. Esse entendimento faz com que atenção especial seja dada, nas escolas e pelos educadores cristãos, ao progresso educacional de cada um. Produz esmero e atenção individualizada e não somente coletiva. Gera compaixão, apreço e reforço com os que "ficam para trás", ainda que sem descuidar da necessidade de prepará-los para um mundo competitivo, no qual abundam incompreensões e onde a defesa dos mais fracos nem sempre está presente.

d. Contato com os quatro pilares da educação

Sobejamente conhecidos por praticamente todos os pedagogos e escolas, os ***quatro pilares*** foram desenvolvidos e apresentados sob a coordenação de Jacques Delors (1925 -), divulgados sob a chancela da UNESCO e ganharam ampla aceitação global. São eles: ***aprender a conhecer, aprender a fazer, aprender a conviver*** e ***apren-***

---

10   Edgar Morin. *Introdução ao Pensamento Complexo*. Lisboa: Instituto Piaget, 1991, 78.

A PROPOSTA | *Pontos de contato de premissas educacionais cristãs com alguns conceitos pedagógicos da atualidade*

der a ser.[11] É lógico que essas quatro áreas de aprendizado podem receber roupagem humanística e dissociada de qualquer pensamento relacionado com a cosmovisão cristã. No entanto, as escolas cristãs podem não somente conviver pacificamente com essa especificação quádrupla, em sua missão de ensino, mas podem dar corpo e significado com as verdades da filosofia da fé cristã, a cada um desses aspectos.

- **Aprender a conhecer:** O aprendizado do conhecimento é bem especificado em Deuteronômio 6.1-8 e no Salmo 78;
- **Aprender a fazer:** O envolvimento com as tarefas a serem realizadas está claro em Eclesiastes 9.10a;
- **Aprender a conviver:** O aprendizado da convivência é patente pelo fato de termos sido criados seres sociais e "não é bom", que estejamos sós (Gênesis 2.18). Essa convivência se inicia com a família, mas se transporta, como dever, a uma atitude positiva e pacífica para com todos (Hebreus 12.14).
- **Aprender a ser:** Finalmente, o conhecimento próprio, o "aprender a ser", é condição essencial para que vejamos a distância que nos afasta da perfeição divina e nos joguemos às suas misericórdias na esperança da redenção e do propósito de vida que vem como fruto do relacionamento restaurado com o Criador.

e. Contato com a constatação, pela educação, dos males sociais

A maioria dos esforços pedagógicos contemporâneos demonstra uma intensa preocupação social e uma perspicaz identificação de injustiças e carências. Por exemplo, o educador Paschoal Lemme (1904-1997), falando sobre a situação do Brasil rural, aponta:

> ...uma simples escola primária é na realidade impossível de ser devidamente estabelecida, pois que não corresponde a qualquer necessidade

---

11 Jaques Delors (coordenador). *Educação, um Tesouro a Descobrir*. São Paulo: Cortez, 1999. A discussão sobre os "quatro pilares" ocupa o quarto capítulo deste livro (89-102), que é a transcrição do *"Relatório para a UNESCO da Comissão Internacional sobre Educação para o Século XXI"*.

realmente sentida por essas populações economicamente marginalizadas, que não poderiam frequentá-la regularmente...[12]

A pedagogia da escola cristã não descarta essas preocupações. Agir em defesa dos desvalidos é missão de resgate baseada na própria convicção de que as pessoas foram criadas à imagem e semelhança de Deus. Podemos nos identificar também nessa questão, mesmo que, em paralelo, apontemos a incoerência de sistemas que postulam a bondade nata do homem. Estes, normalmente, ficam intrigados com a realidade de tanta maldade e injustiça na sociedade (pelas premissas da pedagogia sem Deus, deveríamos estar vivendo em uma pacífica utopia social). A cosmovisão cristã age para aliviar os males sociais (Provérbios 14.31 e 31.20) e tem, em adição, a explicação para o desvio da retidão: a realidade do pecado. O filósofo Francis Schaeffer aponta essa relevância da fé cristã às questões sociais:

> A abordagem sociológica do Cristianismo afirma que os problemas sociais que possam existir, não importando de que natureza sejam, resultam da desigualdade do que se instalou entre os homens em decorrência do pecado. Agora o mundo deve estar em condições de reconhecer as marcas externas da Igreja, as quais apontam para a existência de uma forma de cura sociológica substancial possível na geração presente.[13]

f. Contato com o Construtivismo

Em outros textos que escrevi, e na primeira seção deste livro ("O Cenário"), critiquei o construtivismo, mas também apontei contribuições ao processo educacional. Foram relacionados esses melhoramentos pedagógicos das últimas décadas, muitos deles frutos diretos do construtivismo, e que encontram sintonia com a cosmovisão da educação escolar cristã: (1) O processo educacional passou a ser mais

---

12 Paschoal Lemme, in Gadotti, Moacir. *História das Ideias Pedagógicas*. São Paulo: Ática, 1995, 3ª Ed., 249.
13 Francis Schaeffer. *O Deus que Intervém*, 231.

interativo e participativo – mais interessante para o aluno; (2) As individualidades dos alunos passaram a ser observadas com maior intensidade e consideração, pelos professores; (3) As limitações dos alunos não foram descartadas; (4) Os pais, e não somente a escola, foram considerados parte importante ao conhecimento dos educandos; (5) O material didático produzido passou a apresentar não somente conteúdo, como também forma, sendo que essa última seguiu uma atratividade estética, procurando despertar o interesse dos alunos.[14] Tudo isso provém da ênfase na interatividade do aprender, algo que acompanha os cristãos desde os primórdios da igreja primitiva (era neo-testamentária sequencial). Na realidade, o próprio Jesus era prático e não somente discursivo em seu ensino.

g. Contato com as pedagogias de Paulo Freire

Ao mesmo tempo em que defende autonomia, Freire não chega a descolar por completo da necessidade de responsabilidade e de limites na prática educacional (que é igualmente compartilhada pela educação cristã). Diz ele:

> O professor que se exime do cumprimento de seu dever, de propor limites à liberdade do aluno, que se furta ao dever de ensinar, de estar respeitosamente presente à experiência formadora do educando, transgride os princípios fundamentalmente éticos de nossa existência.[15]

Isso equivale a um reconhecimento dos valores cristãos, ainda que incoerentemente com o restante do seu pensamento. Em diferentes ocasiões ele se apega a princípios tais como ética: a existência de certo e errado, **limites e leis**, o **dever de ensinar**, como missão, com responsabilidade e sacrifício. Freire está prestando homenagem, sem perceber, a princípios absolutos preciosos ao cristianismo.

---

14 F. Solano Portela Neto. *"Construtivismo no Cenário Brasileiro"*, in, *Fundamentos Bíblicos e Filosóficos da Educação*. São Paulo: ACSI, 2004. P. 74.
15 Paulo Freire. *Pedagogia da Autonomia*. São Paulo: Paz e Terra, 1996, 2000 – 16ª Ed. P. 66.

No mesmo tom, mais à frente neste mesmo livro, ele se posiciona contra a "liberdade sem limites";[16] indica a "impossibilidade da neutralidade em educação",[17] e que o professor tem que se aperceber que, "por não ser neutra, minha prática exige de mim uma definição".[18] Continua, ainda: "Neutra, 'indiferente'... a educação jamais foi, é, ou será".[19] Até o destaque dos **conteúdos** – palavra que contemporaneamente equivale a uma depreciação da escola que os valoriza, é encontrada na obra de Freire, quando ele escreve que o professor deve "ensinar certo e bem os **conteúdos**"[20] de sua disciplina.

Existem, portanto, em frentes diversas e com origem em autores reconhecidos no circuito acadêmico, inúmeros pontos de contato e alicerces que podem sobrepor uma pedagogia específica à educação cristã aos avanços da visão pedagógica corrente. Educadores cristãos não devem ter uma aceitação acrítica de tudo que é apresentado, até porque possuem um referencial muito preciso para suas aferições: a Escritura. No entanto, não devem descartar conclusões e afirmações que se mostram verdadeiras e de auxílio produtivo ao processo educacional, pois poderão abstrair as verdades e colocá-las no devido contexto de um ensino que tem como centro, significado e propósito o Criador do Universo.

16　Paulo Freire. *Ibid.*, 118.
17　Paulo Freire. *Ibid.*, 126.
18　Paulo Freire. *Ibid*, 115.
19　Paulo Freire. *Ibid*, 111.
20　Paulo Freire. *Ibid*, 116.

A PROPOSTA – CAPÍTULO 35

PEDAGOGIA REDENTIVA – UMA PROPOSTA DE SOLUÇÃO AOS DILEMAS DAS ESCOLAS CRISTÃS

Conquanto podemos e devemos construir em cima do saber amealhado através dos séculos, pois toda verdade é verdade de Deus, é necessário que sejam reconhecidas as lacunas e insuficiências das propostas pedagógicas contemporâneas, como um todo. Elas simplesmente não satisfazem as necessidades das escolas cristãs. Mas não são somente as escolas cristãs que se acham mal-servidas no campo educacional. Essa deficiência é extensiva a todos os educandos, que se veem presos a um sistema educacional que perdeu o alicerce; flutua num pântano de ideias, impelido pelos fortes ventos de pressões da academia corporativa; e ameaça afundar vagarosamente na areia movediça da mediocridade dos pífios resultados de avaliações internacionais.[1]

Já aludimos, nesta seção, à necessidade de canalizarmos esforços de pedagogos e educadores cristãos na formação de uma **pedagogia redentiva** – que venha se adequar e preencher as necessidades da escola. Uma pedagogia que faça justiça à visão unificada de vida e ao entrelaçamento com as verdades divinas que se constituem no cerne da prática da verdadeira educação cristã. Uma prática educacional que ministre todas as áreas

---

[1] Nos resultados do teste internacional de aferição de compreensão de leitura e matemática – o PISA 2009, o Brasil ficou situado em 53º lugar, entre 63 países. É verdade que a Argentina ficou em 58º lugar, mas isso não é muito consolo para nós. Em 2007, no teste de matemática, também em 53º lugar (naquela ocasião, entre 57 países), o Brasil ficou à frente apenas da Tunísia, Qatar e Quirguistão.

do conhecimento, com excelência e propriedade, no contexto dos alicerces metafísicos revelados na Escritura. Uma prática que apresente Deus e sua interação redentiva com a humanidade, na pessoa de Jesus Cristo, como o centro da história.

a. Tarefas básicas da Pedagogia Redentiva

A pedagogia redentiva penetrará na mecânica do conhecimento e pesquisará na vida dos educandos os caminhos do saber, mas sob o ponto de vantagem de se relacionar com o criador do conhecimento e fonte da sabedoria. Entendendo como são as pessoas no seu interior, pela revelação da Palavra de Deus, saberá interpretar e relacionar os dados pesquisados, traduzindo-os em considerações verdadeiramente úteis ao processo educacional.

Muito mais do que tratados conceituais, pouco práticos, que fazem o deleite das oligarquias acadêmicas, mas confundem o professor em suas atividades, é necessário que a pedagogia redentiva seja eminentemente prática, metodológica, relacionada com a realidade vivida nas salas de aula, e não com auditórios lotados em conferências acadêmicas. É necessário que ela constate e responda às frustrações dos mestres que vêm se acumulando sem alívio nessas últimas décadas.

Pedagogia redentiva é aquela que vai resgatar o simples em direção ao complexo; é a que traz esperança, pois atomiza as conquistas, aferindo os passos do aprendizado e retroalimentando os alunos com os conceitos assimilados; é a que promove o verdadeiro progresso, porque constrói em cima do que já foi sedimentado; é a que traz satisfação à alma, por ver os degraus galgados, e não simplesmente promove por antiguidade os que não conseguiram "construir o entendimento". Ela construirá em cima do saber comum, entendendo que ele é dádiva de Deus, mas com discernimento e acuidade de percepção, para não absorver o que dispersa, o que destrói, o que denigre.

b. O discernimento das influências filosóficas

Pedagogia redentiva é aquela que vai declarar sem apologias a sua ausência de neutralidade, mas, igualmente, apresenta sem disfarces ou subterfúgios as premissas filosóficas da fé cristã como eixo conceitual que dá corpo ao saber e sentido à vida. Pedagogia

A PROPOSTA | *Pedagogia Redentiva –*
uma proposta de solução aos dilemas das Escolas Cristãs

redentiva é aquela que, por outro lado, vai procurar discernir e apresentar os conteúdos na sua forma mais objetiva possível, fazendo a triagem das influências filosóficas que têm confundido os fatos no campo da educação e que têm colocado postulados de pensamento como se fossem resultados da observação científica. Nessa tarefa de reexame dos conteúdos, procurará aferir quais os campos de conhecimento mais susceptíveis às distorções filosóficas, até para que possa concentrar os reduzidos recursos materiais e de pessoas qualificadas nas áreas mais afetadas por filosofias equivocadas.

O gráfico abaixo procura exemplificar essa percepção. Nele, algumas matérias ou áreas de conhecimento[2] estão distribuídas no eixo das abscissas (**x**), partindo das chamadas ciências exatas, no ponto zero,[3] até às ciências humanas. O gráfico apresenta, no eixo das ordenadas (**y**), uma curva que representa a **intensidade de penetração filosófica** à qual as áreas de conhecimento, das exatas, às humanas, estão suscetíveis. Ou seja, pouca ou quase nenhuma possibilidade na matemática básica; exponencialmente intensa na filosofia e áreas de conhecimento afins – onde o pensamento especulativo ou dedutivo, por si só, se constitui o campo de conhecimento que é apresentado e estudado.

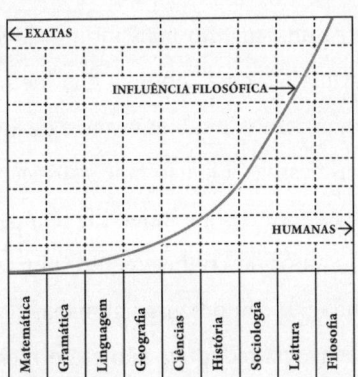

Influência Filosófica nas Áreas de Conhecimento

---

2 Essa divisão de matérias é, obviamente, exemplificativa e não tem a pretensão de expressar a gama completa de todas as áreas de conhecimento. O gráfico é fruto de nossa observação na leitura de livros didáticos e classes ministradas na educação básica. O ensino em nível superior pode apresentar correlações ligeiramente diferentes, principalmente pelo entrelaçamento filosófico inerente a certas matérias das exatas, que já se abstraem das funções básicas encontradas nas séries inferiores.
3 Perto das ciências exatas está colocada a gramática, pois se constitui a ciência que aborda os blocos básicos de conhecimento da linguagem.

Esse gráfico é ilustrativo da ausência de neutralidade da educação, não somente em seus propósitos e objetivos (isso aceitam alguns educadores, como Freire), mas também na maneira como essa "não neutralidade" afeta os conteúdos apresentados. A pedagogia redentiva, por possuir padrões de julgamento, procurará fazer uma substituição consciente das filosofias falsas por uma apreensão e exposição, quando cabível, da filosofia verdadeira – a filosofia da fé cristã. Além, disso, ela assume de forma transparente e clara a sua "não neutralidade", explicitando as suas premissas e padrões.

c. A importância das premissas na construção de uma Pedagogia Redentiva

No capítulo 34, desta seção, quando abordamos os pontos de contato com diferentes filosofias pedagógicas, apresentamos *cinco* premissas importantes que têm alicerçado o saber pedagógico da atualidade, todas elas **contrárias** às verdades reveladas nas Escrituras e antagônicas à Educação Cristã. A Pedagogia redentiva constrói seus postulados em cima de premissas que são extraídas da Verdade Revelada do Criador. Ela não precisa deduzir o que é a natureza humana, mas tem o tremendo ponto de vantagem de ir até a revelação proposicional da Bíblia, e extrair objetivamente uma descrição do que é a pessoa humana, no mais íntimo do seu ser. Ela pode realizar mil experiências para reafirmar e fazer a "sintonia fina" de sua metodologia, mas não necessita ficar perdida num pântano de subjetivismo e de ideias gratuitas sobre o que move, direciona e motiva as pessoas. Ela não precisa especular sobre o conhecimento, a sua natureza, o que faz as pessoas aprender. Ela tem pérolas proposicionais que foram escritas pelo próprio autor do conhecimento; por aquele que é o doador da capacidade de entendimento e da compreensão humana.

As premissas da Pedagogia redentiva não serão meras abstrações filosóficas, mas devem:

- resultar em uma compreensão diferente da tarefa do educador;
- resultar em uma metodologia diferente para o educador;
- levar a uma apreensão diferente da natureza do educando;
- levar a uma gestão diferente do processo de aprendizado.

A PROPOSTA | *Pedagogia Redentiva –*
uma proposta de solução aos dilemas das Escolas Cristãs

Pedagogos redentivos prontamente reconhecerão a impossibilidade epistêmica de que o conhecimento se constrói autonomamente na vida do educando, mas saberão diferenciar entre conhecimento e entendimento. Constatarão a veracidade de que **conhecimento se transmite**, enquanto que podem admitir com toda tranquilidade, que **entendimento se constrói**. Pedagogos redentivos resgatam o papel do professor. Ele é a interface crucial entre o saber e a ignorância; ele é o mestre dos assuntos que se propõe a transmitir; e ainda que saiba que a vida é um grande aprendizado e que o constante conhecer não tem fim, ele tem a convicção de que está na sala de aula para *ensinar* e não simplesmente para aprender; é, realmente, o direcionador do processo educacional em sua esfera de atuação; o promotor da internalização dos fatos transmitidos, aquele que provê o meio escolar, em sua sala de aula, necessário à construção do entendimento, nos seus alunos.

d. Os Alicerces de uma Pedagogia Redentiva

Por tudo o que temos exposto, a pedagogia da escola cristã irá alicerçar-se em alguns fundamentos que contextualizarão a prática educacional e concederão propósito e rumo a educadores e educandos. Dentre esses alicerces, destacamos:

1. O alicerce **metafísico** – Existe Deus e, consequentemente, existe realidade e verdade. Esse Deus não é uma abstração ou projeção humana, mas é o Deus trino Criador, que se revela na Escritura e interage com a sua criação. Essa realidade última é a grande âncora metafísica da educação cristã e da pedagogia redentiva.

2. O alicerce **epistemológico** – A intersecção da divindade com o mundo físico se dá na pessoa de Jesus Cristo. Ele, com a sua humanidade e divindade integrais, é perceptível verazmente pelo poder do Espírito Santo, na vida de muitos, e na vida de todos, criados à imagem e semelhança de Deus, pela ação da chamada graça comum de Deus. Essa graça comum é o meio no qual flo-

resce todo conhecimento⁴ e se espraia toda verdade. A pedagogia redentiva constata que é possível conhecer verdades, mesmo àqueles que afirmam rejeitar a Deus. Ela reconhece a impossibilidade de conhecimento exaustivo, mas não rejeita a possibilidade de conhecimento verdadeiro. Constata a impossibilidade, por nossa finitude, do conhecimento *in totum*, de todos os detalhes; mas afirma que: no que nos é dado conhecer, temos meios de aferição para constatar se estamos manuseando, ou não, as verdades.

3. O alicerce **ontológico** – Reconhece a singularidade das pessoas, tanto alunos como professores. Não interpreta as peculiaridades individuais como sendo soberanas e objetivo máximo de vida, às custas das responsabilidades sociais – o que gera egoísmo; mas a pedagogia redentiva vê cada indivíduo como precioso em si mesmo, por ter sido formado à imagem e semelhança de Deus.

4. O alicerce **nomístico**⁵ – Acata a **existência** de uma lei objetiva; de valores absolutos. Enquanto reconhece as peculiaridades dos usos e costumes nas diferentes eras e civilizações, aceita a existência de absolutos que unem todas as culturas. Deus é justo – e tem leis objetivas para a sua criação. A pedagogia redentiva interpreta corretamente a questão da autonomia – não como sendo independência da lei, ou negação desta, mas como a possibilidade de internalizar o seguimento de lei e normas por convencimento próprio e por constatação de sua adequação ao melhor da vida própria e em sociedade.⁶

5. O alicerce **ético** – este é paralelo/sequencial ao alicerce anterior. A pedagogia redentiva aceita a ética, **a possibilidade de julgamento do certo e do errado**, como algo objetivamente exequível, pois é derivada dos absolutos da lei moral de Deus. Compreende que normativas sociais são mutantes e

---

4 Cuja fonte é Cristo: "em quem todos os tesouros da sabedoria e do conhecimento estão ocultos" (Colossenses 2.3).
5 De *nomós* – grego: lei.
6 Romanos 13.5, onde lemos que a submissão à lei deve ser por "dever de consciência" acima de "por temor à punição".

desejos pessoais são aleatórios, mas valores eternos transcendem indivíduos e vidas e entrelaçam as gerações, refletindo a consciência moral de cada indivíduo, a qual, por sua vez, procede de Deus.

6. O alicerce **relacional** – A pedagogia redentiva relaciona[7] uma área de conhecimento com a outra. Identifica unidade de conhecimento, por procedência e propósito. Atende às constatações pedagógicas da transdisciplinaridade, da transversalidade, relacionando todas as áreas de conhecimento, umas com as outras e todas com uma fonte única de conhecimento, que no campo cristão identificamos com o Criador, o Deus da Bíblia. Este Deus se relaciona conosco, como já especificamos no alicerce metafísico; e cada um de nós, uns com os outros, no magnífico caráter orgânico que possui a criação.

7. O alicerce **metodológico** – Trabalha o processo educacional do conhecimento, manuseando com cuidado e carinho as pedras do conhecimento. Resgata o papel do professor. Mais do que mero "facilitador", ele é mestre e conhecedor do que ministra. Resgata a objetividade do conhecimento – ele é transmitido, sim e não formado por geração espontânea na mente dos alunos. No entanto, baseado no alicerce ontológico, que vê a singularidade de cada aluno, trabalha as pérolas do saber na vida de cada, despertando o interesse pelo fluxo, auxiliando na contextualização delas com as experiências, o habitat, e o complexo social de cada um, de tal forma que a internalização do conhecimento é real e relevante e não simplesmente teórico e abstrato. A pedagogia redentiva, ao mesmo tempo em que rejeita as ideias que apresentam a construção do conhecimento – como se esse fosse autônomo e o professor até um empecilho a tal construção – abraça a ideia da ***construção do entendimento.*** Esta construção é representada pelo processo crescente

---

7 **Relacional**: palavra mal utilizada por círculos teológicos contemporâneos, que colocam o relacionamento da Divindade com a criatura como algo supremo, que reina acima dos atributos divinos e **anula** ou **suplanta** a capacidade de conhecimento e de planejamento do Criador, com o propósito de que tais relacionamentos com as pessoas sejam "autênticos". Em nosso texto utilizamos o termo para expressar relacionamentos (sobreposições e equivalências) entre áreas de conhecimento e entre pessoas, sem maiores conotações filosóficas.

de *relacionamento* do que foi ministrado com a capacidade de apreensão ou contexto singular de cada aluno.

8. O alicerce **estético** – A pedagogia redentiva reconhece que a vida não possui apenas uma dimensão utilitária, mas leva à apreciação das artes, da música, das belezas e aspectos estéticos que igualmente procedem do Criador. Ensina critérios objetivos de avaliação, de tal forma a fugir da falácia contemporânea, de que qualquer expressão pessoal não precisa ter mérito intrínseco de singularidade, harmonia ou beleza, para ser caracterizada como arte. Nesse sentido relaciona arte com uma melhor compreensão das pessoas e da humanidade.[8]

9. O alicerce **teleológico**[9] – Vê o ensino como tendo propósito. Esse propósito é tornado relevante ao aluno, pelas consequências da sua negligência a ele, bem como pela recompensa de sua assimilação. Procurando o encaminhamento do processo educacional em passos gradativos, mas compreensíveis ao progresso individual, a pedagogia redentiva vai demonstrando que todas as pessoas têm propósitos, com suas vidas; que esses propósitos transcendem a mera busca da felicidade individual (contrariando o hedonismo da nossa era); se espalham em uma conscientização social e um desejo de convivência fraterna na coletividade, culminando na constatação de que existe algo maior para a vida de cada um – o reconhecimento da fonte da vida, do conhecimento, das bênçãos, daquele que satisfaz a necessidade de comunhão eterna com o Criador – Cristo Jesus.

---

8 As palavras de Morin se encaixam bem nessa percepção e são acatadas tranquilamente pela Pedagogia Redentiva: *"As artes levam-nos à dimensão estética da existência e – conforme o adágio que diz que a natureza imita a obra de arte – elas nos ensinam a ver o mundo esteticamente. Trata-se, enfim, de demonstrar que, em toda grande obra, de literatura, de cinema, de poesia, de música, de pintura, de escultura, há um pensamento profundo sobre a condição humana"*. Nessa citação, quando ele qualifica tais obras como "grandes", está implícita a existência de um **padrão de julgamento**, que contraria a passividade dos nossos dias, onde "tudo é cultura" (Edgard Morin. *A Cabeça Bem Feita*: repensar a reforma, reformar o pensamento. Rio de Janeiro: Bertrand Brasil, 2000, 45).

9 Do grego *télos* – "fim, finalidade", "propósito".

A PROPOSTA – CAPÍTULO 36

O CAMINHO E OS DESAFIOS À FRENTE

Não somente as escolas e os educadores cristãos necessitam urgentemente de que esforços sejam conjugados para o desenvolvimento pleno e detalhado de uma pedagogia redentiva, como também o próprio campo educacional sairá beneficiado. Pelo menos a colocação do contraditório deverá aguçar mais as mentes e imprimir maior precisão às conclusões. Os pedagogos contemporâneos necessitam de menos aplausos e de mais realidade educacional em suas conclusões e discursos.

Nas palavras do filósofo e teólogo Rousas Rushdoony, o educador cristão:

> ... deve possuir uma autoconsciência epistemológica e deve estar consciente de suas raízes teológicas. A educação cristã pressupõe um Deus, uma lei, uma verdade, um universo. O educador cristão não afirma ser o dono da verdade absoluta, mas insiste em que a verdade é absoluta, e é real. Seu conjunto de verdades tem um cânon, as Escrituras, como a regra de fé e prática. Portanto, ensinar uma disciplina a partir de uma perspectiva cristã implica em pressupor, não um universo politeísta, mas o Deus trino como Senhor e Criador. Significa que o mundo não é produto da vontade ou ideia do homem, mas do decreto criativo de

Deus. Significa que existe um universo de coerência e significado, e que, em lugar de termos uma série de feitos brutos, ininteligíveis, temos um universo com significado total, porque é todo ele obra das mãos de Deus. O universo não é somente um universo com significado, mas também com lei. Há a necessidade desta lei e deste significado, e as violações de ambos produzem consequências infelizes.[1]

O resultado de um trabalho formulador de uma pedagogia redentiva, certamente produto de muitas mentes, servirá de alicerce às instituições e educadores que compreenderam a necessidade de sair da vala comum da mímica pedagógica de instituições ou sistemas seculares. Estes, por natureza, são dissociados das realidades ontológicas reveladas na Escritura.

Concretamente, precisamos consolidar um projeto pedagógico básico,[2] fundamentado em premissas epistemológicas coerentes com a fé cristã; necessitamos realizar pesquisas cognitivas e comparativas (com sistemas correntes); é preciso entrelaçar conceitos disciplinares e reconhecedores de mérito com uma metodologia de vanguarda, que utilize os últimos avanços tecnológicos da ciência da comunicação; é mister apresentar um senso de propósito intenso em todas as etapas do processo educacional. Esse esforço resultará em uma pedagogia própria, que fará justiça a todos os pilares da educação cristã, e que contrastará com o divórcio de realidades, com o niilismo filosófico, e com a ausência de propósitos objetivos das pedagogias atuais, reinantes nos círculos educacionais por quase um século – com resultados não muito animadores.[3]

---

1 Rousa J. Rushdoony. *The Philosophy of the Christian Curriculum*. Valecito, CA: Ross House Books, 1985, 73 e 74. Tradução de Márcio Santana Sobrinho.
2 Algumas tentativas sérias e bastante produtivas já existem nesse sentido. O Sistema Mackenzie de Ensino (http://www.mackenzie.br/quem_somos.html - acessado em 28.02.2009) tem um projeto educacional completo formulado com uma cosmovisão cristã. Necessita, no entanto, ser estudado por pedagogos cristãos, com vistas à produção de uma edição mais básica e mais genérica às escolas cristãs, bem como ser complementado por pesquisas, que elaborem pontos metodológicos nas áreas delineadas nesse parágrafo.
3 Cláudio de Moura Castro, Gustavo Iochpe, Fernando Capovilla e outros poucos escritores contemporâneos têm emitido críticas pertinentes sobre os sistemas pedagógicos vigentes em nosso país, destacando os aspectos e resultados negativos das avaliações do ensino brasileiro. Estes aspectos negativos podem e devem ser resgatados e revertidos por uma pedagogia redentiva.

CONCLUSÃO

Nas três seções deste livro: "O Cenário", "O Contraste" e "A Proposta", e em todos os seus respectivos capítulos, procuramos apresentar análises, alternativas e perspectivas à prática educacional dos cristãos. Educadores cristãos e as próprias escolas por vezes serão incompreendidas e até atacadas, como se promovessem a alienação dos docentes e dos alunos; como se produzissem cidadãos despreparados para a vida, ou que não tivessem exposição adequada à produção cultural da humanidade; como se estivessem fadados a desconhecerem as diversas teorias e vertentes que povoam o campo da ciência e a academia. Em adição, acusações injustas são proferidas, mesmo quando as evidências são contrárias, de que escolas cristãs não preparam adequadamente os alunos aos vestibulares e aos cursos superiores.

Isso não é verdade. A educação escolar cristã, criteriosamente aplicada e defendida neste livro, não aliena nem segrega os educadores e alunos a um gueto cultural. Pelo contrário, ela produzirá cidadãos integrados e conscientes, não somente de seus direitos, mas de seus deveres. Não somente perceptivos das obrigações para com os homens, mas conscientes das demandas de Deus em suas vidas. A educação escolar cristã compreende que a família é a mola mestre e alicerce seguro, na formação dos valores morais da criança e no despertar de sua necessidade do Deus todo-poderoso. A

Escola cristã age em seguimento a essas responsabilidades familiares e na trilha aberta pela família, **na sua própria esfera**, despertando e estruturando o conhecimento, provendo os recursos necessários e a exposição à cultura, no seu sentido mais amplo.

A Escola Cristã verdadeira, não ensina os fatos da vida ou a cultura do povo em um vácuo moral, mas reconhece que o senso do Deus verdadeiro e do seu filho Jesus, permeia todas as áreas de conhecimento. O conhecimento é encorajado a ser colocado em prática com responsabilidades individuais perante Deus e perante a sociedade, de tal forma que ele é utilizado para nos conformar mais e mais aos preceitos divinos.

Nesse sentido, o estudo da nossa cultura, da nossa arte, por mais que ela tenha sido ou esteja sendo utilizada de forma errônea, é necessário. Essa apreensão é preciso até para que o contraste entre a beleza da produção e a feiura da utilização seja vista como uma evidência da necessidade que cada um de nós tem de trilhar os caminhos desta vida sob o direcionamento e a adoração a Deus, transformando e influenciando a cultura. É necessário que tenhamos a percepção de que não somos fim em nós mesmos, mas aqui estamos com propósito de vida bem definido. Parte dessa percepção é adquirida com o conhecimento da cultura que nos cerca.

Estudando a história da humanidade constatamos como Deus possibilita aos homens a produção de obras de mérito, mesmo quando são realizadas com propósitos não direcionados à sua pessoa. Como pontuamos, no capítulo 28 da segunda seção deste livro, é exatamente na descendência de Caim, no ramo da humanidade que havia se afastado e que se afastava progressivamente de Deus, que vários artífices são nomeados e registrados em Gênesis 4.21 e 22. Aquela menção detalhada implica na existência de mérito intrínseco no trabalho e obras deles, mesmo que, possivelmente, foram utilizados para a idolatria e para o mal. No exemplo de Daniel,[1] temos, à nossa semelhança, uma pessoa submersa em uma cultura pagã, mas que se manteve firme aos princípios de Deus e somente a ele adorou. Daniel não teve qualquer problema em aprender a cultura dos caldeus. Sua determinação era em manter o seu testemunho no meio de uma cultura que era idólatra e que desrespeitava a Deus. Certamente, no aprendizado daquela cultura, ele sabia reconhecer o belo e devia se admirar da bene-

---

1 Daniel também foi mencionado em nosso capítulo 28 da segunda seção deste livro: *"Contraste"*.

CONCLUSÃO

volência de Deus sobre a humanidade, possibilitando tantas realizações e conquistas.

A verdadeira educação escolar cristã, não somente interage de forma profunda, intensa e veraz com a cultura da terra, mas prepara melhor, pois concede um eixo e um prumo de aferição – que é a cosmovisão cristã. O apóstolo Paulo, assimilador e transmissor dessa cosmovisão, em Atos 17.28 cita dois poetas pagãos (Epimênides e, possivelmente, Aratus), no seio da idolatria de Atenas. Eles, mesmo sendo descrentes, expressaram a verdade incontestável da nossa procedência de Deus: *"Pois nele vivemos, e nos movemos, e existimos"* e *"Porque dele somos também geração"*. Como poderia alguém que não tinha o conhecimento e apreço a Deus expressar essa verdade? Deus a possibilitou a eles, por sua graça comum. A verdade não deixou de ser menos verdade, por proceder dos lábios, ou dos escritos, de um descrente.

A educação escolar cristã também vai incluir e estudar os feitos das pessoas com desafios e necessidades especiais. Ela vai demonstrar como seres humanos são possibilitados por Deus a superarem dificuldades extremas em suas vidas e a vencerem desafios. Deus, soberanamente, nos capacita a não nos entregarmos a circunstâncias adversas. Por exemplo, o caso do Aleijadinho, que era deficiente físico e, mesmo assim, conseguiu produzir obras de arte – uma situação que muitos nunca tentariam e perante a qual muitos desanimariam. Infelizmente, é bastante provável que a sua confiança foi colocada nos ídolos, e essa fé em coisas falsas de nada servirá para encaminhar a uma eternidade com o Criador. No entanto, quando nos lembramos que o próprio Deus nos instrui através de exemplos da operosidade e perseverança de simples formigas,[2] com posturas bem práticas a serem exercitadas em nossa vida, imaginem outros seres humanos, criados à imagem e semelhança de Deus. Apesar de suas crenças ou descrenças e dos efeitos do pecado, eles também podem nos instruir, servir até de exemplos em algumas situações e auxiliar a forjar a nossa atitude perante os desafios dessa vida.

A educação escolar cristã dá importância primordial à verdade. Richard Sibbes (1577-1635) foi um cristão fervoroso, um pregador eloquente e um autor que abençoou a muitos com seus escritos. Sua fé e devoção eram evidentes e ele pregava que

---

2 Provérbios 6.6 e 20.25.

a *"revolução e a derrota da velha natureza vem pela conversão"*. É de Sibbes um outro pronunciamento lúcido que mostra que a sua fé cristã não fazia com que sua atenção estivesse obscurecida para a existência da beleza e da verdade no todo do universo. Ele disse:

> A verdade vem de Deus, onde quer que a encontremos, e é nossa, é do Povo de Deus... Não devemos fazer destas coisas um ídolo, mas a verdade, onde quer que a encontremos, é do Povo de Deus; portanto, com uma boa consciência podemos fazer uso de qualquer autor humano.[3]

Como educadores cristãos, praticantes da verdadeira educação escolar cristã, reconheceremos sempre que é a graça de Deus que possibilita ao ser humano o exercício de seus talentos e não podemos educar adequadamente, se fecharmos os olhos àquilo que as criaturas de Deus são possibilitadas a realizar ao nosso redor. Foi crendo na revelação geral de Deus na natureza, assim como na sua revelação especial na Bíblia, que os Reformadores e seus herdeiros, entre os quais nos incluímos, totalmente abraçaram o estudo científico do mundo físico. É um fato indiscutível que a Reforma do Século XVI criou um campo fértil à ascensão da ciência e do conhecimento. É com base nesse entendimento das obras e das ações de Deus, neste mundo, que devemos procurar encaminhar a educação escolar cristã.

Um dos teólogos da Reforma e um grande educador, Filipe Melanchthon (1497-1560), escreveu o seguinte: "Alguns não ensinam absolutamente nada das Sagradas Escrituras; outros não ensinam às crianças nada além das Sagradas Escrituras; ambos os quais não se deve tolerar". Com isso ele não queria dizer que as Sagradas Escrituras não eram importantes ou essenciais. Ele, como nós, reconhecia as Escrituras como única regra de fé e prática, como luz para os nossos caminhos, como base da nossa compreensão de vida. Mas o conhecimento dos feitos de Deus transcende até a sua própria palavra revelada e se constata no todo do universo.

---

3   Richard Sibbes, *A Christian's Portion*, 18 – livreto transcrito no volume 4 de suas OBRAS: *Works of Richard Sibbes* (Edinburgh: Banner of Truth, 7 volumes), 4:2-38.

CONCLUSÃO

A escola cristã nunca poderá ser alienada ou divorciada do nosso contexto cultural e deverá instruir sempre da forma mais abrangente e competente possível, com discernimento e princípios. O seu objetivo nunca será o de esconder dos alunos o abundante derramar da graça comum de Deus, que possibilita a realização de obras de arte e mérito aos que não temem ao Criador do Universo. Ela encorajará nos alunos a percepção do que é belo, do que é preciso, do que os homens criados à imagem e semelhança de Deus são possibilitados, pelo Senhor do Universo, a realizar. Mas serão também alertados para as distorções daquilo que é bom, esteticamente agradável, retirando o mérito de coisas úteis e valiosas em si; das formas errôneas em suas utilizações. Por exemplo, perceberão como o mundo das telecomunicações e da informatização cada vez mais crescente, que é uma maravilha e bênção divina, pode ser utilizado para o mal, para a destruição, para a imoralidade – o que nos leva à alienação da presença de Deus; ou para o bem, para o nosso crescimento intelectual, para a nossa facilidade de comunicação. A nossa tarefa, como pais e educadores, será a formação de homens e mulheres preparados para se destacar no universo cultural de modo que, um dia, possam ser utilizados como exemplos do bom uso dos seus dons para a honra e glória daquele que lhes capacitou.

APÊNDICE

BIBLIOGRAFIA SELECIONADA EM PORTUGUÊS SOBRE EDUCAÇÃO ESCOLAR CRISTÃ

(PREPARADA POR SOLANO PORTELA, MAURO MEISTER E FABIANO OLIVEIRA)[1]

Esta lista apresenta várias obras publicadas no formato de livros, artigos, teses e dissertações na língua portuguesa que podem servir como referencial para os educadores brasileiros. A lista não é exaustiva, porém abrangente. Arrolamos obras sobre educação escolar cristã, mas também algumas sobre o processo educacional nas igrejas (educação religiosa), mas com ênfase no primeiro campo. As obras estão divididas em seções por temas. Certamente, algumas obras poderiam estar em mais de uma seção ou mesmo em uma seção mais específica, mas cremos que a divisão aqui presente nos dá uma boa visão e percepção dos materiais auxiliares na concepção da educação escolar cristã, assim como um panorama razoável do que já foi publicado na área. Essa bibliografia contou com a ajuda de vários pesquisadores do tema aos quais somos gratos. Cada seção tem uma breve introdução.

---

1 Esta Bibliografia foi originalmente publicada na revista *Fides Reformata*, Vol. 3, No. 2 (2008), distribuída em março de 2009, com o título *"Relação de Obras Sobre Educação Cristã"*. Compilada a partir de uma relação elaborada pelo autor, esta bibliografia recebeu adições importantíssimas, formatação final, textos, organização e contribuições dos professores do Centro Presbiteriano de Pós Graduação Andrew Jumper (CPAJ), Mauro Meister e Fabiano Oliveira, a quem agradecemos a permissão de atualização e republicação.

1. FUNDAMENTOS DA EDUCAÇÃO ESCOLAR CRISTÃ

Nesta seção encontram-se obras específicas para a fundamentação bíblica, filosófica, pedagógica e psicológica da educação escolar cristã. A primeira série de livros, *Fundamentos*, está especificada também por capítulos por serem livros com vários autores e servirem como base para o desenvolvimento da pedagogia cristã. Outros livros da seção ajudam o educador com o desenvolvimento de vários temas pertinentes à concepção de um projeto político-pedagógico coerente com uma pedagogia cristã.

Vários autores. *Fundamentos bíblicos e filosóficos da educação*. São Paulo: ACSI, 2004.

Capítulos:

SPEARS, Paul. Introdução à filosofia.

LAYMAN, Jack. História da filosofia da educação.

LAYMAN, Jack. Filosofias educacionais modernas.

PORTELA, Solano. Construtivismo no cenário brasileiro.

GANGEL, Kenneth O. Fundamentos bíblicos da educação.

EDLIN, Richard J. Princípios e valores centrais em uma filosofia cristã de educação.

Vários autores. *Fundamentos da psicologia da educação*. São Paulo: ACSI, 2004.

Capítulos:

STRONKS, Glória Goris. A essência do aprendiz.

BODE, Barbara. A essência da aprendizagem.

BASSET, W. Philip; BAUMANN, Eddie K. Metodologias de ensino.

BLACK, Ellen Lowrie. O professor.

Vários autores. *Fundamentos pedagógicos*. São Paulo: ACSI, 2005.

Capítulos:

MACCULLOUGH, Marti. Filosofia educacional.

BRUMMELEN, Harro Van. O desenvolvimento do currículo.

HEATON, Timothy L.; COON, Brian. A avaliação na escola cristã: filosofia e prática.

UECKER, Milton V. O desenvolvimento da moralidade e do caráter.

HADDOCK, Jerry L. Disciplina: filosofia e prática.

BERRY, Sharon R. Alunos excepcionais em escolas cristãs.

APÊNDICE | *Bibliografia selecionada em português sobre Educação Escolar Cristã*

BRALEY, James W. Preparando nossos alunos para viver no mundo.

BORGES, Inez Augusto. *A influência da educação cristã na formação da personalidade*. São Paulo: Editora Mackenzie, 2000.

BORGES, Inez Augusto. *Educação e personalidade*: a dimensão sócio-histórica da educação cristã. São Paulo: Editora Mackenzie, 2002.

BORGES, Inez Augusto. *Confessionalidade e construção ética na universidade*. São Paulo: Editora Mackenzie, 2008.

CONCÓRDIA. *Integrando a Fé*: Diretriz Curricular para o ensino fundamental – escolas luteranas. Porto Alegre: Concórdia Editora Ltda., 2002, 8 vols.

DOWNS, Perry G. *Introdução à educação cristã*: ensino e crescimento. São Paulo: Editora Cultura Cristã, 2001.

GANGEL, Kenneth O.; HENDRICKS, Howard G. *Manual de ensino para o educador cristão*. Rio de Janeiro: CPAD, 1999.

HAYCOCK, Ruth C. *Enciclopédica das verdades bíblicas*: fundamentação para o currículo escolar cristão. São Paulo: ACSI, 2005.

HENDRICKS, Howard. *Ensinando para transformar vidas*. Belo Horizonte: Editora Betânia, 1991.

MACCULLOUGH, Martha E. *Como desenvolver um modelo de ensino para a integração da cosmovisão bíblica*. São Paulo: ACSI, 2005.

MEISTER, Mauro F.; SILVA, Marta Franco Dias da; PORTELA NETO, Solano; SOUZA, Linda Thompson de; BALDACCI, Telma (Orgs.). *Organização e desenvolvimento de uma escola cristã*. Associação Internacional de Escolas Cristãs, 2009.

MOURA, Roseli Pereira Corrêa de Lima e. *Educação Ideológica ou Liberdade Confessional?* Orientação confessional e ideologias na educação escolar. São Paulo: Arte Editorial, 2010.

PORTELA NETO, Francisco Solano. *Educação cristã?* São Paulo: Fiel, 1988.

SANTOS, Cássio Miranda dos. *Ensinar, verbo transitivo*. Belo Horizonte: Editora Betânia, 2001.

WILKINSON, Bruce. *As 7 leis do aprendizado*. Belo Horizonte: Editora Betânia, 1996.

2. LIVROS DIDÁTICOS E FUNDAMENTOS PARA A SALA DE AULA

Esta seção traz alguns livros de caráter prático para o uso em sala de aula, incluindo material didático, material de ensino religioso e material com ideias práticas. Obras destinadas a professores.

BERRY, Sharon R. *100 ideias que funcionam*: disciplina na sala de aula. São Paulo: ACSI, 2001.

BLACK, Jan; SMART, Pat. *Série Fundamentos do Caráter*. Livro 1: *Primeiros passos*. Livro 2: *Fazendo o que é certo!* São Paulo: ACSI, 2007. Os demais livros, até o 5° ano, estão em preparação.

Coleção *Crer e Ser*. Material de Ensino Religioso e Ética. Educação Infantil, Ensino Fundamental 1° ao 5° ano e Ensino Fundamental 6° ao 9° ano. São Paulo: Associação Nacional de Escolas Presbiterianas e Cultura Cristã, 2009.

GIBBS, Ollie E.; HADDOCK, Jerry L. *Sala de aula, disciplina e gestão*: um guia prático para professores de escolas cristãs. São Paulo: ACSI, 2002.

FREITAS, Neli Maria. Três séries de livros divididos em *As Maravilhas de Deus* (Ed. Infantil, 4 e 5 anos), *As Maravilhas de Deus* (Fundamental 1 – 1° ao 5° ano) e *A Melhor Alternativa* (Fundamental 2 – 6° ao 9° ano). Goiânia: Instituto Presbiteriano de Educação, 2008.

MERKH, David; FRANÇA, Paulo. *101 ideias criativas para professores*. São Paulo: Editora Hagnos, 2002.

SISTEMA MACKENZIE DE ENSINO. *Coleção princípio do saber*. São Paulo: Sistema Mackenzie de Ensino, 2007. Material pedagógico para a Educação Infantil compreendendo os três anos do pré-escolar. Inclui material didático regular, inglês e artes, assim como material complementar como cartazes, fantoches e musicalização.

SISTEMA MACKENZIE DE ENSINO. *Coleção crescer em sabedoria*. São Paulo: Sistema Mackenzie de Ensino, 2008. Material pedagógico para o Ensino Fundamental I nas áreas de Português, Matemática, Ciências, História, Geografia, Inglês e Artes.

3. EDUCAÇÃO ESCOLAR CRISTÃ E HISTÓRIA

Os fundamentos de qualquer disciplina somente são compreendidos na sua completude quando conhecemos a sua história. Esta seção traz algumas obras fundamentais para entendermos como chegamos ao presente momento na educação cristã. Olhando para a história aprendemos com o que outros já passaram, somos estimulados a continuar nos labores do presente e a buscar um futuro que não repita os mesmos erros. Olhar para a história nos ajuda a perceber os maravilhosos caminhos da providência de Deus no desenvolvimento da educação cristã.

CAMPOS, Heber Carlos de. A "filosofia educacional" de Calvino e a fundação da Academia de Genebra. *Fides Reformata* 5:1 (2000): 41-56.

CARMO, César Guimarães do. A influência da Reforma Protestante na educação do Brasil do século XIX. São Paulo: Editora Reflexão, 2012.

COMÊNIO, Joao Amós. *Didáctica Magna*: tratado da arte universal de ensinar tudo a todos. 4ª ed. Lisboa: Fundação Calouste Gulbenkian, 1996.

GREGGERSEN, Gabriele. Perspectivas para a educação cristã em Joao Calvino. *Fides Reformata* 7:2 (2002): 61-84.

HACK, Osvaldo Henrique. *Mackenzie College e o ensino superior brasileiro*. São Paulo: Editora Mackenzie, 2002.

HACK, Osvaldo Henrique. *Protestantismo e educação brasileira*. 2. ed. São Paulo: Cultura Cristã, 2000.

HACK, Osvaldo Henrique. *Raízes cristãs do Mackenzie e seu perfil confessional*. São Paulo: Editora Mackenzie, 2003.

LOPES, Edson Pereira. *A inter-relação da teologia com a pedagogia no pensamento de Comenius*. São Paulo: Editora Mackenzie, 2006.

LOPES, Edson Pereira. *O conceito de teologia e pedagogia na Didática Magna de Comenius*. São Paulo: Editora Mackenzie, 2003.

LUTERO, Martinho. *Educação e reforma*: aos conselhos de todas as cidades da Alemanha, para que criem e mantenham escolas e uma prédica para que se mandem os filhos à escola. São Leopoldo: Sinodal, 2000.

MATOS, Alderi S. O Colégio Protestante de São Paulo: um estudo de caso sobre o lugar da educação na estratégia missionária da igreja. *Fides Reformata* 4/2 (1999): 59-86.

MENDES, Marcel. *Tempos de transição*: a nacionalização do Mackenzie e sua vinculação eclesiástica (1957-1973). São Paulo: Editora Mackenzie, 2007.

NUNES, Ruy Afonso da Costa. *História da educação na antiguidade cristã*: o pensamento educacional dos mestres e escritores cristãos no fim do mundo antigo. São Paulo: Edusp, 1978.

STRECK, Danilo R. *Educação e igrejas no Brasil*. São Leopoldo e São Bernardo do Campo: Celadec, IEPG e Ciências da Religião, 1995.

VIEIRA, Paulo Henrique. *Calvino e a educação*: a configuração da pedagogia reformada no século XVI. São Paulo: Editora Mackenzie, 2008.

4. EDUCAÇÃO ESCOLAR CRISTÃ E FILOSOFIA – COSMOVISÃO

Filosofia, educação, cultura e cosmovisão são temas entrelaçados. A forma de compreensão de um deles influenciará a forma como desenvolvemos os demais. Esta seção traz algumas obras fundamentais no esclarecimento dos conceitos de cada um desses temas, assim como sua aplicação a diferentes esferas do conhecimento e da vida.

CARVALHO, G. V. R.; CUNHA, M. J. S.; LEITE, Cláudio A. C. (Orgs.). *Cosmovisão cristã e transformação*: espiritualidade, razão e ordem social. Viçosa: Ultimato, 2006.

COLSON, Charles; PEARCEY, Nancy. *O cristão na cultura de hoje*. Rio de Janeiro: CPAD, 2006.

COLSON, Charles; PEARCEY, Nancy. *E agora como viveremos?* 3. ed. Rio de Janeiro: CPAD, 2005.

GEISLER. Norman. *Fundamentos inabaláveis*. São Paulo: Editora Vida, 2003.

GOMES, Davi Charles. Fides et scientia: Indo além da discussão de "fatos". São Paulo: *Fides Reformata*, Vol. II, n. 2, 1997.

GOMES, Davi Charles. A suposta morte da epistemologia e o colapso do fundacionalismo clássico. São Paulo: *Fides Reformata*, Vol. V, n. 2, 2000.

HORTON, Michael. *O cristão e a cultura*. São Paulo: Cultura. Cristã, 1998.

APÊNDICE | *Bibliografia selecionada em português sobre Educação Escolar Cristã*

KNIGHT, George R. *Filosofia e educação*: uma introdução da perspectiva cristã. Engenheiro Coelho, SP: Unapress (Centro Universitário Adventista de São Paulo), 2007.

LEWIS, C. S. *Cristianismo puro e simples*. São Paulo: Martins Fontes, 2005.

MACARTHUR, John (Org.). *Pense biblicamente*: recuperando a visão cristã de mundo. São Paulo: Editora Hagnos, 2005.

MORELAND, J. P.; CRAIG, William Lane. *Filosofia e cosmovisão cristã*. São Paulo: Vida Nova, 2008.

OLIVEIRA, Fabiano de Almeida. Reflexões críticas sobre Weltanschauung: uma análise do processo de formação e compartilhamento de cosmovisões numa perspectiva teo-referente. São Paulo: *Fides Reformata*, Vol. XIII, n. 1, 2008.

PALMER, Michael D. (Org.). *Panorama do pensamento cristão*. Rio de Janeiro: CPAD, 2001.

PEARCEY, Nancy. *Verdade absoluta*: libertando o cristianismo de seu cativeiro cultural. Rio de Janeiro: CPAD, 2006.

PLANTINGA, Cornelius. *O crente no mundo de Deus*. São Paulo: Cultura Cristã, 2007.

PORTELA NETO, Francisco Solano. O que estão ensinando aos nossos filhos? Uma avaliação teológica preliminar de Jean Piaget e do construtivismo. São Paulo: *Fides Reformata*, Vol. V, n. 1, 2000.

SIRE, James. *O universo ao lado*: um catálogo de cosmovisões. São Paulo: Editorial Press, 2001.

STOTT, John R. W. *Crer é também pensar*. São Paulo: A.B.U., 1984.

VEITH, Gene Edward. *Deus em ação*: a vocação cristã em todos os setores da vida. São Paulo: Cultura Cristã, 2007.

WOLTERS, Albert M. *A criação restaurada*: base bíblica para uma cosmovisão reformada. São Paulo: Cultura Cristã, 2006.

5. EDUCAÇÃO ESCOLAR CRISTÃ E FILOSOFIA – PÓS-MODERNIDADE

GRENZ, Stanley J. *A busca da moral*: fundamentos da ética cristã. São Paulo: Vida Acadêmica, 2006.

GRENZ, Stanley J. *Pós-modernismo*: um guia para entender a filosofia do nosso tempo. São Paulo: Vida Nova, 1997.

SALINAS, Daniel; ESCOBAR, Samuel. *Pós-modernidade*: novos desafios para a fé cristã. São Paulo: ABU, 2002.

VEITH JR., Gene Edward. *Tempos pós-modernos*: uma avaliação cristã do pensamento e da cultura da nossa época. São Paulo: Editora Cultura Cristã, 1999.

VEITH JR., Gene Edward. *De todo o teu entendimento*: pensando como cristão num mundo pós-moderno. São Paulo: Editora Cultura Cristã, 2006.

6. EDUCAÇÃO ESCOLAR CRISTÃ, CIÊNCIA E APOLOGÉTICA

O tema das origens está diretamente relacionado à fé cristã e encontra-se debaixo de grande ataque pelo naturalismo e materialismo filosófico do nosso tempo. Esta seção traz uma série de recursos a serem utilizados na defesa da fé e na compreensão correta da relação entre fé e razão, religião e ciência. Diferentes linhas de exposição quanto às origens serão encontradas nestes livros, como por exemplo, criacionismo da terra jovem, *Design* Inteligente e outras variações. Aqueles que acreditam que a evolução das espécies foi um mecanismo utilizado por Deus são chamados de evolucionistas teístas. Procuramos não relacionar obras dessa corrente por convicção de que ela não faz justiça aos relatos bíblicos e à historicidade do relato da criação. Algumas das obras abaixo não têm qualquer aspecto religioso. Procedem de cientistas que discordam das explicações darwinistas para a origem e desenvolvimento das espécies. Muitos desses argumentos são pertinentes e podem ser utilizados pela educação cristã.

ANDREWS, E. H. *No princípio*: um guia básico para confrontação entre criação e evolução. 3. ed. São José dos Campos: Editora Fiel, 1991.

BEHE, Michael J. *A caixa preta de Darwin*: o desafio da bioquímica à teoria da evolução. Rio de Janeiro: Jorge Zahar, 1997.

BRAND, Leonard. *Fé, razão e história da terra*. São Paulo: Unaspress, 2005.

BYL, John. *Deus e cosmos*: um conceito cristão do tempo, do espaço e do universo. São Paulo: PES, 2003.

APÊNDICE | *Bibliografia selecionada em português sobre Educação Escolar Cristã*

COUSINS, Peter James. *Ciência e fé*: novas perspectivas. São Paulo: ABU Editora, 1997.

GONÇALVES JÚNIOR, Almir dos Santos. *Quando Deus criou o mundo*. Rio de Janeiro: JUERP, 1996.

HOOYKAAS, R. *A religião e o desenvolvimento da ciência moderna*. Brasília: Editora da Universidade de Brasília, 1988.

JOHNSON, Phillip E. *As perguntas certas*. São Paulo: Cultura Cristã, 2004.

JOHNSON, Phillip E. *Ciência, intolerância e fé*: a cunha da verdade: rompendo os fundamentos do naturalismo. Viçosa: Ed. Ultimato, 2004.

JOHNSON, Phillip E. *Como derrotar o evolucionismo com mentes abertas*. São Paulo: Cultura Cristã, 2000.

JOHNSON, Phillip E. *Darwin no banco dos réus*. São Paulo: Cultura Cristã, 2008.

LOURENÇO, Adauto. *Como tudo começou*: uma introdução ao criacionismo. São José dos Campos, SP: Editora Fiel, 2007.

LUCAS, Ernest. *Gênesis hoje*: Gênesis e a questão da ciência. São Paulo: ABU Editora, 1994.

MACARTHUR Jr., John. *Criação ou evolução*. São Paulo: Cultura Cristã, 2004.

MCGRATH, Alister. *Fundamentos do diálogo entre ciência e religião*. São Paulo: Edições Loyola, 2005.

MCGRATH, Alister. *O deus de Dawkins*: genes, memes e o sentido da vida. São Paulo: Shedd Publicações, 2008.

MCGRATH, Alister; MCGRATH, Joanna. *O delírio de Dawkins*: uma resposta ao fundamentalismo ateísta de Richard Dawkins. São Paulo: Mundo Cristão, 2007.

MORRIS, Henry. *Criação ou evolução*. São José dos Campos: Editora Fiel, 1996.

MORRIS, Henry. *O enigma das origens*: a resposta. [s.n.]: Editora Origens, 1974.

SILVA NETO, Cristiano P. *Origens: a verdade objetiva dos fatos*. Belo Horizonte: ABPC e Editora Origens, 2003.

PEARCEY, Nancy; THAXTON, Charles B. *A alma da ciência*: fé cristã e filosofia natural. São Paulo: Cultura Cristã, 2005.

7. EDUCAÇÃO ESCOLAR CRISTÃ, TEOLOGIA E IGREJA

Algumas dessas obras são mais relacionadas com educação religiosa, mas seus princípios podem ser igualmente estudados e relacionados com a educação escolar cristã.

CARVALHO, Antônio Vieira de. *Teologia da educação cristã*. São Paulo: Eclésia, 2000.

CONCEIÇÃO, Eurípedes da. *Ensinando através do caráter*. São Paulo: Cultura Cristã, 2004.

GEORGE, Sherron K. *Igreja ensinadora*: fundamentos bíblico-teológicos e pedagógicos da educação cristã. Campinas: Luz Para o Caminho, 1993.

LOPES, Augustus Nicodemus. Educação teológica reformada: motivos e desafios. São Paulo: *Fides Reformata*, Vol. IX, n. 2, 2004.

MARRA, Cláudio. *A igreja discipuladora*: orientações da Bíblia e da história para o cumprimento de nossa missão. São Paulo: Cultura Cristã, 2007.

OYBEKK, Inger. *Orientados para orientar*: subsídios para orientadores de culto infantil e escola dominical. São Leopoldo: Sinodal, 1996.

PAZMIÑO, Robert W. *Deus nosso mestre:* bases teológicas da educação cristã. São Paulo: Cultura Cristã, 2006.

PAZMIÑO, Robert W. *Elementos básicos do ensino para cristãos*. São Paulo: Cultura Cristã, 2006.

PAZMIÑO, Robert W. *Temas fundamentais da educação cristã*. São Paulo: Cultura Cristã, 2008.

REIS, Gildásio Jesus Barbosa dos. *Princípios norteadores para uma educação cristã reformada*. Teologia Para Vida, Vol. I, n. 1. São Paulo: Seminário JMC, 2005.

RICHARDS, Lawrence O. *Teologia da educação cristã*. 3. ed. São Paulo: Vida Nova, 1996.

8. EDUCAÇÃO ESCOLAR CRISTÃ, FAMÍLIA E SEXUALIDADE

A amplitude dessa área é imensa e muitos livros poderiam ser relacionados. Esta é uma pequena amostragem destas obras, em reconhecimento do entrelaçamen-

APÊNDICE | *Bibliografia selecionada em português sobre Educação Escolar Cristã*

to da família com a escola para o adequado reforço e eficácia dos aspectos disciplinares e comportamentais.

GRONINGEN, Harriet Van; GRONINGEN, Gerard Van. *A família da aliança*. 2. ed. São Paulo: Editora Cultura Cristã, 2002.

LOPES, Augustus Nicodemus Gomes; LOPES, Minka Schalkwijk. *A Bíblia e sua família*. São Paulo: Cultura Cristã, 2001.

MACARTHUR, Jr., John. *Como educar seus filhos segundo a Bíblia*. São Paulo: Cultura Cristã, 2001.

NICOLOSI, Joseph; NICOLOSI, Linda Ames. *Homossexualidade*: um guia de orientação aos pais para a formação da criança. São Paulo: Shedd Publicações, 2008.

PETERSEN, J. A. *Filhos precisam de pais*. São Paulo: Editora Fiel, 1974.

RAMOS, André Luiz. *Educação cristã no lar*. Campinas, SP: LPC comunicações, 1999.

TRIPP, Ted. *Pastoreando o coração da criança*. São José dos Campos: Fiel, 2000.

SANTOS, Valdeci da Silva. *Uma perspectiva cristã sobre o homossexualismo*. São Paulo: Cultura Cristã, 2006.

9. TESES E DISSERTAÇÕES SOBRE EDUCAÇÃO ESCOLAR CRISTÃ

Ao longo dos últimos anos tem surgido um maior interesse pelo tema da educação escolar cristã, seus fundamentos e práticas, tanto no campo eclesiástico quanto no campo escolar. É prova disto o número de teses e dissertações que têm sido produzidas tratando de diversos aspectos do tema. A lista abaixo caracteriza vários destes esforços e aponta para interessantes caminhos que podem ser seguidos dentro desse campo. A quase totalidade destas obras, que ainda aguardam publicação, esta disponível na *Biblioteca Gerard Van Groningen*, do Centro Presbiteriano de Pós-graduação Andrew Jumper (CPAJ). O catálogo eletrônico encontra-se disponível no endereço http://mackenzie.br/bibliotecas.html.

AMARAL FILHO, Wilson do. O projeto educacional de Deus: uma proposta bíblico-teológica para a educação cristã. Dissertação (Mestrado em Teologia). CPAJ, Instituto Presbiteriano Mackenzie, São Paulo, 1998.

ANJOS, Marcos Rodrigues Isidoro dos. Resgatando a importância da escola dominical como instrumento eficaz da educação cristã hoje. Dissertação (Mestrado em Teologia). CPAJ, Instituto Presbiteriano Mackenzie, São Paulo, 2001.

BARBOSA, Geraldo Henrique Lemos. Resgatando o passado para transformar o presente: análise dos princípios de educação cristã paulinos na carta a Tito. Dissertação (Mestrado em Teologia). CPAJ, Instituto Presbiteriano Mackenzie, São Paulo, 2001.

CARDIN, Hélder de Salles. A incumbência primária da família na educação dos filhos na primeira infância. 2007. Dissertação (Mestrado em Teologia). CPAJ, Instituto Presbiteriano Mackenzie, São Paulo, 2007.

CARDOSO, Rogério da Silva. Didática Magna de Comenius: uma proposta pedagógica confessional cristã sob a influência do pensamento humanista protestante. Dissertação (Mestrado em Ciências da Religião). Universidade Presbiteriana Mackenzie, São Paulo, 2007.

COUTO, Silas Antônio do. Educação cristã: perspectivas do culto presbiteriano. Dissertação (Mestrado em Teologia Pastoral). CPAJ, Instituto Presbiteriano Mackenzie, São Paulo, 2002.

FERREIRA, Ozny. Escola bíblica dominical: vida cristã como parâmetro da prática pedagógica. Dissertação (Mestrado em Educação Cristã). CPAJ, Instituto Presbiteriano Mackenzie, São Paulo, 2001.

FERREIRA, Regina Fonseca Accioly. A importância do planejamento curricular na escola bíblica dominical. Dissertação (Mestrado em Teologia). CPAJ, Instituto Presbiteriano Mackenzie, São Paulo, 2005.

FICKER, Azenethe de Azevedo. Independência ou morte: grito decisivo para a educação cristã. Dissertação (Mestrado em Educação Cristã). CPAJ, Instituto Presbiteriano Mackenzie, São Paulo, 1999.

HAERTEL, Marilú Cleunice Branco. Educação cristã: a proposta de formação integral da carta de Paulo aos romanos (Rm 12.1 e 2). Dissertação (Mestrado em Educação Cristã). CPAJ, Instituto Presbiteriano Mackenzie, São Paulo, 2001.

APÊNDICE | *Bibliografia selecionada em português sobre Educação Escolar Cristã*

LOBO, Iône Cristina Ramos de Oliveira. A metáfora do corpo e a importância educacional para a prática ministerial da igreja. Dissertação (Mestrado em Educação Cristã). CPAJ, Instituto Presbiteriano Mackenzie, São Paulo, 2001.

MASSOTTI, Roseli de Almeida. Erasmo Braga e os valores protestantes na educação brasileira. Dissertação (Mestrado em Ciências da Religião). Universidade Presbiteriana Mackenzie, São Paulo, 2007.

RESENDE, Adriana Torquato. Valores educacionais cristãos presentes nos contos de Grimm: um estudo introdutório. Dissertação (Mestrado em Teologia). CPAJ, Instituto Presbiteriano Mackenzie, São Paulo, 2003.

RIBEIRO, Marco Antônio Baumgratz. O lugar da fé na "Didática Magna" de Joao Amós Comênio. Dissertação (Mestrado em Teologia). CPAJ, Instituto Presbiteriano Mackenzie, São Paulo, 2003.

ROCHA, Ana Maria Coelho. Fé vivenciada com adolescentes: de corpo inteiro no corpo de Cristo. Dissertação (Mestrado em Educação Cristã). Seminário Presbiteriano do Sul, São Paulo, 1998.

RODRIGUES, Jônatas Barbosa. A família cristã como agência para a promoção de um cristianismo autêntico. Dissertação (Mestrado em Educação Cristã). CPAJ, Instituto Presbiteriano Mackenzie, São Paulo, 2001.

SANTOS, Augusto Schumann dos. A importância do ensino religioso na formação integral do aluno do ensino fundamental. Dissertação (Mestrado em Ciências da Religião). Universidade Presbiteriana Mackenzie, 2005.

SILVA, Dirceu Alves da. O lugar da família na educação cristã. Dissertação (Mestrado em Educação Cristã). CPAJ, Instituto Presbiteriano Mackenzie, São Paulo, 2001.

VIEIRA, Elizeu Alves. Educação cristã e manifestações emocionais. Dissertação (Mestrado em Educação Cristã). CPAJ, Instituto Presbiteriano Mackenzie, São Paulo, 2002.

VIEIRA, Marili Moreira da Silva. A construção da identidade do professor de escola confessional. Qualificação de Doutorado em Educação (Psicologia da Educação) da Pontifícia Universidade Católica de São Paulo, São Paulo, 2007.

10. SITES RECOMENDADOS

Inúmeros sites trazem artigos e ensaios sobre assuntos relacionados com educação escolar cristã, especialmente sobre cosmovisão cristã, apologética e o relacionamento da ciência com fé cristã. Selecionamos apenas alguns que mais diretamente possuem artigos e recursos mais direcionados à educação escolar cristã.

ACSI – Associação Internacional de Escolas Cristãs: http://acsibrasil.org/

AECEP – Associação de Escolas Cristãs de Educação por Princípios: http://www.aecep.org.br/

MONERGISMO – Monergismo.com. Site de artigos teológicos: http://monergismo.com/ - possui uma seção sobre educação e outros artigos pertinentes ao tema, do ponto de vista cristão.

TEMPORA – O Tempora! O Mores! Blog do autor, do Dr. Mauro Meister e do Dr. Augustus Nicodemus, com predominância de artigos do último citado. Alguns textos sobre educação serão encontrados entre as postagens: http://tempora-mores.blogspot.com.br/ -

SME – Sistema Mackenzie de Ensino: http://sme.mackenzie.br/

ANEP – Associação Nacional de Escolas Presbiterianas: http://www.anep-ipb.org.br/

ABIEE – Associação Brasileira de Instituições Educacionais Evangélicas: http://www.abiee.org.br/

SOBRE O AUTOR

F. Solano Portela Neto: É formado em matemática aplicada pelo Shelton College (Cape May, NJ: 1967-1971) B.A., *magna cum laude*, e também em teologia em nível de Mestrado pelo Biblical Theological Seminary (Hatfield, PA: 1971-1974), nos Estados Unidos da América. Lecionou teologia sistemática e ética cristã no Seminário Presbiteriano do Norte do Brasil (1985-1986) e, desde então, intermitentemente em várias outras instituições presbiterianas. Ministra módulos, como professor convidado, em cursos de especialização e mestrado oferecidos pela Universidade Presbiteriana Mackenzie e pelo Centro Presbiteriano de Pós-Graduação Andrew Jumper. Na Igreja Presbiteriana do Brasil ocupou a presidência e, depois, a vice-presidência da Junta de Educação Teológica (JET). É membro do Conselho de Curadores da Fundação Educacional Presbiteriana e integra a diretoria, como secretário, da Comissão de Relações Intereclesiásticas (CRIE). Faz parte do Conselho Editorial da Casa Editora Presbiteriana (Editora Cultura Cristã). Integra o Conselho Deliberativo (*Board of Directors*) da WRF-*World Reformed Fellowship*.

É autor de vários livretos e livros. Entre eles: "Educação Cristã"? (FIEL); "A Lei de Deus Hoje", "A Pena Capital e a Lei de Deus, "Disciplina na Igreja – a marca em extinção", "Por Que a Fé Reformada"? e "Fazendo a Igreja Crescer" (Puritanos); "Cinco Pecados que Ameaçam os Calvinistas" (PES); "Fé Cristã e Misticismo" (Cultura Cristã); "Fundamentos Bíblicos da Educação" (ACSI); alguns desses em coautoria. Participou com capítulos em livros comemorativos de multi-autores, como "A Glória da Graça de Deus: ensaios em honra a J. Richard Denham Jr." (FIEL) e "Calvino: Mestre da Igreja" (Monergismo). Participou, como colunista, da Revista Ética Cristã e é autor de diversos artigos de cunho teológico e de lições de Escola Dominical da Editora Cultura Cristã. Na área empresarial, escreve artigos sobre liderança e finanças e participou com um capítulo no livro Desafios da Gestão Universitária (Artmed, 2011). Além de conferencista em encontros profissionais da área empresarial administrativo-financeira, é palestrante, pregador da Palavra de Deus e tradutor em encontros eclesiásticos e conferências. É presbítero, ordenado em 1975 e, atualmente, serve na Igreja Presbiteriana de Santo Amaro (São Paulo), onde leciona uma classe de Escola Dominical e prega periodicamente. É casado com Betty Zekveld Portela há 40 anos e tem quatro filhos.

Foi dirigente de empresas industriais e comerciais, nacionais e multinacionais, nas quais ocupou diretorias em áreas industriais, administrativo-financeiras e na gestão geral. É, atualmente, Diretor de Finanças do Mackenzie, instituição na qual também ocupou, por três anos, a Superintendência de Educação Básica, sendo responsável pelos três colégios (São Paulo, Alphaville e Brasília) e pelo projeto de desenvolvimento do Sistema Mackenzie de Ensino.

Contato do autor: solano@portela.com
Site: http://www.solanoportela.net/
BLOG: http://tempora-mores.blogspot.com.br/

FIEL
MINISTÉRIO

O Ministério Fiel visa apoiar a igreja de Deus, fornecendo conteúdo fiel às Escrituras através de conferências, cursos teológicos, literatura, ministério Adote um Pastor e conteúdo online gratuito.

Disponibilizamos em nosso site centenas de recursos, como vídeos de pregações e conferências, artigos, e-books, audiolivros, blog e muito mais. Lá também é possível assinar nosso informativo e se tornar parte da comunidade Fiel, recebendo acesso a esses e outros materiais, além de promoções exclusivas.

Visite nosso site

www.ministeriofiel.com.br

Esta obra foi composta em Arno Pro Regular 12, e impressa
na Promove Artes Gráficas sobre o papel Polen 70g/m²,
para Editora Fiel, em Setembro de 2024.